Cuando el monstruo despierta

Confesiones de padres de adolescentes

Grijalbo

María Antonieta Collins

Cuando el monstruo despierta

Confesiones de padres de adolescentes

Grijalbo

CUANDO EL MONSTRUO DESPIERTA
Confesiones de padres de adolescentes

Primera edición: noviembre de 2003

© 2003, María Antonieta Collins

©2003, Random House Mondadori, S.L.
   Travessera de Gràcia, 47-49, 08021, Barcelona, España
©2003, Editorial Grijalbo, S.A. de C.V.
   Av. Homero 544, col. Chapultepec Morales, CP 11570
   Deleg. Miguel Hidalgo, México, D.F.

www.randomhousemondadori.com.mx

ISBN 1-4000-8461-X

Impreso en México/ Printed in México

Índice

Ésta no es la biografía de un escándalo. Es la lucha de mi madre, de toda una familia y de mis amigos... para que yo pudiera seguir viviendo.

ANTONIETA GONZÁLEZ COLLINS

Ojalá esto sirva...

Escribo este libro por varias razones.

La principal: porque no quiero, ni puedo, ser parte de lo que llamo "La Cofradía del Silencio"; y que es que, durante años, no sé si por hipocresía o por vergüenza, mucha gente calla lo que ha vivido, sin importar, incluso, la muerte de otros.

Nunca pensé que a mí podría pasarme algo lejanamente similar, porque como madre hice exactamente todo lo que me dijeron para evitar lo malo, especialmente con Antonieta, mi hija menor, quien creció como la princesa de mi cuento de hadas, amada y admirada por propios y extraños hasta que un día su suerte cambió.

Hoy sé que soy únicamente la punta de un iceberg que todos ven, pero del que nadie hace siquiera un gramo de esfuerzo para prevenirnos: hijos e hijas que son víctimas de la violencia de sus novios; pero también de muchas otras cosas a las que no se les ha prestado toda la atención.

En lo que toca a nuestro problema, sé que detrás del infierno que nuestra familia vivió durante casi dos años, hay miles de madres y padres que buscan ayuda desesperados. Tocan puertas... y nadie abre. ¿Por qué? Sencillo. Nadie se atreve a decir lo que yo en las páginas de este libro.

A mí me dijeron que había que cuidar a las hijas para que el novio no las embarazara, para que no abortaran, para que no cayeran en las drogas, para que no fueran a contagiarse de sida y para que, ni por error, algún día les pasara por la cabeza abandonar los estudios antes de terminar la universidad.

Sí, cómo no. ¿Y lo demás?

A mí nadie me dijo que había otras cosas tan peligrosas, que podrían costarles hasta la vida, y que comienzan, por ejemplo, cuando aparece un novio, y no

11

precisamente como Romeo el de Julieta, sino como un abusador tempranero que busca muchachas para someterlas y destruirlas sólo por el placer de hacerlo. Y mucho peor: que mi hija menor conocería el primer amor con maltrato, control y golpes. A mí nadie me advirtió de esto, ni pude imaginarlo porque en casa ella nunca vio nada semejante en su vida

Poco a poco me di cuenta de que lo nuestro era ya un secreto a voces. Las miradas de las conocidas que se nos acercaban, delataban sus murmuraciones: "Las pobres, mira lo que están viviendo. Antonieta tan buena y mira ahora, quién iba a decirlo..." En este tiempo descubrí a las verdaderas amigas y a quienes gozaban a nuestras espaldas. Pero un día me cansé de llorar y comencé a dar la cara.

Me limpié las lágrimas con rabia. Ni la primera ni la última –me repetí–. Y aunque dolía mucho, poco a poco me fui enterando de más y más casos de violencia entre los jóvenes, pero también de otras cosas. De lo que producen las pandillas, del satanismo que atrae a jóvenes, de la mala influencia que ejerce la Internet, de lo destructivo de las malas amistades y de más y más cosas de las que los padres no tenemos ni la más remota idea.

Así fue que nació este relato, cobijado por el cariño de mis grandes amigos que creyeron en la necesidad de romper el silencio. Cuando se lo conté a Cristina Saralegui, en lugar de sorprenderse me dijo: "Creo que las cosas pasan por algo. Quizás el sufrimiento te hará abrir tu corazón y contar la experiencia de tu familia y la experiencia de otras familias para salvar a muchas jóvenes. Padres que viven un infierno con los muchachos".

Como es costumbre, las decisiones importantes no sólo las comparto con Fabio mi marido. En realidad es él quien tiene la primicia de cuanta locura hago o invento. Cuando en los días más graves del problema de mi hija, agobiada por la desesperación y llorando de impotencia le dije que todo esto –y todas las otras cosas de las que me fui enterando– tendría que ponerlo en un libro, me apoyó sin dudarlo un segundo porque supo que serviría de ayuda a quienes viven casos tan dramáticos como el nuestro.

Mi hermano Raymundo Collins, experimentado jefe policiaco, aportó algo más: "De este libro deben salir cosas buenas, quizá la gran esperanza de encontrar una solución jurídica que propongas para que los padres no sientan que están indefensos contra el monstruo de la adolescencia".

Fue lo mismo que pensaron mis editores Moisés Martínez y Ariel Rosales cuando, en una comida el año pasado en la Ciudad de México, les conté lo que era apenas un proyecto que de inmediato compraron.

Jorge Ramos fue mi siguiente consulta profesional. No titubeó en aceptar escribir el prólogo no sólo por razones de amistad, sino también por lo que como padre le toca: "Collins, tienes que hacer sentir a quienes están pasando la etapa que ustedes ya vivieron, que simplemente no están solos y que todo en esta vida tiene remedio".

Corría septiembre de 2002 cuando Raúl Mateu, mi agente y amigo, escuchó sorprendido que mi tercer libro sería narrado a partir de una experiencia personal tan dura de contar. Me dijo: "No debe ser la historia de una madre y una hija víctima de golpes, no. Yo quisiera que me contaras todas las historias de problemas con hijos adolescentes que tengas". Como siempre, luchando por mis proyectos, Raúl instantáneamente creyó en este. Le preocupaba por todo lo que me involucraba sentimentalmente, pero también porque se estrenó como padre de gemelos.

Lo mismo sucedió con Félix Cortés Camarillo. Nuevamente, como en mis dos libros anteriores, él tuvo la tarea de revisar los capítulos que le han mostrado los peligros que podrían rodear en unos años a Renata, su hija de un año de edad. Aunque con este libro la tarea fue doblemente complicada. Éste no era asunto de corregir puntos, comas y estilo, sino de ayudarme con su extraordinario talento en un tema profundamente doloroso y personal.

Y así se fueron dando las cosas, que, gracias a Dios, hoy son diferentes. ¿Por qué? Bueno, porque en primer lugar me rehusé a vestir de luto y a enterrar a una hija muerta en manos de un abusador, pero también porque nos enfrentamos a un proceso de curación, en el que una parte es no nombrar a quien nos hizo tanto daño con nombre, apellido ni apodo. No tiene caso. Él es un ejemplo generalizado y únicamente representa a miles iguales. A la conciencia de él y de su familia les dejo todo el daño que nos hicieron.

La historia ha tenido un final feliz gracias a que algo, de todas las decenas de cosas que intentamos en familia, finalmente funcionó. Nada pude haber hecho sola, sin Adriana y Brent, mis hijos mayores, que pelearon con garra, tomando materialmente el problema en sus manos.

También sin mi comadre Josefina Melo, quien no conoció de horarios para acudir en nuestra ayuda... Poco pude haber logrado sin los Fajardo, mi familia política. Fabio y Adys, mis suegros, Inés Marina, mi cuñada, Antón, Jorgito y Astrid, no sólo hicieron frente común, sino que siempre han dejado en claro que Antonieta tiene a su lado a todos los hombres de su familia para protegerla.

Conforme este libro fue tomando forma, el título surgió fácilmente: Cuando el monstruo despierta, confesiones de padres de adolescentes. Su objetivo es atacar a ese monstruo de la adolescencia que dormita en alguna parte del cerebro de nuestros hijos, y que un día, con un chasquido que nadie sabe de dónde sale, despierta para hacer miserable nuestra existencia.

Ojalá este libro sirva para que otros padres vean y sientan que no son los únicos y que no están solos.

Ojalá sirva para romper tabúes y complejos, también para aprender a tener compasión por el que sufre... y para no sentir vergüenza.

Ojalá con este libro dejemos de callar.

Ojalá que así sea.

Prólogo

Antes que nada, éste es un libro valiente. Muy valiente.

No me queda la menor duda de que estas páginas son las más difíciles que María Antonieta Collins ha escrito en toda su vida. ¿Quién quiere hablar sobre cómo una hija fue golpeada y dominada sicológicamente por otro adolescente? ¿Quién se atreve a reconocer públicamente que algo así ha ocurrido? ¿Quién está dispuesto a que el mundo entero sepa de la frustración e impotencia de una madre que, en un momento dado, no pudo ayudar a su hija? ¿Quién?

María Antonieta escribió este libro —creo— por dos razones: una, porque escribir es una especie de exorcismo y los fantasmas sin nombre son más difíciles de destruir; y dos, porque ella y su hija Antonieta tienen la esperanza de que, al contar su historia, puedan salvar de la violencia —y hasta de la misma muerte— a otros adolescentes en circunstancias similares.

MAC, como cariñosamente le dicen en Univisión, es una de las mejores reporteras que he conocido en mi vida. Y escojo a propósito el término "reportera" porque sé el respeto que Collins —como prefiero decirle— tiene por la profesión. Ella es una reportera de las buenas: huele una buena noticia a distancia, la trabaja como carpintera, la pule como ebanista y nos la presenta como una experta artesana. No exagero al decir que María Antonieta es la mejor escritora que ha tenido el departamento de noticias de Univisión, y ahí están mis compañeros de trabajo como testigos. Es la que sabe expresar, mejor que nadie, las emociones y complejidades del alma humana. Cuando hay una historia difícil de contar o con un fuerte contenido humano, es frecuente escuchar: "Ese reportaje hay que dárselo a Collins" o "Collins lo hubiera hecho mejor".

Pero aquí viene la ironía. Esta mujer que lo ha visto casi todo —terremotos, inundaciones, huracanes, incendios, cambios de gobierno, golpes de estado, guerras y guerritas— estaba viviendo la peor tragedia que le había tocado cubrir…

en su propia casa. ¿Por qué será que los reporteros somos capaces de resolver las situaciones más difíciles y peligrosas en nuestro trabajo pero, a veces, tenemos tan poca habilidad para enfrentar las crisis dentro de nuestro mismo hogar?

Me parece que nada –ni la triste desaparición de dos esposos– preparó a María Antonieta para enfrentar la dura noticia de que su hija Antonieta corría el peligro de morir en las manos de un joven violento y enloquecido. Ella, que se ha pasado una buena parte de su vida dando noticias, no supo en un principio qué hacer con esta. Pero, al final de cuentas, su instinto de madre, su coraje de mujer independiente y su espíritu de leona la sacaron adelante y le salvaron al vida a Antonieta.

Cuando leí el primer borrador de este libro me pareció una novela. Sí. Está tan bien escrito y contado de una forma tan sencilla que era difícil darse cuenta de que los personajes que narran su tragedia eran de carne y hueso. No sólo eso. A ambas las conozco y muy bien.

Yo nunca me enteré de lo que vivieron María Antonieta y su hija Antonieta hasta mucho después. Me avergüenza no haberlo sabido antes para darles todo mi apoyo y comprensión. Pero eso, de nuevo, habla del carácter de mi amiga Collins. No sé cómo pudo seguir trabajando cuando este problema la taladraba.

"¿Me estás hablando de Antonieta, tu hija?" le pregunté, incrédulo, a Collins cuando me contó la idea de este libro hace ya varios meses. No lo podía creer. ¿Cómo es posible que esa niña que vi crecer a saltos y que ahora lleva con orgullo la camiseta de la selección nacional de futbol de México haya sido tratada así por su novio? Mi primer impulso fue, como el de muchos otros, insultar al muchacho y buscar venganza. "¿Dónde está ese cabrón?" Pero luego, leyendo palabra por palabra el manuscrito de María Antonieta, me di cuenta de que ella ni siquiera menciona su nombre.

Sí, efectivamente, en este libro nunca sabremos cómo se llama el victimario, nunca sabremos el nombre de quien estuvo a segundos, a milímetros de convertirse en un asesino. No sé cómo se llama el muchacho que pudo haber sido el asesino de Antonieta. Pero quizás ahí radica la mayor venganza. María Antonieta y Antonieta lo borraron de su vida. Ya no existe. Ni siquiera tiene nombre.

Pero borrar de tu vida a un asesino potencial no es fácil. Dicen que hay que perdonar. Yo no sé si podría perdonar a alguien así. Yo no sé si yo mismo me podría perdonar si a alguno de mis hijos le pasara algo así. Pero Collins en este libro me sorprende una vez más porque perdona y se perdona. ¿Cómo lo haces?

Cuando María Antonieta vino a mi oficina a proponerme que escribiera esta pequeña introducción a su tercer libro, me dijo algo que no he podido olvidar. "Hermano, a veces el monstruo vive en nuestra propia casa", comentó con esa brutal honestidad que suelen cargar sus palabras. "Tú y yo, que tenemos hijos adolescentes, sabemos lo que es eso." Tenía razón.

Luego, en una especie de confesión, le conté a María Antonieta mi temor de perder contacto con mis hijos y de permitir que "el monstruo" entrara a mi casa. No quiero que nunca se conviertan en extraños. Pero, ¿cómo hablar de drogas con tus hijos cuando el silencio sigue a las palabras mariguana, cocaína y éxtasis?, ¿cómo dialogar de sexo con tu hija cuando ni siquiera quiere decirte el nombre de su primer novio?, ¿cómo cuidarlos sin que sientan que te estás metiendo demasiado en su vida?, ¿cómo hacerles saber que los quieres como nada en el mundo sin que tus preocupaciones los alejen?, ¿cómo protegerlos cuando están en peligro sin hacerlos sentir avergonzados ante sus amigos o inseguros de sí mismos? En pocas palabras: ¿cómo ser un buen padre?, ¿cómo ser una buena madre?, ¿cómo cuidar a nuestros hijos sin ahogarlos?

María Antonieta no tiene todas las respuestas y, conociéndola, sé que no da consejos cuando no se los piden. Esta veracruzana va de regreso cuando otros apenas van. Es lista como esa gente que se hizo en la calle y a trancazo limpio –*Street smart*, le dicen en inglés–, y a sus ojos no se les escapa nada. Descubre a los mentirosos cuando apenas están pensando en la mentira. María Antonieta, con esa inusual habilidad de detective emocional, ayuda con estas páginas a todos los padres y madres de adolescentes o teenagers a enfrentar al monstruo cuando se aparece en nuestra casa. Llámese sexo, embarazo, drogas o violencia. Y a todos nos pasa; jamás me hubiera imaginado –¡jamás!– que Antonietita, esa niña casi perfecta, sería golpeada y, peor aún, que por un larguísimo tiempo defendiera a quien diariamente la controlaba y torturaba.

Al final de varios capítulos hay instrucciones y mensajes muy concretos y bien investigados que, sin exagerar, pueden salvarle la vida a muchos adolescentes. Para nosotros, lectores, padres y madres, cada final de capítulo es un respiro y una señal de esperanza. Aunque ustedes no lo crean, María Antonieta –quien ha tenido una vida sumamente difícil– sigue siendo una de las personas más optimistas que conozco. ¡Qué ironía! Collins, quien la ha visto tan dura, nos alienta a vivir a plenitud.

María Antonieta Collins, en este libro, nos lleva al infierno y de regreso. Y yo no podría pensar en mejor acompañante ni en mejor escritora para hacerlo.

Y ahora, antes de finalizar, quiero dedicarle sólo unas palabras a Antonieta, la hija de María Antonieta:

Si no hubiera sido mía, así la habría soñado

Corría 1983 y, al margen de mi trabajo como corresponsal en California para la cadena de televisión Televisa, con una hija de casi diez años de edad –que había crecido como única–, inesperadamente estaba embarazada por segunda vez. En San Diego, donde vivíamos, mis amigas y primas, encabezadas por Tere Ruiz, me organizaron la fiesta de regalos poco antes de la fecha del parto. Entonces era como sueño de otro planeta poder saber el sexo del bebé, por lo que todas me repetían a diestra y siniestra el mejor de sus deseos: "¡Ay!, ojalá que sea niña", "Qué miedo tener varones, ya ven esa enfermedad llamada sida", "¡Uy sí, estos tiempos no son para tener varones! Son rebeldes y difíciles" "Ojalá sea niña porque siempre será dulce y moldeable y nada la separará de ti". Y así fue Antonieta.

Nació un 22 de noviembre de 1983, luego de que a mí se me olvidara cómo era un parto. Por la mañana de ese día trabajé la noticia de los veinte años de la muerte del presidente Kennedy, y por la tarde, en lugar de ir a una entrevista con el entonces gobernador de Baja California, Xicoténcatl Leyva, me tuve que ir al hospital rápidamente porque Antonieta González Collins estaba llegando a este mundo rápida y sorpresivamente. Tal como su padre y yo escribimos en su álbum el día de su bautizo, desde su llegada al mundo Antonieta nos llenó a todos de felicidad... Reía a cada momento, no lloraba, era buena como ninguna otra en esta vida. Aunque el dinero escaseaba y trabajábamos como desesperados para cubrir nuestros gastos, todo iba marchando bien. Sin embargo, al año ocho meses de edad, la desgracia hizo que su padre falleciera. Jesús González murió a los cuarenta y dos años de edad, dejándole pocos recuerdos de un tiempo más que minúsculo a su lado. Las fotos que les tomé a ambos son el único testimonio de cuánto la quiso.

Días antes de morir, Jesús le había comprado a Antonieta unos tenis con las caras de "Cabbagge Patch Dolls" que a ella le encantaban y que no se quitaba sin que mediara berrinche. Luego de dos semanas de la repentina desaparición del padre —que aquel bebé de escasos dos añitos no alcanzaba a comprender—, todas las tardes la niña lo esperaba en la puerta abrazando sus tenis... Adriana y yo, al ver la escena, rompíamos juntas a llorar. Fue así que Adri y yo nos prometimos que nada ni nadie podrían dañar a Antonieta mientras nosotras existiéramos. Juramos borrar el dolor de la pérdida, tratando de que nada más en el mundo la hiciera llorar. A partir de ahí, a mis niñas siempre les repetí que nosotras, para protegernos, éramos como los tres mosqueteros: una para todas y todas para una, y sé que hasta hoy, cuando alguien les pide describir su infancia, ambas se refieren a esa anécdota que me llena de orgullo.

Casi dos años después, cuando contraje nupcias con Antonio Sala, un piloto de Aeroméxico, lo que nos unió a él y a mí, sin lugar a dudas desde el primer instante, fueron mis hijas. "Antonieta me rompió el alma el día que me la presentaste y cuando al saber que yo era piloto de aviones me preguntó si yo había visto a su papá que se había ido al cielo y nunca había regresado. ¿Quién puede permanecer ajeno a eso?"

Lo digo sin temor a equivocarme, Toni Sala, un hombre que nunca se había casado, ni tenía hijos, no cayó rendido ante mí, sino ante ellas; y yo, por mi parte, supe que tendría que casarme con él para darles el mejor padre del mundo. Hoy, a más de una década de habernos divorciado por otras razones, sigo pensando lo mismo: es el mejor padre que pude buscarles. Todavía hoy ellos tres forman una relación perfecta de amor filial.

Con Toni Sala como padre desde que Antonieta tenía casi cinco años de edad, ella creció cuidada y protegida por todos a su lado. Era una niña buena, piadosa, cariñosa, simplemente perfecta. Recuerdo —como lo recuerdan quienes son mis amigas de verdad— que la frase que más repetí durante diecisiete años era una: si Antonieta no fuera mi hija... así la habría soñado.

Creció no sólo con gran atención, sino como una niña capaz de dar todo por los demás. Con amor a su casa y a su familia, en especial a su hermana mayor, que por momentos tomaba la potestad de madre, al grado de que se enojaba conmigo si yo le llamaba la atención a la niña cuando se portaba mal.

—Lo que quieras con ella, conmigo mamá.

—¿Ah sí? —le respondí un día que ya me tenía cansada con la frasecita— Pues ella y tú... las dos están castigadas.

Adriana era como una madre sustituta debido a mis continuos viajes de trabajo. Así las fui criando, con sacrificios y a larga distancia en muchos casos, sin importar la asignación que me encontrara cubriendo.

Recuerdo las preguntas de mis amigas... "¿En verdad siempre es tan buena niña?" "¿En verdad nunca hace nada malo?" Invariablemente mis respuestas eran las mismas: Sí. Ella es feliz, sin que nada le provoque cambiar.

Buena estudiante, la primera niña no cubana en ganar en Miami –cuna del exilio cubano– el Certamen sobre la vida y obra del apóstol José Martí, hazaña que Antonieta no sólo logró una vez, ¡sino que repitió el siguiente año! Buena atleta, gracias a la constancia de temporadas completas practicando softball y soccer, soccer y softball desde los ocho años de edad. Durante su infancia y adolescencia fue el motor que me hizo dividirme en mil pedazos y correr, entre los viajes y reportajes, a los campeonatos y los partidos importantes que no perdíamos… ni siquiera el día de mi boda con Fabio Fajardo. El 9 de marzo de 1996 el equipo de Antonieta jugaba un encuentro crucial de softball alrededor del mediodía y ella era la catcher... El evento era a las tres de la tarde... Como si su madre no se casara ese día, ella cumplió con su equipo. Ganaron el partido, y después fue a cambiarse a casa, para llegar a la ceremonia a tiempo.

¿Exageración? No. Simplemente responsabilidad ante un compromiso con su equipo. Si algo les he inculcado exitosamente es que nada puede estar por encima del deber. Con los años, Antonieta desarrolló aún más sus habilidades deportivas. Así entró a Saint Brendan High School, en Miami, donde por supuesto no sólo formó parte de los equipos de softball y Soccer, sino que obtuvo por dos años consecutivos trofeos de jugadora más completa y, durante los dos últimos años de la preparatoria, fue co-capitana del equipo de soccer.

Al cumplir los dieciséis años, faltando un año para graduarse de high school, tal como se lo prometimos, tuvo su primer auto. Recogerlo en la agencia fue ocasión memorable. ¿Fue una excentricidad que ella exigía? La respuesta es no. ¿Nos sobraba el dinero y queríamos botarlo en el carro? La respuesta también es no. Toni Sala, pagó la mayor parte, yo la mínima. El auto fue el premio a tantos años de conducta responsable y a una preparación real para su tiempo cuando estuviera sola, estudiando fuera de Miami. Dicho sea de paso, a Fabio, mi marido, a Inés Marina, mi cuñada, y a mí, el carro nos liberó de llevarla y traerla de cuanto compromiso deportivo tenía, amén de los entrenamientos de más de seis horas diarias que nos ponían a correr igual que si estuviéramos dando a luz, sin anestesia.

La primera salida en auto fue a casa de una de sus mejores amigas. Recuerdo a la madre de ésta hablarme emocionada para contarme que le habían comprado los tapetes del carro como regalo y que con nostalgia las vieron salir... "Cómo han crecido, pero siguen siendo unas niñas buenas. Aunque quiero que sepas que a pesar del temor que siento porque pudieran tener un accidente, sólo por tratarse de Antonieta permití que mi hija saliera... Sólo con Antonieta sale en auto, sólo con ella que es una santa...Y con nadie más."

A partir de los dieciséis años y con carro, nunca llegó tarde a ningún compromiso por entretenerse en otras cosas. Jamás llegó tarde a la escuela o a los entrenamientos. Nunca dejó de informarnos dónde estaba, de pedir permiso, de llamarnos desde su celular que tuvo desde que contaba doce años. Fabio y yo nos reíamos felices de que, contrario a lo que temíamos, el auto fue una bendición que nos quitó problemas y carreras. Como era la primera de sus amiguitas en manejar su carro entonces, era una especie de taxi escolar para todas a quienes llevaba y traía por Miami, y ni qué decir que en casa me ahorró viajes porque siempre se ofrecía para ir al supermercado, a la tintorería, y a todas las diligencias que cualquier miembro de la familia necesitara. Decíamos que estaba más puesta que un calcetín.

Inevitablemente entre amigas y conocidas mi hija seguía causando envidia de la buena y las preguntas me llovían: ¿No has tenido problemas ahora que maneja su auto? ¿No te miente para irse a otro lado? ¿No se ha vuelto irresponsable? Orgullosamente contestaba a todo con la verdad: No. Al margen de eso, la imagen de mi hija avalaba cuanto yo dijera. Respetuosa con maestros y compañeros, siempre tratando de hacer las paces en medio de un pleito. Fue famosa la anécdota de, cuando en su primer año de High School, por meterse a calmar a las dos capitanas del equipo de soccer en el que jugaba, quienes en una reunión del equipo de soccer se iban a liar a golpes, mi adorada hijita, a quien llamábamos "la madre Teresa de Saint Brendan", se metió en medio, las calmó y... salió con un ojo morado.

—No importa mamá, no importa, lo que valió la pena es que no siguieron peleando y ya —me dijo Antonieta mientras me explicaba el episodio.

¡Y ni qué decir de su apariencia! Nunca tuve el dilema de que llegara con las orejas con tres o cuatro perforaciones, ni algún orificio en la nariz o en la lengua o con un tatuaje –lo que me hubiera puesto el pelo de punta–. No. Antonieta siempre fue moderada para vestirse. Es más, su broma favorita era siempre: "Mamá, ¿Qué harías si yo quisiera tatuarme la barriga para andarla enseñando?" Le encantaba ver mi reacción de espanto y entonces reírse de lo lindo. Como madre tampoco tuve que preocuparme por su forma de vestir. Siempre fue impecable. Tanto, que desde niña su plegaria fue la misma al verme desarreglada: "Please, mamá, ¡Peluda no vayas a buscarme al colegio!" Así que me obligó a vestirme, peinarme y maquillarme un poco para ir con ella a la escuela. Por supuesto que ella, si salía a la calle, era con el cabello en orden y bien vestida, sin importar hora ni día. Llegaron los quince y dieciséis años, y yo no sé si porque jugaba y entrenaba todo el día, terminaba exhausta y no le gustaba salir. Cuando lo hacía, era con sus mismas amigas que habían estudiado con ella desde los primeros años de la escuela elemental. ¿Salir? "¡Ay no mamá!, estoy supercansada, please." Por supuesto que otras madres también me envidiaban por eso, porque los pleitos con las hijas eran precisamente por lo opuesto: porque querían siempre andar de fiesta en fiesta y en la calle. Yo misma la comparaba con la adolescencia de Adriana, la mayor de mis hijas, a quien en casa llamamos "Crazy Horse" (caballo loco), que no salía de las discotecas, y que bien pudo ser una guía de turistas pues las conocía todas. Si Adriana no conseguía el permiso, era capaz de inventar cualquier cosa para lograrlo, lo suyo eran fiestas y más fiestas. Antonieta no.

¿Qué más para seguir describiéndola? Que rehuía el escándalo como un vampiro la luz del día. Su preocupación principal era que todo el mundo pensara bien de ella, que nadie tuviera nada malo que decir de su persona. Cuando en las pláticas de muchachos alguien, por ejemplo, se burlaba de los homosexuales, Antonieta regañaba: "¿Por qué la gente tiene que ser tan cruel con ellos, si son seres humanos que no escogieron su preferencia sexual?" Por estos comentarios siempre me dejaba boquiabierta y orgullosa de su compasión por los que sufren. Jamás nadie tuvo nada malo que decir de ella. Su vida era más que perfecta.

Responsable en todos aspectos, con madurez de adulto, tuvo desde los quince años una tarjeta de crédito de la que nunca abusó. "¿Qué puedo querer, si me compras lo que pido, mami?" Y decía bien. En 2001 la aceptaron en uno de los equipos viajeros más difíciles de fútbol soccer femenil de Miami, una puerta segura al soccer en la universidad, y de esa forma entró al último año de la preparatoria. A todos sus honrosos títulos se aunó otro más: por sus méritos personales entró a un exclusivo grupo estudiantil católico donde los jóvenes dan servicio a la comunidad. Recuerdo cuando, entusiasmada, me comentó sobre su primera tarea: "Hay un muchacho que es jugador de fútbol soccer que necesita ayuda. Lo expulsaron del equipo porque escupió y le pegó a un jugador contrario, y voy a hablar con él para ver si puedo ayudarlo. Como soy jugadora de soccer, creemos que podremos hacer algo con él".

Al regresar de la primera vez que platicaron, Antonieta lucía preocupada. "Es un muchacho con muchos problemas personales. El padre y la madre están divorciados y él parece tener un gran enojo contra el mundo. ¡Ufff!"

A partir de ahí, en los próximos días mi hija comenzó a cambiar. Poco a poco comenzó a espaciar sus llamadas. Poco a poco comenzó a guardar silencio sobre sus actividades diarias. Como esto no era normal, por supuesto que le pregunté qué pasaba.

—Nada mami, nada. Estoy con dos entrenamientos al mismo tiempo, más la escuela, tengo mucho stress.

—¿Y el chico este? —Su cara de asombro me sacudió.

—¿Cuál chico?

—Con el que fuiste a hablar por sus problemas en el equipo de soccer de varones.

—Ahhh. No sé. No lo he visto más.

Su respuesta me sonó tan falsa como una moneda de tres dólares. Pocos días después noté que ella, que casi no usaba el teléfono por las noches, se pasaba horas hablando con alguien en su recámara, aun cuando las luces de la casa se apagaban. También comenzó a encerrarse en su habitación, evitando la hora de la comida que tanto disfrutaba con nosotros. Si estábamos cenando y sonaba el teléfono, salía corriendo a su cuarto y no regresaba. Primero me dijo que era una amiga que yo no conocía, después que otra, hasta que mis preguntas, y sus evasivas, más la prohibición nunca hecha en diecisiete años –¡No puedes hablar por teléfono mientras comemos y tampoco puedes desvelarte hablando por teléfono!– nos llevaron a un punto en el que nunca antes habíamos estado. Las cosas no amainaban e Inés Marina, mi cuñada, intentaba calmarme: "No te preocupes demasiado que no hay motivo. Lo que sucede es que Antonieta se ha enamorado y aún no lo quiere decir. Deja las cosas como están que eso que le está pasando es normal en un adolescente."

Las cosas siguieron raras hasta que no aguanté más:

—¿Qué pasa? –volví a cuestionarla– ¡No me digas que no pasa nada porque eso no es cierto!

Pausada me respondió que estaba hablando por teléfono todos estos días con el muchacho conflictivo del soccer y que éste quería que fueran novios.

—Pobre, aunque no me gusta me da mucha lástima. Me está presionando y quizá termine aceptándolo, porque si no, se pondría muy triste por el rechazo en medio de todo lo que está viviendo.

—¿Y sólo por eso te vas a hacer su novia? ¿Para que no se sienta rechazado? No mi hijita ¡Ésa no es razón para aceptar a un muchacho! Pleaseee. –No me respondió, ni volvió a mencionar una sola palabra. A partir de ahí comenzó a alejarse más y más.

—No te quiebres la cabeza pensando –sugería Fabio– anda enamorada por primera vez, solita y con los días las cosas mejorarán... No hay por qué temer.

Quise hacer caso a los consejos. Quise creer que todo sería así y que yo nada más tenía una excesiva preocupación, aunque en el fondo sabía que algo no estaba bien. Mi intuición de reportera y mi corazón de madre me advirtieron que algo terrible nos esperaba... Esa misma intuición que, sin embargo, no me advirtió de la primer mentira que mi hija me dijo a costas del muchacho. No lo conoció como parte del Club de Servicio Social de la escuela, sino que se lo presentó una de sus amigas para que la acompañara a salir en pareja con su novio. Creí esa, como quise creer todas, las decenas de mentiras que vendrían. Cuando la angustia me asaltaba ante la incertidumbre, únicamente me repetía:

—Nada Collins, no pasa nada. Es tu temor de madre. Recuerda lo que siempre has dicho: Si no hubiera sido mía, así la habría soñado.

Con la boca abierta

Pronto comencé a ser el chiste favorito de la familia: "Está celosa de que Antonieta tiene novio". Sé que a mis espaldas todos aseguraban que ningún muchacho me parecería para mi hija menor y que por eso actuaba así. Lo que ellos ignoraban era que, por primera vez en la vida, Antonieta había comenzado a mentir por cualquier cosa. Primero levemente y después aumentando el tono. Como eso no era normal en ella, me di cuenta casi desde el primer momento. Era su cumpleaños y, como nos había pedido —y como sabíamos que la hacía feliz—, organizamos la cena en el restaurante japonés que tanto le gustaba. Toda la familia llegó puntualmente, y ella, que supuestamente había ido a recoger a dos amigas que nos acompañarían, llegó dos horas después. Yo llamaba a su celular y, por primera vez en cinco años, nadie respondía. Cuando finalmente contestó nos dijo que estaban cerca, aunque todavía demoró media hora más. Ella y sus dos amigas se veían nerviosas, y mucho más cuando le pregunté el porqué de la tardanza:

—Nos perdimos... No supe cómo llegar.

—¿No sabías cómo llegar a tu restaurante favorito al que has venido durante años?

—Sí mamá... no supe.

Yo sabía que estaba mintiendo. Ella sabía que no me había engañado. Y todos, incluidas las amigas que no me miraban a los ojos, sabíamos que había llegado tarde por verse con el muchacho. Adys, mi suegra, siempre discreta, se atrevió a decirme lo que pensaba.

—Tienes que aflojar la mano. Ella está negando al novio porque tiene miedo de tu reacción, pero entiende que son muchachos y que es normal. Además, yo siempre he pensado que la tienes muy encerrada y que no sale lo suficiente a la calle.

—¿La tengo encerrada?

—Sí —me respondió.— Una muchacha de su edad sale con cuanto muchacho la invita a divertirse y ella no. Está con nosotros o está entrenando.

27

Le expliqué a mi suegra que estaba en un error, que si la niña no salía no era porque yo se lo prohibiera, sino porque ella no quería. "La comparación perfecta y cómo se comportan los muchachos hoy, la tienes con Antón y las novias que ha tenido. Las muchachas salen con él a todas partes a divertirse sin que los padres de ellas se los prohíban." Mi suegra tenía razón.

Antón Fajardo, el hijo mayor de Fabio, fue un adolescente sin problemas. Con la rebeldía normal de un adolescente, pero jamás hubiera faltado el respeto a una casa ajena... y mucho menos a dañar a quien fuera su novia. Nunca tuvo problemas de droga, fue un excelente estudiante. Cuando tenía quince o dieciséis años no le gustaba salir mucho, pero una vez que le tomó el gusto a la fiesta y a las muchachas, hasta el día de hoy, no hay quien pueda meterlo dentro de una casa.

Hablé con Antonieta, le dije que estaba bien, que todos queríamos conocer al novio, que lo trajera a casa. "¿Novio? ¿Cuál novio? Si te refieres al mismo muchacho no es nada mío. Es más, ni me gusta. Y si quieres saber con quién hablo por teléfono, no te preocupes, son amigos nuevos que he hecho y que no conoces." ¡Para mi sorpresa nuevamente lo negó! Pero cada vez seguía llegando más tarde a casa, siempre con una nueva excusa.

Poco a poco fue teniendo menos tiempo para las tareas de la casa, para ayudarme, para hablar como antes. Dejó de reír y hacernos bromas. Todo el misterio estaba en las llamadas telefónicas en las que –como dije a Fabio– me parecía haberla escuchado gritar y hasta llorar a medianoche.

—Yo creo que era la televisión –me respondió rápidamente– Seguro que se durmió con la televisión prendida ¿Por qué iba a llorar a medianoche? No imagines cosas que no son.

El cumpleaños de Antón Fajardo vino una semana después de esta plática y con él, otro episodio. El día anterior Antonieta me pidió permiso para ir a ver un partido de soccer en la Universidad Internacional de la Florida. Le dije que no, porque era el cumpleaños de su hermano y todos iríamos a cenar para festejarlo. Estuvo de acuerdo, me dio un beso y no se habló más. Al día siguiente, cuando sabía que yo no podría contestarle, dejó un recado en mi teléfono celular: Iba al partido porque se los ordenó el entrenador de su equipo, además no iría sola, sino con una compañera que, además, vivía cerca de nuestra casa. Me prometía llegar en tiempo para el cumpleaños de Antón.

Pasaron las horas sin que llamara ni se apareciera. Cuando la familia se cansó de esperar y estábamos por irnos al restaurante, finalmente me llamó: "Estoy en camino a casa de mi amiga y en minutos paso por ti". Luego de media hora esperando y sin que llegara, decidí ir hasta la casa de la muchacha, pensando que se les habría pasado el tiempo hablando, como buenas adolescentes. Grande fue mi sorpresa al descubrir que la chica en cuestión estaba en su casa: "¿Partido? No se de cuál me habla usted. Desde que salimos de clases, a las dos de la tarde, yo estoy aquí y no he visto a Antonieta". De sobra está decir que, por supuesto, el entrenador no les había ordenado ir a ninguna parte. Temblando de rabia y de vergüenza salí de ahí, esperando encontrarla en el restaurante; y sí, ahí estaba, tan fresca como una lechuga, como si no hubiera pasado nada. Hablaba con mi cuñada, quien, al terminar la cena, intervino en su favor: "Antonieta me acaba de confesar que es novia de ese muchacho. Creo que debes aceptar la situación o puede caer en algo terrible. Mírame a mí. Si yo me casé a los dieciocho años fue porque mis padres me prohibían ver al que fue mi marido, y entonces, por llevarles la contraria, terminé involucrada en un matrimonio que inevitablemente fue al fracaso sólo por la prohibición. Si mis padres no se hubieran opuesto... Seguramente que esa relación no habría prosperado. Acepta al novio de Antonieta y que salgan con el permiso de ustedes, que se vean como novios en esta casa, en la de ustedes... Lo que es normal. Ella dice que te tiene miedo, que por eso se ha escondido"

Está bien. Volví a tocar el tema con ella. El muchacho en cuestión entraría como novio a la casa.

—No me niegues que son novios, y no quiero que se vean a escondidas por las calles. Tú tienes casa, tú viste que tu hermana mayor venía con sus amigos. ¿Por qué no decirnos la verdad? Nadie te va a regañar por tener novio, hija; además, a los diecisiete años tienes edad. Eso sí. Yo no soy como la mamá de fulanita o zutanita que tanto hemos criticado y de quienes tú misma me has contado las historias de lo que hacen cuando están a solas en la casa. Recuerda: la ocasión hace al ladrón. Así que nada de que estén a solas en la casa. Si no hay nadie, prohibido que él entre aquí. En ese caso, se ven en casa de los abuelos, ¿okay? —Mi hija menor parecía respirar con alivio.

—Si mami, mil gracias. I love you.

Mi cuñada, satisfecha, me fue a dar un abrazo.

—Verás, las cosas ahora serán como con todos los muchachos. Esto no es más que una relación de noviecitos, verás.

A pesar de sus buenos augurios, desde la primera semana yo presentía que algo raro sucedía con el chico que nunca nos miraba de frente, rehuía nuestras miradas, entraba sin saludar a nadie o se iba sin despedirse. Y la familia fingía no darse por enterada para integrarlo al grupo. Pero un día de esos, en una reunión familiar en que Antón Fajardo hizo una broma de corte sexual al muchacho –que no era nada fuera de lo normal entre muchachos que algún día serán cuñados–, furioso, el personaje se fue de inmediato y desde el auto llamó a Antonieta para que lo comunicara con su hermano. Ahí comenzó a decirle obscenidades, llamándole de "maricón" para arriba, lo que dejó a los Fajardo incrédulos. ¿Un novio llamando así al cuñado y por una simple broma de muchachos? Antón, mucho más alto y corpulento que el furibundo novio, se contuvo de propinarle una golpiza: "Con cualquier otro, al intento de insultarme, hubiera sabido quién soy, pero no quise hacer más grande el escándalo por Antonieta, que estaba llorando sin parar". En este punto del drama llegué a casa del trabajo. Cuando me contaron lo que pasó, no podía creerlo. Hablé con Antonieta y, más que seria, gravemente le advertí que eso era inaceptable.

—¿Qué muchacho hace eso en una casa ajena? ¿Por qué insultar a tu hermano por una broma? ¡No y no! ¿Me entendiste? Tienes que ponerle un alto. Jamás, nunca, has visto eso en nuestra familia, ni en la de los Fajardo. ¡¡Antón o Jorgito, el hijo de tu tía Inés Marina, serían incapaces de algo semejante!!

Calmada me respondió:

—Sí mami, no te preocupes. Sé que él está mal, pero no lo entiende. Por eso acabamos de terminar.

Por lo menos pude dormir más tranquila esa noche. Pero al día siguiente cambiaron de opinión porque hubo nuevas mentiras y más retrasos para llegar a casa. Después confirmé que, efectivamente, Antonieta seguía hablando y llorando. Por supuesto que tenía que ser con él. ¿Con quién más?

Nuevamente tuvimos otra plática. Fui clara en explicarle que ni de niña, cuando a los doce años tuvo su propia línea telefónica, había roto las reglas para usarla. No podría seguir en el teléfono hasta tan tarde. "Tienes razón mami, no vuelve a suceder." Pero siguió haciéndolo. Se peleaban todos los días hasta altas horas de la madrugada. En esta ocasión la amenacé con retirarle el teléfono permanentemente. "No, please, no. Hago lo que quieras pero no me quites mi teléfono, please, nunca lo he hecho y no vuelve a suceder." Le creí porque tenía la necesidad de hacerlo, pero el colmo vino esa misma noche. Alrededor de las tres de la mañana, el nerviosismo de "Dumbo" y "Leo", nuestros perros, que luego de estar dormidos en nuestro cuarto se despertaron caminando de un lado a otro, nos hicieron darnos cuenta de que Antonieta estaba despierta y de que algo pasaba en su recámara. En medio de una crisis de impotencia entré como tromba y la encontré hablando por teléfono y llorando.

—¿No hemos hablado y me has prometido que no vuelve a suceder? ¡Son las cuatro de la mañana! ¡Esto no es normal y no lo voy a seguir permitiendo!

–Furiosa, arranqué de golpe el aparato y lo estrellé en el piso.– ¡Se acabó el teléfono aquí! ¿Me oíste? ¡Se acabó! ¡Es increíble! No puedo creerlo. –Para mi desconcierto, sin chistar, inmediatamente vino a pedirme perdón con lo que ya era
una cantaleta que me comenzaba a cansar:

—Tienes razón mamá. Te prometo que no vuelve a ocurrir. No vuelve a
pasar... Aunque voy a guardar aquí el teléfono roto para recordarte el día que te
pusiste histérica y la agarraste contra el pobre aparato... ¡Ja, ja, ja!... Mira nada más
cómo lo dejaste... Con todos los alambres de fuera. Ya no te enojes. I love you.

Al día siguiente conté el episodio a mi cuñada:

—¿Qué sucede? ¿Por qué no entiendo un romance así? –Alzando los hom-
bros, ella, que es maestra, acostumbrada a lidiar con jóvenes me contestó igual:

—No entiendo.

—¿No te das cuenta de que Antonieta me pide perdón a sabiendas de que
volverá a hacer las cosas? Además, ella, que nunca mentía, ahora lo hace por cualquier cosa.

—Sigo sin entender –volvió a responder.

—Yuyita, por favor, ese muchacho está cambiando a Antonieta. No me
gusta. –Inés Marina, a quien en familia llamamos Yuyita no se inmutó.

—Por lo pronto quédate tranquila, que ella ya no tiene teléfono para
hablar con él sin que te des cuenta. En verdad desbarataste el aparato.

La tregua duró varias semanas. Al parecer, y gracias a nuestro esfuerzo,
Antonieta había terminado con el muchacho, dándose cuenta de que una relación
tan tormentosa no era normal... pero no fue por mucho tiempo porque él, al ver
perdido todo, dio marcha atrás y le pidió perdón, asegurándole que cambiaría.
"Ha cambiado tanto que hoy quiere venir a verme al partido que vamos a jugar
en Fort Lauderdale. Como está a una hora de camino, te pido que tú y la tía lo lle-
ven en tu auto... ¡Please!"

El muchacho llegó, y en el camino al estadio su plática nos llamó la atención desde el primer momento:

—Yo hubiera querido tener una madre que me fuera a ver a los partidos
como usted va a ver a Antonieta. Mi mamá no existió en mi vida porque mis
padres se divorciaron en un proceso muy feo y mi papá le quitó la custodia;
por esos problemas y porque yo no le importaba a nadie es que no tengo fotografías. –Su sinceridad nos condolió. Después el turno fue para el padre.– Él
siempre está ocupado y, como se ha casado tantas veces –a pesar de que es
gordo le gusta a las mujeres–, se la pasa casándose y peleando con la que está
en turno. Ahora mismo ya dejó a la última y están en los pleitos para dejarse.

Ella se va a ir de la casa porque es nuestra y no tiene ningún derecho, sólo el perro que me dejaron cuidando.

Este segundo comentario nos intrigó, y seguimos sin entender. Era una situación extraña. En realidad era la primera vez que teníamos oportunidad de hablar y nos estaba contando cosas tan personales de sus padres... Hice eso a un lado y aproveché la ocasión para preguntarle qué sucedía entre ellos, por qué se peleaban tanto, por qué pasaban horas en la madrugada pegados al teléfono.

—No lo sé señora, Antonieta es muy mentirosa. ¿No ha sido así siempre?

—¡Por supuesto que no! –Respondí rápidamente.

—Pues no sé qué sucede porque a mí también me hace sufrir mucho con sus mentiras. Me dice que tenemos que terminar, y no sé por qué razón y me duele mucho lo que me hace.

Mi cuñada y yo, extrañadas con la respuesta, nos miramos sin entender nada, pero no pudimos hacer comentario alguno porque en ese justo momento llegamos al estadio. Apenas nos vio, Antonieta vino feliz a saludarnos. Poco después y en pleno juego, mientras el otro equipo bateaba, él fue a buscarla a la banca donde estaba con el equipo. Se hicieron a un lado y los vi discutiendo. Al rato Antonieta me llamó y me reclamó que hubiera hablado con él y que le dijera que ella no lo quería...

—¿Yo dije eso?

—¡Sí mamá! ¡Y me está reclamando por eso!

Ahora sí que entendía menos, porque como testigo de toda la plática estaba mi cuñada. Lo que hablamos siempre fue en presencia de ella. Para hacer mayor la desagradable sorpresa, el viaje de regreso a Miami, con ellos en el asiento trasero, fue un completo "round" de gritos e insultos en inglés hasta que me cansé:

—¡Dejen de pelear! ¡Respeten que venimos nosotros aquí!

Antonieta, la muchacha que jamás dio de qué hablar. Que odiaba el escándalo se estaba defendiendo del novio con groserías y obscenidades que jamás le habíamos escuchado pronunciar. Ni con el regaño terminó el pleito. Llegamos a casa, él se subió en su auto y salió rechinando llantas, mientras mi hija lloraba porque ¡habían terminado por mi culpa!

Cuando más noche abrí mi computadora, encontré un mensaje: Señora Collins perdóneme. No soy un mal muchacho, pero quiero tanto a Antonieta que hago tonterías. Hoy me puse celoso de los muchachos del colegio que se le acercaron y así comenzó la pelea. Ahora que me doy cuenta de que ella no es feliz. La estoy dejando en libertad para que lo sea.

En verdad estaba yo tan enojada que le respondí que era mejor que ahí terminaran las cosas porque el espectáculo que dieron, cualesquiera que fueran los motivos, era deplorable y que eso en realidad no era amor. No me respondió, pero cuando menos tuvo que leer lo que le quise decir.

Tanto Yuyita como yo volvimos por enésima ocasión a hablar con Antonieta. No había más: por su bien, ahora sí esa relación tenía que terminar y, con ella, las mentiras y las excusas para llegar tarde. Ya no tenía teléfono en la recámara, y si continuaban las cosas le quitaríamos el carro definitivamente. "Sí mamá, tienes razón pero ya no hay problema. Terminamos ahora sí para siempre." Su respuesta seguía el mismo patrón de conducta, y descubríamos todo cuando comenzaban las mentiras, las demoras, los pretextos... y los pleitos por la madrugada. Una noche de esas, nuevamente los nervios de "Dumbo" y "Leo" me alertaron de que algo pasaba en la habitación de Antonieta a pesar de que el cuarto tenía las luces apagadas y ella parecía estar durmiendo. Al abrir la puerta casi me caigo de la sorpresa: ¡Estaba hablando por teléfono con el aparato que yo había roto y que dijo haber guardado para recordarme el día que perdí la calma!

¡No lo podía creer! No sólo era un desafío increíble, sino también un alarde de ingenio para reconstruir el aparato. ¿Antonieta era capaz de hacerlo? ¡Por supuesto que no! Si algo tengo como madre es la honestidad para reconocer cuando mis hijas pueden o no hacer las cosas. Antonieta es una extraordinaria atleta capaz de remontar los marcadores más adversos, eso una y mil veces, pero de ahí a ser un genio de la electrónica. ¡Nunca! Obviamente el novio había arreglado el aparato y lo dejó aplastado por fuera para hacernos creer que no servía y por la noche seguir hablando hasta las horas que quisieran... Engañándonos.

Sí, nos había engañado a Fabio y a mí, pero no a la sagacidad de "Dumbo" y "Leo" por una razón: "Tropi" el perro de Antonieta —más que perro es como su sombra— era el centro de los celos de los otros dos. Si "Tropi" estaba despierto, "Dumbo" y "Leo" querían fiesta también. Así que ellos sabían que en ese cuarto podían jugar a pesar de que tuvieran las luces apagadas. Volviendo al momento de la sorpresa, la rabia por la mentira y la burla de mi hija, me hizo darle un bofetón. Fabio vino a detenerme. Ella sólo repetía: "Perdón, perdónenme por favor". No respondí y regresamos a nuestra recámara que queda frente a la suya. Habría pasado cuando mucho media hora, y nuevamente "Dumbo" y "Leo" nos hicieron ver que en el cuarto de Antonieta seguía el ruido. Fui para allá y al abrir la puerta... ¡Estaba hablando nuevamente por teléfono! ¡Ahora se trataba de un teléfono diminuto de los que son portátiles y que no cuestan más de diez dólares en las tiendas! No pude más. Otra vez Fabio vino a detenerme. Cuando finalmente me acosté a dormir me embargaba una sensación indescriptible de impotencia: ¿Por qué? ¿Por qué está ocurriendo esto? Fabio creía que era algo pasajero y que se trataba de un capricho por ser el primer novio.

—¿Capricho?

—Sí. Es una cosa que va a pasar pronto. No te preocupes de más. Probablemente ella siempre ha tenido mucha atención de parte nuestra y ahora lo que tenemos que hacer es ignorarla y pretender que nada de lo que siga haciendo nos afecta. Tu verás que ignorándola se arregla todo.

A pesar de lo que me decían, mi cara cambió con la preocupación, especialmente porque recordaba la plática que tuve con el muchacho cuando el partido de softball: en cuestión de una hora nos dio, a mi cuñada y a mí, un reporte íntimo de sus padres. Me preocupaba también la reacción que tuvo con la broma de Antón y que exhibió la violencia por la que era conocido. No tiene límites y nadie le ha enseñado a no usar el lenguaje obsceno con el que habla. Sea lo que fuere, por lo pronto ya estábamos conscientes de que ése no era el novio más adecuado para mi hija, así que comencé a meter freno. El episodio del teléfono me hizo tomar una drástica decisión que le mostraría a ambos, al novio y a ella, que yo no estaba bromeando: mandé cancelar el contrato de teléfono de la recámara de ella, y cubrí el contacto con cemento para que nunca más pudiera tener ningún aparato ahí.

—¿No voy a poder usar ni el internet en mi cuarto?

—Exactamente.

—¿Y cómo voy a hacer mis trabajos de la escuela?

—En mi computadora, que es más rápida que la tuya.

—¡Mamaá!

Se dio la media vuelta, encerrándose en su cuarto. De inmediato escuché ruidos de cosas cayendo al piso, lanzadas en medio de una rabieta. Mi cuñada, que llegó en ese instante, evitó otro enfrentamiento: "Déjala que tire y grite lo que quiera, luego tendrá que poner todo en su lugar otra vez. Pero no des marcha atrás". Después nada más acerté a llamar a Gaby Tristán, mi amiga y productora en el Noticiero Univisión Fin de Semana, quien conoce a mi hija desde niña. "No puede ser, tú no me puedes estar hablando de Antonieta. En todo caso no pierdas la calma. Eso es rebeldía propia de los adolescentes y va a pasar."

Como todas las madres en mi caso, quise creerle. Me tenía que agarrar de una tabla para seguir a flote. ¿Qué estaba pasando con mi mundo? No lo sabía, y tampoco sabía qué hacer. Estaba aterrada, aunque por lo menos tenía un alivio: con toda esta evidencia, la familia me dio la razón y dejó de bromear acerca del novio.

34

Finalmente mis suegros, mi cuñada, Fabio, Antón y Jorgito, es decir, los Fajardo en masa estuvieron de acuerdo conmigo: "Es verdad. Ese muchacho no está bien de la cabeza... Es verdad... Sólo hay que darles tiempo para que se dejen. No es más que un noviazgo de juventud..."

RECOMENDACIONES

Aunque usted no me lo haya pedido, y como este libro no es el pleito de una madre con su hija ni una biografía del escándalo, sino una especie de guía –la misma que yo hubiera querido tener cuando la necesité–, a partir de este capítulo añadiré en todo el libro mi recomendación de acuerdo con lo que nos tocó vivir.

En este caso, recuerde que su instinto de madre es siempre su arma más valiosa. Si algo le dice que la relación de su hijo o hija están mal, mucho cuidado, puede ser que usted tenga absolutamente toda la razón, así que junte evidencia y vaya anotando los episodios, para que, en su momento, los haga saber con hora y detalle.

Ignore los comentarios de amigos y familiares de que usted "está celosa o celoso" y por eso no le gusta el novio o la novia en cuestión. Sea honesto y vea si ése es su caso.

Si no lo es, observe bien la conducta que no es normal, como que digan mentiras, que rechacen aceptar las reglas establecidas de su casa –y que, por supuesto, ellos han observado siempre–. Cuando note esto, de inmediato hágalo saber a su hija o hijo.

Descubra si están tratando de llamar la atención o sólo es por molestar. Si es el caso, lo mejor es ignorarlos un poco. Pero no bajar la guardia.

No desmaye ni se canse de poner "el dedo en el renglón". Hable, hable y hable aunque no le hagan caso. ¡No deje de hacerlo por favor! Ése es uno de los calvarios de ser padre. Así que si veinte veces rompen las reglas, las mismas veinte veces dígales que nuevamente han roto su promesa.

Hágales ver que si nunca se han comportado así, puede ser que les están aconsejando mal y que si eso viene del novio, que no lo permitan. Nadie que los quiera debe hacerles daño.

Si el problema es el teléfono, no deje la tentación a la mano. Y más aún. Si amenazó con retirarles el privilegio de tenerlo, cumpla sus amenazas ¡o estará perdida!

Sonando la alarma

La campana de alerta que me ha salvado en infinidad de ocasiones del peligro estaba sonando constantemente en mi vida. Para muchos padres todo este cambio en los hijos se explica como la rebeldía de ser adolescente, pero, como buena reportera de investigación, yo sabía que esto era algo distinto. Ese muchacho estaba ejerciendo una influencia terriblemente negativa sobre Antonieta, que había cambiado su carácter dulce y calmado, volviéndolo tormentoso y desafiante.

El personaje en cuestión sólo era un año mayor que Antonieta, por lo tanto, se graduó de la escuela católica en la que estudiaba un año antes que ella. Para no variar, esa graduación fue ocasión memorable por la gravedad de las cosas que provocó... Como le conté en el primer capítulo, con gran sacrificio Antonieta logró la meta que muy pocas muchachas alcanzan: entrar a un exclusivo equipo de soccer femenil que viaja por la Florida. Los entrenamientos de esa liga son severos, sin importar calor, noche o lluvia. Las entrenan para ganar y nada más, lo que las prepara para llegar a ser jugadoras en una universidad. Esta actividad era al margen de los entrenamientos en el equipo oficial de su High School, de manera que en promedio entrenaba cinco horas diarias. Fue un triunfo que calificara en ese equipo, cuya admisión no se basa exclusivamente en habilidad y calidad en el juego, también en las respuestas del cuestionario que les hacen. Una de las preguntas clave es: ¿Si tienes tu graduación y al día siguiente tienes un partido crucial fuera de Miami que harías? La respuesta de mi hija menor fue clara: "Voy a la graduación, estoy un rato con mis compañeros, y me voy temprano a dormir para poder salir de viaje descansada y lista para el partido". Llegó la memorable ocasión de probar eso precisamente el día en que el novio se graduaba de *high school* y coincidía con el día del torneo de futbol más importante para el que ella había estado entrenando ¡durante todo el año! El viaje era al norte del estado, por consiguiente, ella no podría estar en la ceremonia. Ante nuestra sorpresa intentó convencernos de no jugar... ¡Im-po-si-ble! Le respondimos.

—Ésa es una ceremonia, importante para él y su familia, no es como el baile, que es lo principal para ustedes los jóvenes. Él debe entender cuánto significa para ti un torneo. Entonces irás, pero a esto, no. Recuerda lo que respondiste cuando te aceptaron en el equipo. Además, ellos cuentan contigo en este torneo. No puedes dejarlos abandonados.

—Sí, mamá, tienes razón, tengo que estar en ese juego, no te preocupes.

Habrían pasado cinco minutos de esa plática cuando Antonieta me dijo que los padres del novio aguardaban en el teléfono...

—¿Y eso? ¡Si ni les conozco!

—Ellos quieren hablar contigo.

¡Ambos estaban llamando para decirme que también estaba el novio en la línea y que éste estaba llo-ran-do porque Antonieta no iría a la ceremonia por ir a un juego! A todos les expliqué que no era un juego cualquiera... Que para el equipo de mi hija simplemente ¡era el torneo para el que había entrenado toda la temporada! Hoy recuerdo la plática tan extraña con aquellos padres que nos enviaban a todos señales de peligro que finalmente resultaron ciertas.

Debido al acuerdo del divorcio, el padre había quedado con la custodia del muchacho, que vivía con él: "Señora, para mi hijo es importante que Antonieta esté con nosotros ese día. Él está llorando desconsolado". Al fondo se escuchaban los gritos del hijo —en realidad no estaba llorando—, se oía furioso diciéndome cosas, e interrumpiendo la plática al grado de que el mismo padre trataba de callarlo, sin que le hiciera caso.

Comprendí que era inútil enfrentarme a todos ellos, y con mi hija de su lado. De cualquier forma propuse una solución salomónica; ella iría a la ceremonia, pero con una condición: que inmediatamente después de que terminara, se fuera en avión a alcanzar a su equipo —que a esas horas ya estaría jugando el segundo tiempo del primer partido—. Colgamos el teléfono con ese entendido, y yo, por supuesto, con un terrible disgusto debido a la esa situación. Esos padres hacían todo lo que el muchacho quería porque tenía una gran capacidad de manipulación por cualesquiera que fueran las causas entre ellos. Pero lo que me alarmó fue que el poder que el muchacho ejercía sobre sus progenitores era el mismo que estaba ejerciendo sobre el futuro de mi hija y los planes que por años hicimos con ella... Les importaba un pepino el esfuerzo de Antonieta para con su equipo.

Fabio cuestionaba: "¿Cómo es posible que ese muchacho, a los 18 años, llore si la novia no va a la graduación por una causa de fuerza mayor? Eso no está bien. No imagino a un muchacho a su edad hacer eso. Tampoco lo que los padres hicieron es correcto… Tienes toda la razón porque algo ahí anda muy mal". Sólo alcancé a responderle en silencio afirmando con la cabeza.

No habría pasado una hora de la conferencia telefónica, cuando Antonieta entró como tromba en mi recámara, donde mi cuñada y yo hablábamos del problema y la solución que le había dado. Furiosa me gritó: "Haz lo que quieras, mamá. Mátame, pégame, bótame de la casa, pero escucha bien: ¡No voy al torneo! Cueste lo que cueste. ¿Me oíste? La graduación de mi novio es lo más importante… Así que no voy". Le pregunté qué pasaba, si ya habíamos quedado de acuerdo en la forma de hacer las cosas. "No, de esa forma no acepto". Cuando mi cuñada quiso intervenir, por primera vez, arremetió contra ella: "No te metas a decirme nada… Tú y yo no somos familia, okay, y que quede claro". Antes de que saliera de mi cuarto, alcancé a darle una bofetada. ¡Dios mío, Dios mío! ¿Qué nos estaba pasando? No sabía qué hacer. Le hablé a mi comadre Josefina Melo, madrina de Antonieta, quien de inmediato llegó a la casa. Lo mismo pasó con Raquel, mi hermana, y Julio, mi cuñado. Aquello era una reunión como ni en mis peores pesadillas soñé tener. Con la cara descompuesta, burlándose de cuanto se le decía, Antonieta repitió lo que me dijo: "No voy y hagan lo que quieran". Y no fue. Habíamos perdido la partida.

Más que rebeldía era un desafío. ¿Pero… a qué? ¿Por qué? Le preguntamos qué pasaba, qué era lo que ella quería que hiciéramos para terminar con este martirio chino de problemas. "Si tú quieres que siga en el soccer, mira, ponte un short, los zapatos y vete tú al campo a jugar por mí." Mi comadre Josefina Melo estaba anonadada: "Sólo porque lo veo, lo creo, de otra forma diría que es mentira. ¿Cómo es posible que ella, que adoraba el futbol, que eso era su vida, que para ella no había nada que estuviera por encima, hoy mande todo eso al cuerno?… No puedo creerlo, comadre, no puedo. Eso es el muchacho"

Yo tampoco podría creerlo pero era verdad. Me dolía el alma por todo lo que implicaba. Por supuesto que la sacaron del equipo. Le retiré la palabra por varias semanas. Aconsejada por todos, ignoré lo que hiciera o dijera, lo que significó una tregua para tomar fuerza, porque ya estaba agobiada por la tristeza. Más tarde fue imposible seguir con esa actitud porque las cosas iban en aumento. Seguramente que esta situación le es familiar teniendo hijos adolescentes.

Sin el teléfono en su recámara, los problemas siguieron, pero ahora con el celular. Desde los catorce años, es decir, tres años antes de todo este circo, Antonieta tuvo el suyo. Más que por lujo, porque sé que con los peligros en estos tiempos, los celulares son el salvavidas de muchísimas situaciones. Ella nunca lo utilizó para otra cosa que avisarnos dónde estaba. Hubo momentos en que me agotaba llamándome para todo. El mes siguiente a quitarle el teléfono de la recámara, la cuenta del celular casi me infarta.. ¡Antonieta había gastado trescientos dólares en llamadas! Cuando hablé con ella, su reacción me dejó fría:

—¿Trescientos dólares? Bueno... ¡cambia el plan!

—¡Por supuesto que no!... ¡Con los mismos minutos que has tenido desde hace tres años es suficiente! ¡Esto no puede volver a suceder! Esta vez voy a pagarlo, pero si sucede otra vez, saco el dinero de tu cuenta de ahorros, ¿okay?

—Sí, mami, perdóname por contestarte mal, no quise decir eso, pero no va a pasar otra vez.

El recibo telefónico del mes siguiente vino nuevamente retador: Doscientos dólares, y en promedio cincuenta a setenta llamadas entrando o marcadas. La confrontación fue mayor:

—Mamá, si te preocupa el dinero, haz lo que me dijiste... Págalo de mi cuenta de ahorros.

Alcancé a darle un pescozón.

—No es sólo asunto de dinero. Es de salud mental. ¿Qué es esto de decenas de llamadas que te hace y que haces? ¿No te das cuenta de que es obsesivo que el novio hable y tú le llames setenta y un veces al día como marca el recibo? La próxima vez te quito el celular, al igual que te quité el teléfono de la recámara. ¡Así que ya lo sabes para que no te quedes sorprendida!

Furiosa me respondió al instante:

—Si me quitas el celular… peor para ti. Entonces no sabrás dónde ando.

La sacudí indignada: —No sé qué pasa ni quién te ha volteado en contra de como has vivido desde que naciste... pero que no te quede la duda: si esto se repite, se acabó el teléfono celular.

Un mes después, al llegar el recibo telefónico, la cuenta superó otra vez los doscientos dólares.

—Tú mejor que nadie sabes las reglas del beisbol. Tres strikes y estás out. Así con el celular. Te lo advertí y seguiste haciéndolo, pero hasta hoy lo tuviste y te quiero aclarar: si yo no sé dónde estás, no sales ni a la esquina. ¿Entendido?

La suya era una mirada que jamás pensé ver en los ojos de Antonieta, pero no estuve preparada para sus palabras:

—Te odio mamá.

Esas tres palabras –Te-odio-mamá– eran la prueba de la rebeldía, el desafío a lo establecido, la ira y el descontrol. Quedé al borde del desmayo. Media hora después, vino a pedirme perdón llorando a mares, y como madre nuevamente quise creerle.

—Mamá, perdóname, no quise decir eso, estaba furiosa. No me quites el celular, por favor, me hace mucha falta.

—Lo que me has dicho es muy fuerte y, como madre, a pesar del gran dolor del insulto, te perdono. Si eso quieres escuchar, sí, te perdono, está bien. Concedido. Pero del celular ¡nada!

Sin el teléfono de su recámara y sin el celular, su capacidad de comunicación con el novio se redujo. Adriana, quien vive en Cantón, Ohio, había hablado con su hermana y me llamó. "Jefa, es horrible lo que te dijo, pero está arrepentida, aunque está bien que te mantengas firme. No cedas con el celular ni con nada de lo que la amenaces. Ella sabe que hizo muy mal en decirte que te odiaba, pero dice que no sabe cómo sucedió; que todo esto que está viviendo es como si fuera un cuento de terror que le está pasando a otra persona, y que ella no lo puede detener. Estoy segura de que el culpable es el chamaco, pero no podemos hacer nada porque ella tampoco lo quiere dejar."

Y siguió la guerra. Como si estuviera decidida a ir cercando la libertad en nuestra casa parte por parte, enfocó sus baterías en mi estudio. ¡Ahora hablaba con el novio simultáneamente por la internet y el fax! ¿Cómo? Escribía en la computadora estando en línea con él, y por el aparato telefónico del fax se hablaban, mejor dicho: peleaban y gritaban. Me imagino que algo así es a lo que llaman martirio chino. Nuevamente por la madrugada comenzamos a despertar por los gritos en la oficina. Nuevamente, también, siguió la cruzada por hacerla entrar en razón.

—Antonieta, por favor, en-tien-de. Ya viste que no fue cuento quitarte el teléfono de tu recámara y el celular. ¿Ahora siguen la internet y el fax?

Sus respuestas eran desafiantes.

—Quítalos también, y, entonces, ¿cómo vas a trabajar?

Lo suyo era sacarme de quicio.

—Rétame nuevamente –le respondí– que así tenga que trabajar enviando señales de humo, quito todo y ya lo verás.

De más está decir que, por supuesto, siguieron los tangos en la madrugada. Debido a mi trabajo, prescindir de la internet era como si un médico no tuviera un localizador telefónico. ¿Qué hacer para quitarla? Sencillo, algo que también nunca en la vida imaginé hacer, ¡poniendo cerraduras con llave en la oficina!, lo que pareció funcionar... sólo unos días. No pasó mucho tiempo antes de que nos diéramos cuenta de que ella había encontrado la forma de sacar un duplicado que le permitiera abrir la puerta. Una noche, los gritos y el llanto nuevamente la delataron.

Lo siguiente fue cambiar la cerradura y guardar todos los días tanto el teléfono de la cocina, como las conexiones de las computadoras de Fabio y mía, y mi laptop. Y eso no fue todo: ¡dormir sobre ellas! ¿Cómo? Como no lo puede imaginar… entre el box spring y el colchón. Lo que ahora nos da risa, entonces era como una película de terror. Fabio y yo llegábamos como detectives a la casa, revisando las marcas que habíamos puesto como guía para saber si nos estaba mintiendo.

Pero las cosas siguieron escalando. El día de la presentación de mi primer libro, Dietas y recetas de María Antonieta, ella fue el único miembro de la familia que faltó. Llegó junto con su amiguita de toda la vida al final del evento. Su ausencia fue más que notoria. Cuando finalmente la vi entre los asistentes, su respuesta fue peor:

—Mamá, perdóname, pero nos perdimos y por eso no llegamos a tiempo.

—¿Te perdiste en este Barnes & Noble al que has venido cien veces y que es tan céntrico?

—Sí mamá. Créemelo y perdóname. No vuelve a pasar.

Por la noche, ya en casa fui a hablar con ella: "Quiero que me escuches mejor que nunca. No voy a decirte nada más ni a darte el bofetón que mereces, pero quiero que sepas que hoy llegaste muy lejos. Me has lastimado terriblemente y no te esfuerces en mentir porque no creo ni que te perdiste ni una sola mentira más. Sé que estabas con tu novio como si no tuvieras otra hora para verlo, y eso no se hace. No sigas insultando mi inteligencia repitiendo que lo obedeciste porque no quieres que se enoje. Llegaste al final no sólo porque él quiso que fuera así para lastimarme, sino porque tú se lo permitiste. Como ya me cansé de las excusas gastadas, escucha esto: una mentira más y no tienes auto. ¡Estás advertida y no te llames engañada!"

Si mi instinto de supervivencia hubiera sido timbre, seguro que habría enloquecido por lo que sonó en ese tiempo. De la presentación de mi libro, las cosas aumentaron: a esas alturas el novio decidió que tendrían que verse a escondidas. Ni en nuestra casa, ni en la de mis suegros ¡porque no nos soportaba! Así que nos declararon abiertamente la guerra, nos gustara o no se verían donde él decidiera.

El cumpleaños de Angie, la nieta de Yuyita, nos trajo nuevos sinsabores. Antonieta era la encargada de comprar lo necesario para la fiesta. Al mediodía, salió por los globos para los invitados y no regresó sino hasta las nueve de la noche, cuando todos se habían ido. Mi cuñada, preocupada, me llamaba al noticiero preguntando si la había visto. No nos explicábamos qué pasaba hasta que, pasadas las nueve de la noche, llegó como si nada a casa de mis suegros. Primero, como de costumbre, comenzó a inventar un montón de mentiras. ¡En todo

Miami no había ni un solo globo para inflar y perdió el tiempo buscando de tienda en tienda! Además, no tenía tiempo para explicaciones porque el novio la estaba esperando en su coche para que lo llevara a su casa porque su auto no servía. Ahí metí presión.

—Si no me dices en este instante dónde estabas, ese tipejo se va a su casa caminando o en taxi. Yo estoy en el noticiero, pero en este momento voy por la llave del auto y no lo llevas a ningún lado.

Eso la dobló.

—Está bien. No vine con los globos porque su papá nos invitó a comer y nos fuimos con él y se nos hizo tarde.

—¿A comer cuando estás encargada de traer los globos para los niñitos?

—Sí, mamá.

—¿Cómo pudiste hacerlo cuando hay gente esperando en la fiesta y Yuyita siempre se ha desvelado por ti y tus cosas, aun con el muchacho este?

—No lo sé. Fulanito me dijo que lo hiciera así.

Respiré profundo sacando fuerzas de flaqueza. "Está bien. Como lo prometido es deuda y de acuerdo con las reglas del juego, con tres strikes estás fuera, a partir de este momento no tienes auto. Al menos, el auto que te compramos con tanto cariño y porque lo merecías más que nada en la vida. Sayonara con el carro." Está de más narrar su reacción.

Yo sé que mi imagen era la de la perfecta desolación.

No sabía qué hacer ni a quién recurrir. Lo siguiente fue comenzar a buscar las causas y quién mejor para darme alguna pista que Alfonso Cárdenas, entrenador de futbol de Antonieta y quien no sólo la trató a diario durante años, sino que tenía toda la confianza de las once muchachas de su equipo. Grande fue mi sorpresa cuando, al cuestionarlo, sin titubear un solo instante, manifestó que pensaba igual que yo. "Esto es asunto del novio que ejerce una influencia tal en ella, que la está haciendo a su imagen y semejanza, y ya sabemos de la conducta violenta que él tiene." El señor Cárdenas había puesto el dedo en la llaga. "Me llama la atención que cuando este muchacho llega al campo de entrenamiento a verla, en lugar de que se vea feliz como todas las muchachas a quienes el novio viene a ver jugar y que se sienten orgullosas de eso, ella luce asustada. Su cambio es inmediato, como si tuviera miedo, y comienza a buscar pretextos para no seguir ahí. A últimas fechas la escucho repetir constantemente cosas como que no puede jugar bien, que no sabe hacer esta u otra jugada; ante los ojos de un psicólogo esto sería una baja de la autoestima, para mí es difícil de aceptar porque, conociéndola tanto, sé que no es normal en Antonieta, una extraordinaria atleta a quien vi comenzar desde cero y que ha logrado remontar las circunstancias más difíciles en un partido, como pocas jugadoras pueden. También su fuerza de voluntad es muy grande y siempre he dicho que tiene todas las cualidades para llegar a ser una jugadora profesional. Así que lo que le sucede tiene que girar alrededor de ese muchacho."

Lo que me decía el entrenador Cárdenas era una parte del problema, y, por el otro lado, la falta de respeto, el dolor de escuchar los comentarios con los que nos atacó terriblemente tanto a los Fajardo como a mí. ¡Ni en mis sueños más locos pude imaginar que ella me diría que me odiara sin darme una causa!

"No hagas caso así te diga lo peor, ella sabe que no es cierto, y lo hace porque quiere herirte o molestarte. Es probable que el novio le diga que haga esto y lo otro, especialmente porque es una muchacha dócil, pero también probablemente lo que le pasa es por cualquier otra causa."

Quien me hablaba así era Marisa Venegas, no sólo Productora en Jefe del programa de investigación Aquí y Ahora, de la Cadena Univisión, donde soy corresponsal principal, sino alguien que junto a mí vivió el proceso de cambio desde que se inició y fue testigo de mi sufrimiento, porque, al margen de este problema, yo tenía que trabajar sin importar nada, incluso aunque por momentos me sintiera desfallecer de la pena.

"Yo tuve una adolescencia conflictiva con mi madre, a quien adoro. Antonieta no te ha dicho nada de lo que en un momento le dije a mi mamá por nada en especial, sino por herirla. Yo me acuerdo que me acostaba por las noches y la oía llorar y me daba rabia oírla porque sentía que era un chantaje emocional y le decía que se callara, que no me estuviera chantajeando. Ahora pienso ¡qué horror!, pero entonces no me daba cuenta. Hoy mi mamá dice que no se acuerda, pero más bien creo que toda esa etapa es como un parto, después se olvida el dolor. Esos años tan difíciles pasaron y, cuando me fui a la universidad en Nueva York, todo cambió. Me tocó vivir en una casa privada donde pagaba ciento sesenta dólares por un cuarto y comida, trabajaba de cajera en un banco, iba a una escuela malísima, pero se me despertó el deseo de estudiar enormemente. Además, la idea de regresar a Texas era tan terriblemente mala, que yo sabía que no podría hacerlo. Y con todo el dolor de su corazón me dejó hacer las cosas que yo estaba decidiendo porque sabía que prohibiéndolo yo lo haría más. Después volvimos a tener una relación madre-hija, tan excelente como es hasta el día de hoy. Te digo y te repito que mi madre es una mujer a la que admiro, y ambas nos adoramos."

Emma Zapata, doctora en Sociología y madre de Marisa Venegas, en plena adolescencia de sus tres hijos y a pesar de que el dinero escaseaba, decidió estudiar en la universidad para superarse, lo que por momentos le hacía olvidar los malos momentos de rebeldía de su prole.

"Siempre pensé que todo lo que Marisa hiciera tenía solución, a pesar de que lastimaba mis sentimientos. En parte el carácter de ella estaba actuando sobre su impulso. Ella es muy crítica, y esa crítica la empleaba también conmigo. Por supuesto que como hija me insultó mucho, y claro que recuerdo esos pasajes, sólo que yo la conozco. Además, en mi corazón de madre, siempre pensé que en un momento de la vida finalmente ella cambiaría. Sólo era cuestión de esperar.

"Otra cosa que ella hacía era culparme de que pasara el tiempo en la universidad, quitándoselo a ella. Lo que son las cosas, yo sé que hoy se siente superorgullosa de mis logros académicos, pero entonces se paraba en la puerta de la casa y me gritaba: 'por tus estudios no tengo mamá y no tengo cariño', y en verdad eso sí me hacía sentir culpable. Era chantajista y me ponía entre la espada y la pared, es decir, entre ellos y mi carrera. En infinidad de ocasiones lloré, ¡y ella me decía que yo era la chantajista! Por supuesto que mis estudios y mi trabajo no sólo me llenaban de satisfacción, sino que me distraían de los graves problemas en casa; pero nunca, nunca, pensé que la conducta de Marisa, por mucho que hiciera o dijera me vencería. No recuerdo un solo momento en que en realidad dijera: 'no tengo nada más que hacer'. Claro que cuando son mayores se dan cuenta de todo lo que provocaron, pero mientras tanto, quien recibe la agresión es uno."

De acuerdo con Emma Zapata, la propia y dolorosa evolución de la adolescencia es diferente en cada hijo e hija. Marisa Venegas dice que su madre es totalmente benévola al recordar lo que fueron casi cuatro años de rebeldía juvenil.

"Yo digo que mi mamá no se acuerda de la cosas tal como fueron. Yo cuento esto a todo el mundo porque es una forma de ayudar, de expiar las culpas, y siento que es mi obligación hablarle a padres en tu caso de cómo son las cosas con los jóvenes en realidad, porque entiendo esa rabia ya que la viví. No importa que pase, MAC, sigue hablando con Antonieta aunque creas que no te hace caso. No sabes cuánto y cuánto me he arrepentido terriblemente de haber hecho sufrir a mi mamá. Vas a ver que lo mismo va a pasar con Antonieta."

De Marisa Venegas siempre he admirado la capacidad de síntesis y la cirugía periodística en las historias que produce. Cuando ella marca un punto, siempre es certero y va directa al grano sin temor a equivocarse. A pesar de esto, que ha sido una norma de respeto profesional entre ella y yo, por primera vez puse en duda sus consejos y no le creí.

Estaba dispuesta a encontrar el fondo de la pesadilla para salvar a mi hija, pero el camino estaba lleno de piedra y dolor.

Ármese de paciencia para escuchar cualquier insulto que su adolescente le dirija. Todos ellos en algún momento van a decirle algo en un momento de rabia. Probablemente la primera vez le tome desprevenido, pero después no. Recuerde que no es la única o el único en recibirlo, aunque es importante que le haga ver que una cosa es su rebeldía o la furia, y otra es lastimar.

Observe el proceso de rebeldía de su adolescente. Puede ser rebeldía propia de su crecimiento, que llega en condiciones normales a cosas aventuradas y descabezadas, pero es importante estar pendiente de otros signos que nos señalan cuándo su conducta está siendo influenciada por malas amistades.

En el caso de que su hijo o hija se vean forzados por un chantaje emocional, no quite "el dedo del renglón". Aunque no le hagan caso en ese momento, destaque el hecho de que el chantaje emocional no puede regir una relación sana.

En mi caso particular, descubrí la manipulación y el uso del chantaje desde el momento en que el novio utilizaba a sus padres para lograr sus fines y éstos se lo permitían. La manipulación emocional no conoce límites y se vale de testigos para asegurar su meta. Eso se llama chantaje. No caiga en él ni sea su víctima.

Otro signo inequívoco del chantaje emocional es que abandonen sus ideales repentinamente y sin explicación o con alguna totalmente ridícula. Si eso pasa, esté seguro de que alguien o algo les está forzando a esa conducta.

No importa cuánto cerque su espacio al prohibirles usar, por ejemplo, el televisor o la internet, ponga cerraduras o duerma con ellos en el colchón, el caso es que de ninguna manera, por capricho o consejo, se salgan con la suya y rompan su prohibición.

Si promete algo, cúmplalo sin importar lo que suceda, si no, mejor no amenace. En el caso de un automóvil, quitarle el privilegio a adolescentes en franco descontrol puede incluso salvarles la vida. Así como me escuchó. Entienda que el descontrol le puede llevar a un accidente de tránsito de consecuencias mortales. Nosotros estábamos seguros de que al quitarle el carro a Antonieta le salvábamos la vida. Tiempo después ella nos lo corroboró.

Y también, aunque en ese momento no le entiendan, muéstrele que, quien les quiere en verdad, NUNCA les hará sufrir ni les humillará. Repítalo tanto como sienta que ellos tienen que escucharlo para asimilarlo.

Señale y vuelva a señalar que se están convirtiendo en mentirosos pero que usted descubre esas mentiras porque son tan obvias que insultan cualquier inteligencia. Enfatice el momento de cada mentira para que se den cuenta de que no la envolvieron con ella.

Rece. Recite sus oraciones regulares o improvise las que le salgan del corazón. Lea la Biblia o metafísica o lo que le haga sentir calma en el espíritu. Dios trabaja aun en los peores momentos, aunque no lo entendamos.

Los consejos de la doctora Emma Zapata son como mandamientos para padres atribulados. Siga al pie de la letra uno que es básico: no importa cuán desesperado o desesperada se sienta, nunca piense que no tiene arreglo. Visualice, como ella lo hizo, que pronto llegará el día en que cambien para bien. Y así será.

Romeo vs. Julieta

Todo se encaminaba peligrosamente al clímax de una historia que no era de amor, sino de lágrimas y tormento desde que comenzó. Nada funcionaba: si se les daba permiso, malo; si no, también, por lo que siempre, de cualquier manera, terminaban culpándonos a nosotros por sus problemas. Por todo esto, en familia tomamos la decisión de no prestar atención a los pleitos que ocurrían a toda hora en un patrón de conducta tortuoso.

Tratando de agotar el recurso en busca de ayuda, y luego de haber descartado totalmente varios factores para el cambio de conducta de mi hija —como podrían ser drogas o alguna enfermedad mental (algo que explico totalmente en el capítulo dedicado a la depresión aguda y al síndrome bipolar)— no quedaba más que un solo factor: el novio. Decidí llamar a la madre del muchacho. Para mi desconsuelo, encontré a una mujer bien intencionada, pero increíblemente en las mismas condiciones que mi hija, es decir, víctima de un ex marido y un hijo abusivos. Luego de varias pláticas en las que intenté hacerle ver que esa relación era tan dañina para mi hija como para su hijo, me di cuenta de que la única que peleaba por una solución era yo. A fin de cuentas, nosotros llevábamos la peor parte. En este caso, ellos, como padres de un varón, sentían que no debían hacer nada y, de acuerdo con sus muy personales reglas, y en contra de lo que yo pensara, tuve que darles la razón porque mi hija siempre tuvo la oportunidad de no aceptar los chantajes y mandar a ese muchacho al diablo y no lo hizo. De cualquier forma, no puedo negar que la madre y yo hablamos varias veces largamente intentando hacer algo. Sé que a su vez ella lo hizo con su hijo, obviamente sin ningún resultado, sino todo lo contrario, porque Antonieta de inmediato me vino a reclamar. Así que no hubo diferencia. En otra ocasión en que un episodio con su hijo me llevó a llamarla otra vez, a todas luces frágil y amenazada, me sugirió que hablara también con el padre —con quien ella mantiene una cauta relación— ya que el retoño vive con él. Y así lo hice.

Si la primera vez que hablamos por teléfono la actitud del hombre me dejó boquiabierta, esta ocasión su muy especial filosofía me dejó insultada: "yo dejo que mi hijo haga lo que quiera, allá quien se lo permita". Aunque le aclaré que ésa no era precisamente la manera de formar a un caballero que debía tener respeto por la mujer a quien supuestamente quiere, también le expliqué que si yo recurría a él, era en su calidad de padre para que halláramos una solución. No sólo resultó ser un gran mentiroso, sino que ignora lo que sucede en su casa, y por eso no se percató de que el hijo salía y entraba a la hora que le diera la gana y que lo mismo hacía con el teléfono, que utilizaba cuando que se le antojaba. Le expliqué la necesidad de poner un freno a la situación, que ni siquiera físicamente era buena para ellos, que en lugar de descansar se la vivían gritando y peleando a altas horas de la madrugada. "Si usted ha quitado teléfonos, e internet por las noches creo que está exagerando. He notado efectivamente que ellos pelean, pero siento que usted está exagerando la situación. ¿Le preocupa que su hija grite y llore? Déjeme decirle algo, señora: ni es su experiencia, ni es la mía, así que no estoy dispuesto a decirle nada a mi hijo."

¡Qué fácil, no! Ésa era la mejor forma de eludir una responsabilidad. Fue inútil hablar con una persona que deja ver su desprecio hacia las mujeres, algo que sin lugar a dudas ha transmitido a su hijo. Fue inútil también que ese padre entendiera mis súplicas de controlar y detener esta, que no era la historia de Romeo y Julieta, sino la de Romeo contra Julieta. Decepcionada, decidí gastar la poca energía que me quedaba tratando de convencer a Antonieta de que lo dejara.

—En toda esta historia –le expliqué– hay algo más grave a que nos insultes, te rebeles o nos digas mentiras... ¿Sabes qué es? La tristeza de que no sepas que esto es una pesadilla que no tiene que ver ni remotamente con el amor. El primer amor o el segundo o el número de amor que sea siempre es hermoso. Son dos personas que se quieren, que se consienten, se cuidan y sobre todo se admiran. Es compartir también esa felicidad que te proporciona una pareja con tu familia y tus amigos. A mí me extraña que tú ahora no frecuentes a tus amigas de toda la vida. También se me hace raro que ustedes como novios no salgan en grupo con amigos. Mira a Antón, tu hermano, que siempre está aquí con amigos y amigas, aquí hacen reuniones, de aquí salen al cine o a cualquier lugar.

—A mi novio no le gusta que tenga amigas, y él tampoco tiene amigos para salir en pareja y dice que si yo lo quiero, así tiene que ser.

Su respuesta tenía un grado de convencimiento tal que me heló la sangre.

—No, Antonieta, las cosas no son así. Él te ha forzado a ser grosera, a lastimarnos, y tú, que has tenido la última opción, es decir, negarte a hacerlo, le has obedecido, pero él no puede seguir modificando tu mundo. Eso no es un noviazgo sano ni normal.

A la menor insinuación, ella lo defendía a capa y espada:

—Mamá, por favor, yo no quiero que pienses que es malo, simplemente tiene problemas para relacionarse con otros, pero no es malo.

Me rehusaba a creer que ella no sólo disculpaba un comportamiento tan anormal, sino que su primera frase era: "él no es malo". Decía eso sin que nadie estuviera cuestionando la bondad o la maldad en la relación. Dejé a un lado lo que pudo ser una nueva confrontación para dejarle saber que mi principal preocupación como madre era ella, y sólo me miraba como queriendo decir algo, pero decidió callar. Imagino que para no provocar mi enojo con sus respuestas, o para no comprometerse ante la fuerza de mis argumentos. Me di cuenta de que era inútil continuar con el tema y terminé, no sin antes repetirle por centésima ocasión:

—Nadie que te quiera, hija, te hace sufrir. Nadie que te quiera te voltea contra tu propia familia. Eso no es amor. Adriana tu hermana, podrá tener problemas de sobrepeso, habrá tenido otros problemas en su adolescencia, pero nunca vivió lo que a ti te está dañando y maltratando. —Sin dejarme seguir, cortó la plática:

—No quiero seguir hablando de eso. Adriana es Adriana y yo soy yo. Ni es su experiencia, ni es la tuya. Es la mía. Quiero a mi novio tal y como es y nada de lo que me digas me hará cambiar.

La última oración simplemente me aterró porque era similar a lo último que hablé con el padre del novio: "ni es tu experiencia ni la de mi hermana. Es la mía. Quiero a mi novio como es y nada de lo que me digas me hará cambiar". Ya era claro que ese muchacho ejercía tal influencia en mi hija, que le dictaba todas las acciones y respuestas.

De pronto, y como si alguien estuviera juntando las piezas de un rompecabezas, una sucesión de hechos nos enfrentó a la realidad. Un sábado por la noche, mientras yo trabajaba en el noticiero, ella me llamó pidiéndome permiso para que sus amigas Paola González Monge y Yalexa León, niñas extraordinarias a quienes conozco desde su infancia, y quienes estaban más que preocupadas por mi hija, vinieran a casa a cenar y ver películas con dos o tres amigos más, incluidos los primos de Yalexa. Por supuesto que de inmediato acepté, como lo hago siempre que se trate de buenos amigos. Además, Fabio estaba en casa por cualquier cosa que ellos necesitaran. No supe nada hasta que mi marido me llamó alterado.

—No sé qué ha sucedido, pero tuve que salir a llamarle la atención al novio de Antonieta que vino a amenazar a los muchachos que estaban aquí en casa.

—¿Y qué hacía el personaje ahí, si de acuerdo con Antonieta, para variar, estaban peleados?

—No entiendo. Lo cierto es que todos estaban viendo películas cuando aparentemente el novio llamó y, al oír voces, le exigió que le dijera qué pasaba y por qué estaban ahí todos esos muchachos. Enfurecido, a pesar de que pasaban de las once de la noche, el novio vino desde su casa –a unos veinte minutos de la nuestra– ¡a obligarlos a que se fueran!

Valientemente Paola y Yalexa, para no comprometer a los chicos, lo enfrentaron:

—Tú no puedes prohibirle nada a Antonieta porque ésta no es tu casa. Así que si no te parece que nosotras, que somos sus amigas, estemos aquí, no importa, tenemos el permiso de los padres de Antonieta. Además, no te equivoques. Nosotras no somos ella, de quien abusas porque sabes que tiene un carácter sumiso.

De acuerdo con las versiones que más tarde supe, Yalexa y Paola se habían convertido en leonas defendiendo a quien ha sido su amiga desde el segundo grado de la escuela elemental. Fabio recuerda que escuchó al novio insultando a las chicas con obscenidades, y que salió de inmediato a la calle a ver qué pasaba. "Me sorprendió que estaba a punto de estallar una pelea campal porque el novio, enfurecido, intentó pegarle a las muchachas, y los chicos salieron a defenderlas. Le dije que ya estaba bien de gritos y groserías. Al verme, se fue no sin antes amenazar a todo el mundo con que se iban a arrepentir." Por supuesto que eso terminó con la reunión, es decir, el chamaco había logrado su objetivo. ¿Y Antonieta? Según Fabio, estaba temblando de miedo pero sin decir nada malo de él. "Después la escuché hablando por teléfono con las muchachas, pidiéndoles perdón por lo sucedido, y disculpando la conducta del novio."

¿Disculpándolo todavía? Para mí eso era más que demasiado. Cuando llegué del noticiero, Fabio estaba preocupado y sin poder conciliar el sueño.

—Que ese muchacho no conozca límites que nadie le ha fijado es grave, pero hay algo peor aún, pudo haberle pegado a las niñas porque le vi toda la intención. Si ellas hubieran estado solas, lo hace. Su cara era la imagen de la rabia y el descontrol y eso es peligroso. ¿Te dije que en medio del escándalo, cuando se iba, le ordenó a Antonieta a terminar la amistad con ellas?, y seguramente ella terminará haciéndolo.

Al escuchar esto no supe si reír o llorar...

—¿Y qué puede hacer para separarlas? –respondí de inmediato– Eso es imposible, Fabio, y ahora yo soy la que te digo que no nos preocupemos más. Ellas tres son muy unidas, así que lo que opine el novio no es importante.

Grave error pensar así. A pesar de la violencia y lo vergonzoso del incidente, a los pocos días, de nueva cuenta, "Romeo contra Julieta a la inversa" volvieron a andar juntos y a escondidas, porque estaba claro que nosotros ya no queríamos verle por casa, y las amigas de mi hija, tampoco.

Con todo eso en contra, sin embargo, la telenovela pudo haber seguido sin mayores sobresaltos, de no ser por el incidente ocasionado por el cumpleaños de Yalexa y Paola.

Cerca del aniversario de sus dos amigas, con mi autorización y a escondidas del novio –que vigilaba todos y cada uno de sus pasos–, mi hija les compró varios regalos. Una tarde, mi cuñada Yuyita me llamó aterrada –lo que ya se había convertido casi en costumbre– y me hizo salir corriendo del trabajo. Un zafarrancho en casa nos dejó helados. Cuando llegué, me mostró una bolsa con lo que fue un sweter, una falda, unas carteras, y discos compactos que ahora lucían como confeti, es decir, estaban hechos pedacitos.

—¿Qué-es-esto? –Le pregunté sin entender.

—Los regalos para Yalexa y Paola. Aparentemente el novio de Antonieta, furioso porque ella no le obedeció, y no sólo no las cortó como amigas, tal y como él ordenó, y fue conmigo sin su permiso a comprar esto, vino a la casa aprovechando que salí al supermercado y destrozó todo. Cuando yo regresé, él acababa de irse. La encontré temblando y no tuvo tiempo de esconder todo este desastre que quedó regado por el piso, hecho añicos. Y hay algo más, creo que le pegó a "Tropi". Seguramente con el escándalo salió a defenderla, y no escapó a la furia de ese loco troglodita. ¡Esto ya rebasó todos los límites!

No pude contenerme. Como tromba mi cuñada y yo entramos al cuarto de mi hija que estaba llorando.

—Explícame qué sucedió.

—Nada, mamá. Él no es una mala persona, sólo que yo provoco que se enoje porque no le hago caso.

—¿No es una mala persona y entra en una casa rompiendo cosas y pegándole a tu perro? ¿Acaso no te das cuenta en lo que te está convirtiendo? ¡Él no es tu padre para ordenarte cómo vivir! ¡A partir de hoy tienes prohibido andar con ese muchacho! ¿Tú serías capaz de hacer lo mismo que hace contigo? ¿De insultar a sus amigos y a su familia?

—No mamá, pero él tiene muchos problemas y no tiene amigos. Dice que sólo me tiene a mí, y se enoja porque lo desobedezco. Ahora, por favor, déjenme en paz, no quiero seguir hablando de esto. Él no es malo. No es una mala persona.

Finalmente teníamos totalmente las pruebas en la mano. Antonieta tenía un lavado de cerebro hecho por profesional en ciernes. Jamás vi cosa semejante en la realidad, creía que eran asuntos de película. Angustiada, volví a llamar a la madre y la pobre mujer nuevamente me dio la misma respuesta: "voy a hablar con él para que me diga qué pasó". Le expliqué exactamente la situación y que yo tenía en mi poder (como lo tengo hasta el día de hoy) todo lo que rompió. Le dije que legalmente su hijo había cometido un delito porque entró en mi casa a destruir propiedad ajena, lo que era prueba de muchas cosas, entre otras, de que ese noviazgo había roto ya todas las barreras, y que parecía encaminado a un desenlace dramático si no lo parábamos por el bien de las dos familias.

"Yo creo que usted está exagerando. Entiendo que esté preocupada por Antonieta, yo soy madre de una niña y me pongo en su situación, pero creo que las cosas no son así. Mi hijo me dice que quiere mucho a su novia, él no es un mal muchacho, así que creo que esto no va a pasar de ser un muy feo incidente del que voy a hablar con él, pero de ahí, a otra cosa violenta como usted me está diciendo, hay una gran diferencia. No hay que olvidar que sólo son unos muchachos."

Yo sabía que ni ella misma creía eso, pero que, para su conveniencia, era mejor no aceptar nada. Inés Marina, mi cuñada, quien siempre encuentra algo positivo, aun en lo más malo, por primera vez estaba pesimista. "Estos muchachos viven una relación obsesiva que ya se tornó en algo temible. Él la domina porque ella no sólo es débil. Sin disculpar su actitud, hay que pensar que él es su primer novio y que no hace más que ver por los ojos de él; no conoce otra cosa, así que lo que tú y yo digamos está de más."

Entre líneas pude ver el futuro: si él era capaz de ordenar y ella de obedecer, ¿qué sucedería si la inducía a la droga o a dejar la escuela, o a la prostitución o sabe Dios a cuántas cosas más? Aunque mi cuñada y yo estuvimos de acuerdo con el planteamiento, nos tranquilizó el hecho de que en más de un año ya conocíamos perfectamente al personaje en cuestión, quien nunca pudo engañarme. Así, por lo menos sabíamos que no tomaba drogas, que era un excelente estudiante, y que, aun en medio de toda esta locura, siempre dejó claro que no tenía la menor intención de abandonar la universidad.

"Por lo menos, como tú dices, por ese lado no hay que preocuparse. Pero lo que sí hay que hacer es buscar ayuda profesional para Antonieta. Quizá si se lo dice un psicólogo, entonces haga caso y termine con el novio." Como al día siguiente a primera hora yo tenía que viajar a Perú para una entrevista con Susana Higuchi, ex primera dama peruana, asignación que no pude posponer, prometí a mi cuñada que al regreso, en una semana, buscaría a un especialista en conducta de adolescentes para que la viera, que sería lo más indicado...

Por lo pronto, no pude conciliar el sueño, sino hasta el largo viaje Miami-Lima, cuando las pesadillas me asaltaron: ¿qué pasa si el cambio de Antonieta se debe a que ese muchacho la tiene amenazada? ¿Qué tan real era el peligro de que le diera una golpiza? Yo misma me tuve que calmar. No. No hay razón para que eso ocurra. Ella no ha visto nada ni lejanamente parecido. No, qué va. Eso a mí no me puede pasar. Ni a mí ni a ninguna de mis hijas. No, qué va.

RECOMENDACIONES

Sólo una: rece. Rece todo lo que pueda y pida a Dios que ninguno de sus hijos se tope con un lobo con piel de oveja.

Amores que matan

Regresé de Perú lista para buscar la ayuda sicológica que necesitaba mi hija. Al día siguiente de mi llegada, y mientras me encontraba en casa trabajando junto con Roxana Soto, productora y compañera en el programa Aquí y Ahora, mi vida dio un giro inesperado. Mi cuñada, quien en mi ausencia se hacía cargo de la casa y de Antonieta, escuchaba mis quejas con Roxana:

—No he podido dormir casi nada, estoy agotada. Anoche nuevamente el tango de los novios con pleitos por internet y por teléfono me despertaron por la madrugada. A Fabio se le olvidó de cerrar con llave el estudio y Antonieta se metió para comunicarse con el chamaco. Cuando el ruido me despertó, a pescozones la mandé a dormir. Yo no sé cómo el padre de ese muchacho no hace lo mismo y lo deja 'hacer y deshacer'.

Mi cuñada me miró con enojo e incredulidad.

—¿Antonieta hablando otra vez con el novio? ¿No que habían terminado? Solté una carcajada de buena gana.

Ahora sí que me hiciste reír Yuyita, la única persona en este mundo que cree eso ¡eres tú! ¡Por favor! Lo que pasa es que sigo tu consejo y lo único que me queda es buscar un buen psicólogo que la haga entrar en razón.

—Pero, ¿tú estás segura de que siguen juntos?

—Yu-yi-ta., estoy tan segura de eso, como desvelada estoy a causa de sus pleitos telefónicos y por Internet de anoche.

Furiosa como nunca la vi en todo el tiempo que duró este drama, Yuyita destapó la caja de Pandora:

—Está bien. Si Antonieta rompió su promesa, yo rompo la mía… ¡Ahora que estuviste fuera el novio la golpeó! ¡Y lo hizo en una cafetería, no sólo frente a todos los clientes, sino en presencia también de Laurita mi nieta! ¿Me entendiste?

No le hubiera querido entender, pero sabía que era cierto. Era la misma sensación de estar viendo caer las Torres Gemelas de Nueva York, así de rápido y estrepitoso mi mundo se desmoronaba. Roxana Soto escuchaba la crónica de mi cuñada exactamente como yo, creyendo que era algo irreal.

"Antonieta me pidió permiso para ir a tomar un café y como imaginé que era un pretexto para ver al novio, le dije que podía ir siempre y cuando una de mis nietas la acompañara. Laurita fue con ella. Cuando volvieron, entró directa a encerrarse en el baño, mientras Laurita temblaba de miedo y lloraba. Enseguida supe que algo malo les había ocurrido. La niña apenas podía hablar. 'Abuela, ese muchacho, el novio de Antonieta, la golpeó, le dio de bofetadas y la tenía agarrada por el cuello como si fuera a ahorcarla. Fue horrible. Horrible. Yo creí que a mí también me iba a dar golpes. Comencé a gritar y se fue corriendo.' Laurita me dio detalles y fui al baño a ver a Antonieta. Todavía tenía marcados los dedos del novio en las mejillas. Le había dado bofetadas y la había zarandeado por el cuello. No pude más. Decidí hablarte a Perú para que me dijeras qué hacer, pero ella me pidió que no te lo contara. Me prometió hacer lo que fuera, pero que no te contara ni a ti ni a Fabio. Entonces le dije que la única manera de que ustedes no se enteraran, era que terminara definitivamente con ese muchacho y que no volviera a decir mentiras. No dudó ni un instante en decirme que aceptaba mi trato. Por eso le prometí que no diría una sola palabra. También por su bien le puse las cartas sobre la mesa. Si no lo dejas, terminará matándote a golpes. Le creí una vez más, y una vez más me mintió, así que no tengo por qué seguir guardando semejante secreto."

Yuyita temblaba de rabia tanto como yo lloraba de vergüenza e impotencia. ¿Qué podía tener ese remedo de hombre en la cabeza para pegarle a una muchacha indefensa? Lo que yo pensaba era cierto. Nunca le enseñaron límites. La golpeó en una cafetería llena de gente, sin importar el respeto, y no se detuvo para hacer algo semejante frente Laurita, mi sobrina, una niña de nueve años que desde entonces quedó traumatizada con aquel espectáculo. Llamé a mi abogado y, al borde del colapso, también llamé a la madre. Su actitud me dejó en claro que ésa no era la primera vez que su hijo —quien ya había golpeado a un árbitro de futbol y a un jugador en pleno partido— golpeaba a sus novias. Le conté aquello de lo que me acababa de enterar por boca de mi cuñada.

—Tu hijo golpeó a mi hija, en plena calle sin siquiera importarle que junto a ella estaba mi sobrina, que es una niña.

—¿Cuándo pasó? —Me preguntó.

—¿Acaso es tan familiar que alguien te hable para decirte que ha golpeado a una muchacha?

Su silencio fue la respuesta. La madre no sabía qué decir, la escuché verdaderamente preocupada y por primera vez con plena conciencia de lo que podía suceder si no parábamos esa relación. Ambas decidimos hablar inmediatamente con Antonieta, más bien ella habló y yo me limité a escucharlas: "No sé por qué razón han llegado tan lejos, pero quiero pedirte que no veas más a mi hijo. Es por tu bien. Si te busca, haznos caso, dile que no, por favor. Hazlo por ti y por él. Tienen que entender que esto se encuentra fuera de control". Eso es todo lo que podía hacer. "Creo —me aconsejó— que en esta ocasión también deberás hablar con su padre. Lo cierto es que hace tiempo mi hijo rebasó el límite del respeto. En verdad que todo esto me enferma. Lo siento mucho."

Antes de marcar el teléfono del padre caí hecha un mar de lágrimas. ¿Cómo y por qué me sucedían estas cosas? Violencia y golpes es algo que nunca se ha visto en mi familia. Mi hija nunca vio algo que ni lejanamente se le pareciera. ¿Cómo imaginar que un infeliz de sólo diecinueve años la llevaría a conocer el infierno y la tragedia de que su primer amor fuera a base de maltrato, control y golpes? Sí. Golpes. A mí nadie me dijo eso. Y tampoco lo pude imaginar. ¿Cómo? ¡Si un hombre jamás me ha levantado la mano! En gran parte porque nunca me enamoré de un remedo disfrazado de persona decente. Tampoco fui una madre que sufre, como heroína de telenovela barata, humillada y con mala vida. ¡Válgame Dios, por el contrario! Y ni qué decir de Adriana, mi hija mayor, a quien comparo con un Destroyer cuando alguien la ataca. Tal como le dije a la madre del novio, Antonieta era la víctima perfecta: callada, sumisa, siempre preocupada por quedar bien con los demás y que nadie sufriera por su culpa. El muchacho ése no se hubiera atrevido a pegarle a alguien con otro perfil sicológico, como el de Adriana, porque seguramente lo habría dejado con todos los huesos rotos y me estarían cobrando a mí las facturas del hospital.

Roxana Soto dice que no supo cómo no me dio un infarto ahí mismo. "Tengo miedo por ella —le repetía desesperada—. Tengo mucho miedo por ella, porque no entiende en el punto tan peligroso en el que se encuentra, y porque no hay algo que nos pueda ayudar." Roxana escuchó anonadada cuando le hablé al padre del novio, quien sin más me contestó: "Haga lo que crea conveniente. Si quiere llamar a la policía, hágalo. Ya he hablado con él. Es mayor de edad y no puedo controlarlo. Así que no tengo nada más qué decir. Si hace algo malo, llame a la policía."

No supe si era otra forma de no enfrentar el problema o si era cierto. De cualquier manera, su forma de actuar era "violencia pasiva". Es decir, sin gritos o golpes, nos dejó a merced de lo que viniera, sin importar que esto pudiera terminar con el futuro de su hijo.

Por mala suerte y porque a menudo trabajamos juntas en reportajes especiales de investigación, a Roxana Soto le tocaron otros momentos explosivos de ese noviazgo. Me vio sufrir y salir a dar la cara riendo cuando en realidad estaba desesperada. Nos conocemos muy bien, y ella, que mantiene la calma cuando "el mundo parece estar desapareciendo", me espantó con la gravedad de su consejo aquel día: "Tienes que estar preocupada y creo que tienes razones de sobra Mac, y yo también lo estoy por ustedes. Quiero contarte una historia en la que estoy trabajando, y que al ver lo que estás viviendo, me espanta por su similitud con lo que está pasando Antonieta."

—Era una muchacha hispana de origen boliviano que vivía en Pasadena, California. Se llamaba María Isabel Fernández, tenía dieciocho años, era una estudiante que sobresalía en las clases y era también la mejor bailarina de flamenco por lo que había sobresalido en su High School y quería ser doctora o maestra. María Isabel era huérfana de madre, y Miguel, su padre, con muchos sacrificios la crió, dedicándole su vida. A los 17 años ella tuvo la desgracia de enamorarse del hombre equivocado: un muchacho violento que pronto comenzó a mostrar una conducta terrible y posesiva. La golpeaba, la chantajeaba y luego le pedía perdón rogándole que no lo dejara. El padre intentó sacarla del problema, pero no pudo. También ella trató de dejarlo, pero no tuvo tiempo de salir con vida del círculo vicioso de una relación mortal, porque un día aquel muchacho, en un arranque de descontrol, en medio de un pleito la violó y con dos cuchillos la mató de cuarenta y un puñaladas para después huir a México, donde estaba escondido con otro nombre. El crimen no quedó impune gracias a Cristina Saralegui, quien en su programa hizo pública la dramática historia. Resulta que a través de aquella transmisión una mujer en Guadalajara reconoció al que era el novio de su hermana... y lo denunció. Efectivamente se trataba del asesino de María Isabel Fernández, quien fue extraditado a Los Ángeles, donde pasará el resto de sus días en la cárcel.

En ese punto del relato yo no podía parar de llorar. Antonieta llegó de la escuela temprano, por primera vez en mucho tiempo, como si presintiera lo que había pasado, y nos encontró viendo el video. Sólo pude preguntarle "¿Por qué?" ¿Por qué permitir que eso sucediera? Ella, que fue criada con todo el cariño y la atención de la familia, ella que era una persona que nunca tuvo problemas, nos había hecho vivir como espectadores maniatados, con el dolor de saber que la había golpeado el novio con el que andaba hacía mas de un año. Comenzó a llorar con el mismo discurso: "Él no es malo. Yo lo provoqué, por favor no le hagas daño". Le informé que tendría su merecido. Que iríamos a denunciarlo a la policía y que mi abogado presentaría una moción legal para una orden de restricción que le impidiera que se le acercara.

—No, por favor, mamá, no lo hagas. Si lo arrestan perderá la beca en la universidad.

—¡Me importa un comino! ¡A lo mejor así aprende a no pegarle a una mujer!

En medio de esto llamó la madre pidiendo hablar con Antonieta. Al rato escuchamos cómo lo disculpaba. Después, estaba hablando con el novio, quien le pedía perdón rogándole que no lo dejara. Corté la comunicación.

Volvimos a retomar el tema de la muerte de María Isabel Fernández. Contrario a lo que pensé, nada de lo que Roxana Soto le contó a mi hija pareció impresionarla. Eran testimonios de la gente cercana a María Isabel. Todos de luto, todos llorando en su entierro, todos de acuerdo en que era la muchacha perfecta. Calmada, dulce, sin presunciones. Una chica que gozaba ayudando a los demás sin esperar recompensa a cambio. Quienes la conocieron, aseguran que fue una joven ingenua y buena que se enamoró por primera vez de un muchacho que, sabiendo que ella confiaba en todos, quedó a merced de él. Antonieta terminó de escuchar y se fue llorando a su recámara. Yo, a partir de ese día, juré que no iba a enterrar a mi hija, víctima de un novio que terminara matándola a golpes.

Al día siguiente, aún con la cara hinchada de tanto llorar, le dije a todo el que me quiso escuchar que me rehusaba a verme de luto con el cargo de conciencia por no haber hecho nada más que hablar para salvar a mi hija. Les dije que me rehusaba a ver a las amistades repitiendo que sabían que iba a pasar algo semejante, porque él siempre abusó de ella. ¡No acepto eso! No sé qué voy a hacer. Pero me rehúso a aceptarlo. Dejé de lamentarme y llorar por lo que nos pasaba, y decidí, a pesar de sentir una enorme vergüenza, que no iba a callar. Por el contrario. ¡No soy la primera ni la última madre a la que le pasa algo igual! Y al que no le guste, que se vaya al diablo. ¡Es mi hija y de nadie más! Lo voy a hacer por ella y por las que están ahí en el mismo caso y por los padres que, como yo, sienten que el mundo se está acabando.

Y comencé pidiendo ayuda en la escuela. Prohibieron la entrada al personaje. Hablé con maestros y consejeros, también con el entrenador de futbol, con las amigas más cercanas a Antonieta y, para mi sorpresa, la historia de abusos del novio era un hecho público que ignorábamos pocos. El apoyo fue unánime. Lo increíble era que, a diferencia de otros enamorados, donde por lo menos hay alguien que está en su favor, en este caso todo el mundo estaba en contra de él. Menos ella, quien, dicho sea de paso, cuando íbamos a presentar cargos en contra el novio, se rehusó a hacerlo, y ése es el signo innegable de una víctima de violencia. Como legalmente mi hija ya tenía 18 años, nosotros no pudimos hacer ninguna acusación sin su testimonio. Decidimos brincar el obstáculo para enfocarnos en seguir buscando soluciones.

El próximo paso fue dar con el psicólogo adecuado: un especialista en jóvenes. Luego de desechar varios, llegamos con la doctora Rebeca Fernández, quien de inmediato tomó el caso y, luego de exámenes, comenzó desenredar la maraña sin darnos detalles.

"Es violencia a manos del muchacho. Ella está consciente de lo que está sucediendo a pesar de que lo quiere. Es su primer novio y no sabe cómo manejar la situación, además, él le ha quitado la autoestima y precisamente por eso piensa que no hay nada más allá de la relación. Es vulnerable por su carácter sumiso, por eso aceptó siempre lo que el muchacho le ordenaba. Esa dominación que ejerce sobre ella produce las mentiras y, manipulación, tal como el chico lo hace con sus padres. El ejemplo más claro es que ella acepta las cosas cuando él no está presente, pero termina haciendo lo que el novio quiere para después mentir con excusas difíciles de comprobar como 'se me olvidó' o 'no supe' o 'me perdí'. Ésta es la situación. ¿El futuro? Todo depende de ella y de ustedes... Hay algo claro, ella no tiene fuerza para salir del círculo de abuso, aunque quisiera."

En palabras claras, el gran reto era arrancarla a toda costa del peligro de una relación obsesiva.

Antonieta comenzó las sesiones de terapia con la doctora Fernández. Por lo pronto había cortado la relación y comenzamos a ver su cambio paulatino. Desde la primera semana comenzó a reír. Cenaba con nosotros, bromeaba como antes. El entrenador de futbol se dio cuenta del cambio y me lo dijo. Nos pidió que la lleváramos a buscar su primer empleo y lo encontró en una panadería, algo que aplaudí, porque el trabajo honesto es un orgullo. Como no tenía auto, la llevábamos y traíamos, sin mayores contratiempos. Al margen de ir normalizando su vida, pronto comenzaron a llegar las cartas de aceptación de las universidades. Por el futbol le ofrecieron beca en tres ciudades: Tallahasee, Orlando, y el mismo Miami —esta última opción es la que menos me gustaba porque era en el mismo sitio donde ese muchacho estudiaba y verlo o tenerlo cerca siempre sería un riesgo—. En fin, tendríamos todavía tiempo para decidir, por lo menos hasta la graduación. Habíamos comenzado a creer que en verdad ese noviazgo había terminado. Hasta que el mundo nuevamente se nos vino encima.

Una noche nos pidió que la fuéramos a buscar a la panadería alrededor de las diez de la noche y, cuando llegamos, se había marchado.

—Probablemente me dijo que la esperara en la parada del autobús –creyó mi cuñada, pero tampoco estaba.

Al filo de la medianoche, después de que habíamos ido a buscarla a otras paradas de transporte, Yuyita y yo nos miramos temiendo lo peor.

—No nos hagamos tontas, esto tiene la firma del novio.

Sentí como si me hubieran lanzado un cubo de agua helada.

—Tienes razón. Tiene toda la firma.

Cuando llegamos, ella estaba esperándonos en la casa, preguntando por qué la dejamos esperando en la parada de autobús. Le explicamos que ahí estuvimos durante media hora y que no hubo nadie. Juró y perjuró que ahí se encontraba, pero no le creímos.

Después, el entrenador de futbol me llamó para decirme que era necesario que Antonieta controlara el celular porque se la pasaba hablando por teléfono ¡durante los entrenamientos! Debido a su cambio positivo, mi cuñada le había regalado uno con la condición de que no habría llamadas "raras"

—¿A quién voy a llamarle, tía?, si ya no tengo novio.

Esto calmó a Yuyita pero a mí me inquietó porque un teléfono en mano le pondría la tentación ahí mismo. La cuestioné sobre lo que el entrenador decía y le recordé lo que le costaría romper su promesa:

—Ay mamá, no es cierto. Hablo, sí, pero con mis amigas, ¿tú crees que voy a ser tonta para no irme a estudiar a ningún lado?

Le advertí que el recibo del celular sería la prueba.

—Los números quedan marcados... que no se te olvide.

—Nooo, ¿cómo crees?

Semanas más tarde, le notamos moretones en los brazos, piernas y en la frente.

—Ay, mamá. Tú enseguida pensando lo peor. ¿No te das cuenta de que son pelotazos que me han dado en el entrenamiento o en un partido?

Si por momentos su carácter se tornaba silencioso, cuando veía que la estábamos observando, cambiaba. Tampoco la vimos pelear por la noche, aunque los retrasos para llegar a casa continuaron, además de otros dos sucesos. Me llegó el reporte del seguro dental indicando que ella había ido a una consulta.

—¿Dientes rotos?

—Están locos, mamá, eso lo hacen para cobrar más. Fui a una revisión de rutina y no te dije... para que veas cómo he madurado: hasta voy solita al doctor.

No quedé satisfecha con la explicación, que tampoco sonaba del todo descabellada, pero no pude verificarla de inmediato porque tuve que hacer un viaje

63

súbito al extranjero. En el ínter tampoco hubo ningún evento que me alarmara, hasta que un maestro que daba clases privadas para aumentar las calificaciones de entrada a la universidad e impartía la materia a grupos pequeños en una librería muy conocida, me llamó. Antonieta faltó y había algo más:

—Usted debe saber que tiene un novio que no es lo más indicado por el comportamiento que ese muchacho exhibe.

—¿Novio? –Pregunté, sintiendo que el alma se me iba al piso.

—Sí señora. Un muchacho que el sábado pasado, sin pedir permiso ni mucho menos saludar, se metió en el grupo y no le importó que estuviéramos estudiando. Fue directo a su hija y, frente a todos, le dijo que tenían que hablar en ese preciso momento. Mi sorpresa fue que ella, temerosa, me pidió permiso y se paró a hablar con él. Yo vi cómo el novio le gritaba y tuve que dejar la clase un momento para ver qué sucedía, por qué no podía esperar al fin de la sesión. Ella me dijo que nada, que no me preocupara, él se fue rápidamente sin pedir disculpas. Más tarde, cuando me iba a mi carro, mi niño menor, que ese día estaba conmigo, me dijo: 'papi, papi mira, están secuestrando a alguien'. Sus palabras me dieron risa pensando en la ocurrencia. ¿A quién podrían estar secuestrando a mediodía en un estacionamiento tan concurrido? Para mi gran sorpresa, vi que el novio de Antonieta la venía jalando de un brazo y después empujándola. Fui corriendo, y el novio huyó a toda prisa nuevamente. Ella lloraba desconsoladamente y me pidió que no le dijera nada a usted. Lo estuve pensando, pero no puedo ser cómplice de una situación tan peligrosa que no debe ignorar en familia. Si eso sucede a la luz del día, ¿qué pasará cuando nadie la pueda auxiliar? Yo soy padre y me pongo en su caso. Si necesita mi testimonio, cuente con él.

Me sentí morir. No sé cómo, marqué el teléfono de la madre del novio y el de la sicóloga para hablar lo mismo una sola vez, porque ya no tenía fuerza para repetir esto tan terrible. Todas, la doctora, la madre y yo, estábamos desoladas. La madre del muchacho porque, igual que yo, pensaba que todo había terminado entre nuestros hijos, y sabía que él estaba a las puertas de una acusación legal. El interés que manifestó en ese momento nos mostró que, por fin, alguien en esa familia entendía que en una situación como esta ambos pierden, el agredido y el agresor, que termina en prisión el resto de sus días.

Antonieta ignoraba lo que habíamos descubierto y fue a su terapia, encontrándose con una conferencia telefónica para enfrentarla. La madre del muchacho le preguntó cómo y por qué habían vuelto a andar juntos y obtuvimos la misma respuesta: —Hace un par de meses me buscó y me pidió perdón; me dijo que no podía vivir sin mí.

—¿Y no habías prometido que no lo ibas a perdonar?, es más, dijiste que ni siquiera responderías la llamada.

—Sí, pero yo no lo busqué, fue él, y en ese caso no pude negarme. Yo lo quiero, no es malo y no va a hacerme más daño. Me lo prometió.

La obligué entonces a decirnos la verdad: sí, las llamadas en el celular a toda hora, hasta setenta llamadas al día en una u otra dirección, eran entre ellos. También los dos dientes rotos: enojado, la había tirado al piso y cayó boca abajo. Y los moretones en brazos, piernas y cabeza fueron golpes que le dio en un momento de furia.

—Es que yo lo provoqué porque se puso celoso de unos compañeros de la escuela que me saludaron cuando él me había prohibido hablarles.

—¡Él prohíbe algo y le haces caso mientras a nosotras nos mandas al diablo cuando tu propia vida esta en juego!

—No, él nunca me va a hacer daño, nunca mamá.

¡Nuevamente estábamos a partir de cero!

—No, estás en un error –sentenció la doctora Fernández–. Ahora estamos en peores circunstancias y contra la pared.

La madre del muchacho no tuvo más que decir y terminó la conferencia telefónica. De inmediato salí hacia la consulta. De frente, la doctora habló fuerte y preciso a mi hija:

—Tú y yo hablamos claramente. A mí también me convenciste de que habías entendido lo que significa el abuso del que eres víctima, pero en vista de que sólo nos has mentido, la situación se complica para ti, que estás indefensa ante algo tan riesgoso como la violencia doméstica. Aquí no se trata de un novio que pueda o no gustarle a tu familia, ¡se trata de alguien que te ha causado un gran daño y que puede destruir su vida!

Antonieta era una tumba, con los ojos llenos de lágrimas. Yo rompí el silencio sacando fuerza no sé de dónde: —¿Qué más puedo hacer?

Rebeca Fernández suspiró profundo: —Únicamente tomar medidas drásticas; sacarla de aquí al sitio más lejano posible. Ésta es una adicción al romance de ambas partes. Ya sabemos que los padres de ese muchacho no harán nada porque creen que él no está siendo lastimado, así que sólo queda una de las partes para actuar: tú, como madre de Antonieta. Éticamente quiero decirte que no tiene caso continuar la terapia mientras ella no esté consciente de que tiene que librarse de un grave problema.

Hasta el día de hoy le agradezco la honestidad con que manejó nuestro caso, algo que entendí de inmediato, pero no así mi hija, a quien informé que iría a vivir a Ohio con su hermana.

—Mamá, por favor, no puedes enviarme fuera. En un par de meses me gradúo de High School, mi vida ha transcurrido aquí.

—Eso lo sé, pero te has arriesgado demasiado, Antonieta. Te prefiero viva que muerta.

—Mom, please, en todo caso, tú estás haciendo lo que él quiere lograr. ¿Quieren saber más? Me amenaza frecuentemente con que hará cosas para que me mandes fuera. A donde sea, pero lejos de aquí. No lo hagas, please.

Solo alcancé a preguntar:

—¿Y eso es amor?

—Por supuesto que no, pero ya me di cuenta.

Me respondió exactamente lo que yo quería escuchar. Sabía que podía ser una manipulación brillante, pero también podía ser cierto. Así que decidí darle el beneficio de la duda. Con el alma rota, hice un último trato con ella:

—Has perdido todos los privilegios y nada ha funcionado. Ésta es la última oportunidad. Te quedarás en Miami, pero si me entero de una sola vez más, pierdes todo. El trato es claro y es sin él. Es por tu salud física y mental.

Antonieta, calmada, parecía haber reaccionado.

—Te voy a demostrar que ahora sí he visto que las cosas llegaron muy lejos. Faltan pocos meses para mi graduación y no quiero dañar mi futuro; tú verás, eso se acabó.

Mi corazón de madre me sacaba la cabeza del agua cuando estaba a punto de ahogarme. ¿Pero, por qué creerle ahora después de tanta mentira? Fabio y Adriana por separado respondieron de la misma manera: ¿y por qué no creerle? Es muy probable que ahora sí se haya dado cuenta de que todo está perdido si sigue en lo mismo.

Por lo menos ésa fue la impresión que tuvimos los meses siguientes. Comencé a notar la diferencia porque el cambio en ella era casi inmediato. Nos pidió perdón a todos por las ofensas, reía y bromeaba constantemente, entrenaba a todo lo que daba, obedecía las reglas de casa. Había vuelto a ser nuestra niña adorada. Mayo de 2002 fue maravilloso en comparación con el dolor que habíamos vivido. Antonieta González Collins, por segundo año consecutivo, obtuvo el trofeo de la atleta más completa del equipo de futbol de Saint Brendan High School. Todos los padres que estaban en aquella ceremonia en el auditorio James Knigth Center de Miami son testigos de que cuando subió al estrado a recibir el diploma de manos de nuestro párroco, el padre Jose Nickse, mi grito retumbó en los cuatro costados: "¡Ésa es mi hijaaa!" El auditorio rompió en carcajadas, mientras el padre Nickse le decía a Antonieta "Ese grito le va a costar a tu madre una buena cena".

El párroco estaba feliz con el cambio porque desde el principio supo con detalle nuestro drama y fue parte de la lucha que libré. Él me sostuvo en los peores momentos, cuando las fuerzas me faltaron.

—Tú ves —me decía Yuyita–, Dios no te deja. Cuántas muchachas con la décima parte de lo que Antonieta ha pasado ni siquiera terminan la escuela, abandonan todo, se meten en problemas sin solución, y mírala a ella, allá arriba, con tantos honores, ¿tú ves que era sólo cuestión de esperar?

Yo vivía el delirio por partida doble, por ella y por todo el esfuerzo de la familia, los Collins y los Fajardo. También en junio de 2002 recibimos una gran noticia: fue convocada por la Selección Femenil de Futbol de México para participar en los entrenamientos con miras a formar parte del equipo. Viajó constantemente y regresaba para seguir entrenando, hasta que todo cayó estrepitosamente.

Una mentira marcó el final. Debía llegar a Miami procedente de México y esperábamos la llamada para recogerla, como siempre, a la entrada del aeropuerto. Pasaron dos horas, estábamos alarmados porque pensamos que algo habría podido ocurrirle, cuando sorpresivamente llegó a casa de mis suegros.

—¿Por qué no llamaste como quedamos?

—Quise darles la sorpresa.

—¿Cuál sorpresa? Te compramos el boleto y sabíamos a qué hora venías.

—¿Cómo llegaste del aeropuerto?

—En taxi.

No hubo más que preguntar. A pesar de los golpes, el castigo y la vergüenza. ¡Eso era signo de que nuevamente andaba con el novio! Callé, buscando la prueba... que apareció inexorablemente dos días después, cuando me dio lo que fue el último de los gastados sermones que escuché: "No voy a regresar a México y no me voy a ir a estudiar fuera de Miami".

No respondí nada. Como si no la hubiera escuchado, la dejé sola. Adriana, Fabio, y Yuyita sabían que ya no había opción. Era un boleto de avión o un ataúd para enterrarla. La moneda que estaba en el aire había caído estrepitosamente en el suelo. No quedaba más para salvarla que mi decisión...

—Ya no te voy a preguntar dónde está el sentido común, ni por qué volviste a caer con él porque sé la respuesta: "me buscó nuevamente y no lo pude rechazar como les prometí.. Él no es malo. No lo es". Lo único que te quiero informar es que tu vida en Miami se acabó. Mañana sales a Ohio y no te pago la universidad. A partir de hoy no tienes más dinero que el que tú ganes. Vivirás con Adriana, bajo sus reglas. Como madre hice todo lo que pude, y lo sigo haciendo. Que no te quede la menor duda de que no pararé hasta salvarte.

Antonieta lloraba como no quiero volver a verla llorar.

—¿Por qué mamá, por qué me está pasando a mí?

—No lo sé –le respondí–, pero ahora eso no es lo importante. Hoy quiero que entiendas que esta inmensa lucha que no ha conocido descanso es porque me rehúso a vestir de luto y a enterrarte en un panteón. Teniéndote lejos se me parte el alma, pero ni un día más vamos a vivir este martirio en que han convertido nuestras vidas. Me rehúso a pensar que María Isabel Fernández fue asesinada en vano y no acepto que otras como tú, que pueden salvarse, no lo hagan. Me rehúso, Antonieta, a vivir una tragedia igual a causa de los amores que matan.

Al día siguiente, en julio de 2002, destrozada, vi partir el avión que la llevó a una nueva vida.

RECOMENDACIONES

Abrir ojos y oídos y no cerrarse a escuchar sólo lo que le conviene. Cuestionar cualquier cosa que diga su hijo en problemas y que a usted le parezca extraña.

Reconozca si su hijo o hija son los agresores y haga algo por remediarlo. No deje de preocuparse porque no es al suyo al que le están cayendo los golpes.

Revise los reportes de sus seguros médicos. Ahí puede descubrir si han hecho visitas a doctores y dentistas, lo que puede indicar que les han golpeado.

Busque ayuda profesional, como la de un psicólogo especializado en violencia doméstica con adolescentes. Ahora, con el aumento del problema en muchísimas escuelas públicas en Estados Unidos, les brindan terapia en forma gratuita.

Acepte que la violencia está azotando a su familia, pero que usted no es el único ni el primero en vivirla, y que hay formas de terminarla.

No caiga en el engaño de que terminaron una relación, porque continúa y sólo se descubrirá cuando haya nuevos episodios de violencia evidente con golpes que no pueden esconderse.

Recuerde que finalmente, en este círculo de la violencia pierden todos, el que muere y su familia.. El que mata y la suya. Tome conciencia de eso.

No desmaye, no se rinda. Mande al diablo la vergüenza de que les señalen y las críticas por sacar temas como estos en público. Recuerde que se trata de una hija o un hijo suyo, y ésos no se reponen.

Y si le faltan argumentos, piense en María Isabel Fernández, muerta a manos de un novio abusivo, que la asesinó de cuarenta y un puñaladas, truncando una vida a los dieciocho años y dejando a Miguel Fernández, su padre, sumido en un limbo de dolor y tristeza.

La luz al final del túnel

No había más: o una tumba o poner distancia de por medio.

Finalmente, un año y medio después de haber intentado todo, con el dolor de mi alma rota, terminé haciendo lo que estuve evitando y me aconsejaron desde un principio: sacarla de Miami para salvarla. A pesar de que siempre estuve cierta de que ésta no era una historia de enamorados víctimas de la incomprensión familiar, sino víctimas de ellos mismos, y a pesar de saber que era la única solución, aquellos primeros días estuvieron plagados de una inmensa rabia, por muchas razones, entre ellas la hipocresía de la gente.

Pocos son los sinceros que dan un consejo con el corazón. Éste es un problema acrecentado por el silencio. ¿Por qué callan y nos dejan a los demás estrellarnos? Sencillo. Es un problema de silencio por la vergüenza, pero básicamente debido a la máxima moralista en cada familia hispana: "la ropa sucia se lava en casa". Sin embargo, poco a poco, conforme fui exteriorizando el problema con amigos y después con mis compañeros de trabajo, comencé a ver una especie de "ábrete sésamo".

Empezaron a llegarme testimonios que me ayudaban a ver que éste es uno de los graves problemas de nuestras hijas y nuestros hijos, y vi que los involucrados tenemos la necesidad de ver que no somos únicos, que eso le puede pasar a cualquiera, famoso o anónimo.

¿Fue fácil tomar la decisión? ¡Por supuesto que no! Me había mentalizado a que ella se iría de casa, pero para estudiar a otra ciudad, no para un exilio forzado. La distancia mezclada con indignacion nos lastimaba constantemente cuando veíamos a quienes fueron sus amigas y compañeras de escuela tan felices —hasta las que peor se portaban y que amenazaban en convertirse en huracán cuando crecieran–, mientras yo, me condolía sin mi hija idolatrada y con la vida rota.

¿Asimilamos el destierro al que tuvimos que someterla? Sí, aunque lo racionalizamos, fue tremendamente doloroso. ¿Para qué madre es fácil separarse de un hijo cuando se ha trabajado, como en mi caso, diecisiete años para que todo fuera diferente? No creo que haya a quien le resulte fácil presenciar una debacle semejante, especialmente cuando un hijo que ha tenido todo debe comenzar desde cero, y a miles de kilómetros de distancia. Además, la situación se magnificaba al saber que habíamos sido los únicos en tomar una decisión. El muchacho seguía tan campante y feliz, él no perdió su ambiente. Únicamente nosotros sufrimos las consecuencias.

¿Terminó todo y de inmediato con la sola separación física? ¡No! Por el contrario. Adriana y Brent, mis hijos mayores, fueron los héroes de la segunda parte de la historia.

Aquellos primeros días de Antonieta en Ohio fueron un viaje al limbo por la rabia contenida con que nos quería castigar a todos. Estaba dominada a larga distancia por el todavía novio. Fueron tres meses cruciales en los que la frase "tough love" –"cariño con mano dura" en español– funcionó gradualmente. Pero funcionó.

Ella, que había tenido todo con solo pedirlo, de pronto se enfrentó a la realidad. Haber seguido esa relación obsesiva y violenta le había costado no tener absolutamente nada. Un buen día se encontró sin el y con otros problemas. No tendría dinero para pagar la universidad, lo que la hizo perder un semestre. Me rogó que le pagara el colegio y mi respuesta fue la misma: arriesgaste y perdiste. Al margen, tendría que contribuir con su nuevo hogar porque Adriana y Brent no son ricos; a pesar de saber que cuentan conmigo, ellos salen adelante trabajando mucho.

En casa de ellos tendría lo básico, es decir, casa, comida, mucho cariño y ayuda emocional, pero ni un centavo, de manera que, con las nuevas reglas, Antonieta tendría que conseguir empleo. Sin experiencia, el único sitio donde lo encontró fue en una tienda de ropa para jóvenes; ahí, doblaba y acomodaba lo que los clientes dejaban tirado por todas partes. El turno que debió ocupar fue el de la madrugada. El rígido invierno de Ohio, de menos de treinta grados, también la estaba castigando, especialmente porque ella había vivido toda su vida en un clima tropical; y por si fuera poco, tampoco tenía auto, por lo que dependía de Brent, de Adriana o de quien se apiadara de su alma para movilizarse.

Con todo esto, ¿El muchacho dejó de buscarla? No.

¿Y cuándo él la llamaba, ella se rehusaba? La respuesta es no.

¿Con la distancia la relación era mejor? ¡No! Adriana y Brent se daban cuenta de que estaban en comunicación constante porque seguían los pleitos telefónicos. Eso duró sólo un tiempo porque "la mano dura" se topó con tres factores cruciales: tiempo, distancia y dinero. Brent, quien en la primera llamada del novio a Ohio tomó el teléfono y le dijo cuantas cosas se merecía el mequetrefe, le dejó en claro que a su casa no podría llamar y que si continuaba con el jueguito telefónico le levantaría una acusación penal por acoso y persecución. No hubo más llamadas al teléfono de la casa. También contribuyó la carencia de dinero, pues no había para pagar conferencias telefónicas, ni viajes para reencontrarse.

Además, al irse liberando, Antonieta comenzó a tener conciencia de que mientras el novio estaba feliz en su casa, ella tenía problemas que enfrentar. Volvió a cuidar de su arreglo personal, pero ya sin manicure y pedicure de "Maribelle Day Spa" o de "Avant Garde" —exclusivos salones de belleza de Miami—. Su corte de pelo no podía costar más de diez dólares. Las "luces" y el tinte caro desaparecieron bajo una pintura para el cabello con valor de siete dólares aplicada por su hermana, porque el presupuesto no daba para más.

Adriana sufría con las anécdotas que no eran fáciles para nosotros. "Ayer se me partía el alma cuando llegó con unos zapatos que habían costado ochenta dólares y le dije que tendría que devolverlos porque no había con qué pagarlos, sólo pudo comprar unos de veinte." Para mí era terrible escuchar las historias y tener que rechazar los correos electrónicos y las llamadas de Antonieta pidiendo auxilio. Me sentía morir, pero no podía flaquear. "Tough love" o no la podríamos salvar.

Casi cuatro meses después comenzaron los signos de la recuperación, poco a poco Adriana y Brent comenzaron a ver el cambio —aunque antes, repito, los hizo vivir grandes contratiempos, y hubo momento en que les hizo la "vida un yogurt"—. Ya no había llamadas nocturnas desde su celular, la internet en la computadora cada vez estaba más disponible; Antonieta había gestionado su ingreso a la universidad y lo había logrado, como dije, con préstamos. También había hecho la prueba en el equipo de futbol soccer. Una de las preguntas importantes tenía que ver con el ambiente a su alrededor. Adriana recuerda ese pasaje: "Si le preguntaran a tu entrenador, ¿qué diría de ti?" Antonieta contestó que el señor Cárdenas, en Miami, seguramente repetiría que ella era capaz de remontar cualquier marcador en contra, también de trabajar sin descanso, y que tenía madera de llegar a ser jugadora de una selección nacional.

La siguiente pregunta era sobre lo que diría la persona a su cargo, en este caso, su hermana mayor: "ella diría que soy una buena persona, que puedo lograr lo que me propongo, además salir adelante de todos los obstáculos".

¿Y qué diría de ti tu mamá? "Ella, hace un año, hubiera dicho que soy la mejor, que si hoy estoy haciendo la prueba de entrar al equipo del colegio, por supuesto que lo lograría, porque ella trabajó conmigo toda la vida para este momento. Pero la realidad es otra. En este momento, y por muchas circunstancias personales en las que he fallado, mi mamá no puede decir nada bueno de mí."

Adriana fue llamada al colegio para explicar los motivos, que el entrenador comprendió perfectamente. Basta decir que es una de las jugadoras fuertes de su colegio, y que constantemente la ponen de ejemplo, porque cuando todas se van, al terminar una práctica, ella siempre se queda por lo menos una hora más, trabajando en lo que tiene que mejorar. Lo que me llena de orgullo.

Durante este tiempo de "tough love", parte de lo doloroso fue no dirigirle la palabra aunque siempre estuve al corriente de lo que pasaba en Ohio. A la distancia brinqué y grité de gusto cuando la aceptaron en el equipo de soccer. También cuando dejó de aislarse y comenzó a salir con amigas y a tener citas con muchachos, lo que era un signo evidente de que el mortal noviazgo era historia. Todos estuvimos felices cuando comenzó a vivir la vida normal de una adolescente e incluso tomar sus tragos.

"Casi cada fin de semana pide permiso para irse en grupo a la frontera con Canadá, donde la edad para beber alcohol es de 18 años, algo que hacen todos los chicos y chicas en Ohio. Además, ya es un chiste familiar que comienza a salir y casi cada semana es con un muchacho distinto. También se ha hecho costumbre que me llame diciendo que viene para la casa con amigos y que va a cocinar algo mexicano como lo que tú siempre nos hacías."

Antonieta comenzaba a disfrutar verdaderamente una etapa de su vida que saltó con la tormentosa relación. Las cosas siguieron mejorando cada día y Adriana, para que yo estuviera tranquila, me enviaba las fotos. Mi primera impresión al verlas fue la misma que la de toda la familia: Antonieta había comenzado a reír y su mirada era la misma de antes, lo que indicaba claramente el proceso de curación, tal como lo vaticinara Rebeca Fernández, su sicóloga.

La vida siguió su curso. Luego, como estudiante en la universidad, necesitó un auto, y, a pesar de los excelentes progresos que había hecho con su vida y que merecían un premio, tampoco le compré uno, recordándole que dependía de ella y de su esfuerzo. Cuando con mil y un sacrificios juntó quinientos dólares, le pidió a Brent que la ayudara a encontrar uno, que adora porque tenerlo le costó sangre. ¡Y finalmente llegó la prueba de fuego y a la vez la mejor de las evidencias!

El día de su cumpleaños, Antonieta había ido a festejarlo con un grupo de compañeros a Toronto, y al regresar a la casa de Ohio, le esperaba un regalo que el ex novio había enviado. Adriana le entregó la caja y, para su sorpresa, escuchó de Antonieta: "Quiero que sepas que la ultima vez que le tomé una llamada —como quería que me regresara a Miami y yo le dije que estaba loco, que era poco hombre, que me había hecho renegar y lastimar a mi familia mientras él estaba con toda comodidad en su casa y que se fuera al diablo—me amenazó diciendo que si no le obedecía, me provocaría problemas para que ustedes me corrieran de tu casa. Yo sé que no tienes por qué creerme, pero quiero pedirte dos cosas. Una, ayúdame a cambiar mi numero del celular para que no me vuelva a molestar; y dos, regrésale ese regalo porque no me interesa saber siquiera lo que es, no quiero volver a escribir su dirección ni acordarme de que existe. Esto se acabó para siempre."

Adriana siguió sus instrucciones. Le cambió el celular y devolvió el paquete, no sin antes averiguar qué contenía. El ex novio le había enviado una camiseta con una tarjeta que decía: "Guarda bien este, que es el único regalo que vas a recibir porque nadie más en este mundo te quiere, así que cuídalo". Adriana estaba indignada por la agresión sicológica del tipo. "Me dio tanta rabia que junto con una amiga la hicimos confetti y se la envié de regreso a su casa."

Cuando Antonieta se enteró, rió de buena gana: "Por lo menos ya sabe que a mí no me tiene bajo su control nunca más. Esto se acabó, porque ahora soy yo quien decide que no voy a escuchar una sola de sus maldades, de sus intrigas y el odio que tiene contra todos, empezando por sus padres. Ahora entiendo que si alguien perdió en todo esto fui yo. No importa, porque como dice mamá, hasta el día de hoy no he hecho nada que no se pueda remediar con el tiempo".

¡Estoy segura de que Dios escuchó nuestros ruegos! Antonieta había comenzado a ver la luz al final del túnel y había dicho una gran verdad: a pesar de todo, no había hecho nada que no se pudiera remediar con esfuerzo, con el tiempo y con un verdadero arrepentimiento. Debo decir que, aun cuando todo este proceso llevó cuatro meses, yo aún me mostré renuente a creer en el cambio hasta que ella me diera las grandes pruebas que necesité. Buenas calificaciones en la universidad, formar parte del equipo de soccer de su escuela y tratar de entrar nuevamente en la Selección Nacional Femenil de México. Además, apareció Bruce en su vida.

¿Qué pasó? ¡Ahhhh! Eso y lo demás lo dejo para el último capítulo, escrito por ella misma.

En este, he querido que sepa que si está viviendo algo similar y por la misma u otra circunstancia se encuentra en el punto de desesperación en el que yo estaba, y si no desmaya en su intento, luego de un gran esfuerzo va a encontrar la luz al final del túnel. Lo importante es que usted recuerde dos cosas que tienen que ver con "tough love": no baje nunca la guardia y no dé nada por concedido.

Sin que ella se enterara, Adriana revisaba las cuentas de su celular, buscando números escondidos, y, aunque que ya no los encontró, las "revisiones rutinarias" siguieron durante meses, tanto, que uno de los chistes favoritos de Antonieta fue llevarle a su hermana mayor el recibo telefónico en cuanto llegara: "para que ya no te mates tratando de abrirlo sin que me dé cuenta. Revísalo y verifica que esa pesadilla ya se terminó. ¡Ja, ja, ja!"

De la risa pasamos al llanto por cosas buenas. Una noche, Adriana me llamó emocionada, me di cuenta que había llorado: "El 'champiñón' me llamó de la escuela para ponerme una canción mediante la que me pide un millón de perdones por la forma como se portó con nosotros". Adriana había vuelto a llamar a su hermana con uno de los apodos cariñosos de cuando era pequeña. "Es que ella ha vuelto a ser nuestro champiñón." Brent, que es muy sentimental, siempre que hablamos se refiere a ella como "topo" –el otro apodo cariñoso– o el "champiñón", la hija a quien ellos sacaron de un precipicio.

En lo que a mí respecta, Antonieta me envió un correo electrónico en el que me contaba cómo había comprendido finalmente lo que significaba para ella el esfuerzo de una madre como yo y mi lucha por salvarla.

"Mamá: nunca he olvidado "El árbol que daba", el cuento de Shell Silverstein que siempre me leías. Sé que durante este año y medio me has dado todo, y que, como un día me dijiste, llegó el momento en que te quedaste sin nada más que darme. Pero no te estoy pidiendo nada. Sólo quiero que sepas que quiero ser como todas mis amigas a quienes sus padres las visitan en el colegio. Quiero que goces el triunfo de verme jugar en un partido, porque eso es parte del esfuerzo que durante muchos años hiciste. Quiero que estés orgullosa, porque como madre nunca hiciste nada malo, sino que fui yo la que fallé. He aceptado el castigo de que no me dirijas la palabra los años que quieras, sólo te ruego algo, tómate este tiempo para ver cómo he cambiado y perdóname en el 2004... porque es el año en que me gradúo. Y ése también será tu triunfo."

La luz comenzaba a iluminarnos nuevamente...

MIS RECOMENDACIONES

Mano dura –"tough love"– aunque se le quiebre el alma. Mano dura significa no flaquear, sin importar nada, o todo irá a la basura.

Sé que enviar a un hijo a vivir a otra ciudad o a otro país es tan difícil como nadar en el estrecho de la Florida para huir de Cuba, pero, en la misma proporción, no es imposible. Sí, implica grandes sacrificios. Sí, no es la opción más fácil pero las cosas fáciles no son siempre las que tienen mejor resultado. Hay que cortar el mal de raíz. Usted escoge: derrotar la apatía y los problemas que enfrenta buscar un cambio para su adolescente en problemas o la pena inmensa de llorarle a causa de una tragedia que usted pudo evitar.

Usted tiene que entender, primero que nada, que está enfrentándose a una adicción. Una relación obsesiva, igual que la droga, el cigarro o el alcohol, causa adicción. La cura para este problema es similar: hay que separar a la víctima de la sustancia. En cuanto no tengan contacto con lo que produce ansiedad y obsesión, las víctimas mejoran. Además, siempre existen parientes o amigos en otra ciudad dispuestos a ayudar.

Corte toda la ayuda económica al hijo en conflicto. Muchas veces con sólo hacerlo, la medida surte efecto. En mi caso, tuve que ir hasta el fondo y negarme a dar dinero para la universidad porque el mal estaba avanzado.

¿Quieren ser independientes y desafiar el sentido comun? Que todo eso les cueste su propio esfuerzo.

Que la persona encargada del lugar al que vaya a vivir su adolescente haga un contrato económico que regirá esta etapa de la nueva vida: "tienes que pagar tal o cual cosa en la casa, ayudar en esta u otra tarea", tal como Adriana lo hizo.

Corte toda la comunicación con la tentación, haga hincapié en los celulares –todo adolescente tiene uno–. No cese en el empeño de hacerle ver la necesidad de cambiar el número para que el novio o la novia no les localicen. (Esta primera parte nunca nos funcionó. Tuvo efecto hasta que ella nos pidió que lo hiciéramos. En ese momento de inmediato le ayudamos.)

Celebre todos y cada uno de sus éxitos. Recuerde que el abusador ha mermado hasta el exterminio la autoestima, y parte del éxito es recuperarla, lo que ocurre gradualmente.

No se autoflagele ni se tenga lástima porque el abusador está viviendo bien, y usted y su adolescente, como si estuvieran en el fondo de un infierno. Olvídese, eso no la va a sacar de nada, por el contrario.

No olvide la frase "tough love", "mano dura" en verdad.

El monstruo desde adentro

Con la paz, llegó el momento de la reflexión. La decisión de escribir estas páginas ofreciendo a otros algunas alternativas nacidas de la experiencia diaria. ¿Qué había sucedido en su cerebro? ¿Cómo era ese monstruo de la adolescencia que la había transformado?

En los momentos de mayor desesperación hubiera querido encontrar en un libro algo que me hiciera ver que el problema existe y que no era nada que yo estuviera imaginando. También hubiera querido que alguien respondiera varias preguntas cruciales sobre lo que vivía mi hija menor, las mismas que me hice una y mil veces: ¿cómo pudo enamorarse de un muchacho agresivo y violento y por qué seguir con él si eran tan distintos?, ¿cómo identificar a un potencial novio abusivo?, ¿por qué todas sus respuestas eran iguales: "Hice esto y lo otro porque fulanito me dijo"?

Esta última respuesta desataba de inmediato la guerra entre nosotras: "Si tú me dijeras 'mami, hice esto porque lo adoro, porque es mi vida, porque no puedo vivir sin él', a lo mejor entendería la conducta que motivó tal o cual acción. Lo que me espanta de ti es que la respuesta siempre es la misma: 'Porque Fulanito me dijo'. ¿Es que te ha dañado tanto que ya te robó también tu capacidad de decidir qué es lo mejor para ti? ¿Por qué, si Fulano te manda a hacer todo lo malo, tú lo haces?" Su segunda respuesta me aterraba más: "Es que me dijo que si no, iba a tener consecuencias con él". ¡Ése era el signo principal de control violento de un novio abusivo!

Mi preocupación de madre era la siempre débil, apática e impensable respuesta de una muchacha capaz de remontar cualquier marcador en el campo de futbol, de una chica que corría y buscaba el gol como perro de presa, rehusando aceptar una derrota fácilmente... que ahora se mostraba inexplicablemente incapaz de dejar una obsesión sentimental.

—¿Qué pasaría, le preguntaba cada vez que me daba tal respuesta, si te obliga a tomar drogas, a robar o a prostituirte? ¿No te das cuenta de que para eso habría la misma respuesta, 'porque él me lo pidió', porque lo obedecerías sabrá Dios por qué razón?

—¡Ayyy mamá, please!, deja de hacer telenovelas que él no haría semejante cosa.

Mi sermón arreciaba entonces:

—¿Qué sucedería si te hace embarazarte? ¿te imaginas el martirio para ti y para tus hijos? Y como no eres capaz de enfrentarte y decir no, te vas a lanzar a un precipicio...

—¡Ayyy, mamá! ¿Cómo crees? Él no piensa ni en casarse, ni tener hijos, ni es malo. Él no es así.

Esas respuestas me daban escalofrío y terror. En ese momento el novio no era así. Tampoco había nacido abusador, sino que se hizo al crecer viendo el abuso en su familia más cercana. ¿Cuánto tardaría en provocar algún daño irreparable y hasta dónde podría llegar? ¿Qué sucedería, entonces, con mi hija?

Josefina Melo, mi comadre, dijo una frase que escuché durante el año y medio de este infierno: "Si el diablo existe, comadre, el diablo está guiando a esta niña". Más allá de todo, era el perfil temprano de la víctima del abusador. Me explico mejor.

Un abusador ejerce completo control sobre la vida de su pareja. Por completo control me refiero a que la víctima no tiene la menor opción de decidir, y observe bien los ejemplos que van más allá de la anécdota y sirven para lanzar la alerta.

Uno de los primeros grandes problemas entre nosotras vino con la ceremonia de pregraduación –en Estados Unidos es llamada "Junior Prom"– que ocurre un año antes de terminar la preparatoria. Yo me acuerdo que buscar la ropa que Antonieta luciría fue asunto complicado. Juntas anduvimos de tiendas hasta que encontramos algo que le gustaba. Después, Alma Ben-David, la diseñadora de mi imagen en Univisión, buscó otro conjunto para la ceremonia. Total que llegó el gran día y Antonieta no aparecía por ninguna parte. Había dicho que iría a arreglarse con sus amigas en casa de alguna de ellas –algo que no entendí, pero como me dijo que era una reunión de amigas, se me hizo normal y le di permiso–. Más tarde, sus amigas comenzaron a llamar a la casa preguntando por ella y eso me hizo sospechar. Buscándola con la mirada, finalmente la encontré escondida en una esquina, al fondo del gimnasio donde se realizaba la misa. Ella tendría que caminar con unas ofrendas y pasar a leer un salmo. Cuando la vi venir, mi emoción fue grande, pero algo que no distinguí en un primer momento me llamó la atención, hasta que di con lo que se trataba: ¡Venía vestida de diferente forma! No reconocí la ropa. Resulta que nunca estuvo en casa de ninguna amiga para vestirse y maquillarse juntas. El pelo lucía desarreglado, ella lucía nerviosa, sin saber qué hacer.

Me hizo pasar momentos de incertidumbre preguntándome cuándo y dónde había comprado aquel atuendo y, sobre todo, ¿por qué hacerlo a escondidas? Si cuando compramos la ropa ella estaba muy contenta. Yo no entendía nada, y la función apenas comenzaba. Como era un evento importante, yo había planeado una cena en un restaurante para después del acto académico. Ella llegó al restaurante mucho más tarde que todos, mostrando señales claras de que había peleado con el novio; estaba como en otro mundo. Se portó muy agresiva con nosotros, no nos hizo mucho caso. En fin, que todo resultó un desastre.

Esa noche hablé con ella y, llorando, le dije que todo mi esfuerzo para que fuera una fecha inolvidable como lo sería un año después su graduación se había ido al piso con su extraña conducta y sus mentiras. La presioné hasta que me dijo la verdad sobre la ropa. ¡El novio le había ordenado no ponerse una sola cosa que yo hubiera escogido! Y en lugar de ir a casa de las amigas, como me había dicho, había ido a comprar una blusa y una falda espantosas ¡escogidas por él! Si lo hubiera sabido, habría reconocido ese como un signo extremadamente peligroso de control. Entonces yo creí que era una más de las mil y un ocasiones en que ella quería hacernos la vida miserable en nombre del novio, ¡sin imaginar lo que en realidad sucedía a nuestras espaldas!

Pero el control no paraba en decidir cómo vestiría mi hija, sino en algo que lesionaba la privacidad de nuestra familia. Durante todas, y lea bien en mayúscula TODAS las discusiones que tuvimos en casa, algo que desde el primer momento me llamó la atención fue que ella decía que el novio sabía lo que hablábamos. Primero pensé que ella le contaba lo que sucedía, por tanto, ella era culpable de que las discusiones en familia, que eran asunto nuestro y de nadie más, él las supiera. Entonces Antonieta no se libraba de mi rayado sermón: "El día que se casen, irremediablemente formará parte de nuestro círculo familiar, entonces no tendremos más opción que aceptar que se meta a opinar, pero por ahora es reprobable que lo mantengas al tanto de nuestra intimidad familiar". Ella nunca respondía. Tiempo después, aterrada descubrí como el ex novio sabía todo sin ser Walter Mercado, y ponga atención para que no le suceda: ¡¡¡OBLIGABA A MI HIJA A QUE AL LLEGAR A CASA, INMEDIATAMENTE LE LLAMARA POR TELÉFONO Y DEJARA DESCOLGADO EL AURICULAR, DE MANERA QUE SE PUDIERA ENTERAR DE TODO LO QUE SE DECIA DE ÉL EN MI CASA Y DE LO QUE AHÍ PASARA!!!

Está bien. Estoy de acuerdo en lo primero que usted está pensando: él pudo decir cualquier cosa, pero mi hija tuvo siempre la opción de no aceptarla. Tiene usted razón.. Pero ella no lo hizo por las razones que hasta un año después entendí.

La doctora Emma Zapata, al escuchar mis miedos sobre cómo la relación de Antonieta fue tornándose más y más agresiva, y cómo ella, a pesar de saberse descubierta por nosotros y de que quería evitar –inútilmente por cierto– que notáramos hasta las huellas de los golpes, continuaba aquella relación, me dio una buena explicación:

"No hay que olvidar que se trata de un círculo vicioso que se está cerrando y se está convirtiendo en mortal y que nadie, excepto la víctima, puede salir de él; pero las víctimas son las primeras en sentir lástima por su agresor, quizá porque sólo ven una razón válida que, además, es cierta: la conducta agresiva es el escape de los muchachos. Sucede que las muchachas quieren experimentar muchas cosas, entre ellas, como todo ser humano en un momento de la vida, lo malo de una pareja; porque eso también les atrae por su dosis de masoquismo. Lo que sucede es que luego, cuando toman conciencia de lo que sucede, ya se han metido tan profundo en una relación que es adictiva, no sólo obsesiva, sino adictiva, no saben cómo salir de la relación."

Pero el control del abusador no surte efecto total si la víctima sólo siente miedo por desobedecer, debe saber que el abusador provocará un daño mayor, por eso amenaza con destruir propiedad ajena y lo cumple, lo que producirá el efecto deseado: someter por miedo a la pareja.

Hasta que Antonieta no escribió el último capitulo de este libro, no confirmé algo que sucedió en casa y yo sospechaba. En algunas ocasiones tanto el auto de Fabio como el mío presentaron rayones en la pintura. En alguna ocasión también noté daños en las puertas. Siempre sospeché del novio... Y no me equivoqué. En ese momento pude haberlo acusado legalmente por vandalismo y por destruir propiedad privada, pero mi hija hubiese tenido que atestiguar... ¡Y por nada del mundo lo habría hecho! Éste es el ejemplo claro de que alguien tiene control total sobre nuestras hijas o hijos.

Ahora bien, ¿cómo detectar a un novio abusivo? Los signos son claros, pero no se equivoque y juzgue únicamente por lo que ve, que las apariencias engañan. Si alguien cree que el ex novio de mi hija menor tenía una imagen tenebrosa, veinte tatuajes por todo el cuerpo, cabello largo, aretes en las dos orejas y hasta en la nariz, vestuario cinco tallas más grande y que de paso fuera un "drop out" –un desertor de escuelas–, se equivoca.

Cuando hablo del monstruo que despierta no me refiero a una persona en particular, sino al fenómeno de la adolescencia que transforma a todos los hijos. Hablo del monstruo que habita en alguna parte del cerebro del agresor. Ese monstruo que, con un chasquido misterioso, dispara la computadora de la mente y desencadena la tormenta, que arrecia cuando los padres no están dispuestos a aceptar los cambios de los hijos ni a poner remedio. Los padres irresponsables generalmente contestan: "fulanito o fulanita no pueden estar haciendo nada malo". Sí, cómo no. Crea ese cuento y verá cómo le va.

Otra respuesta de padres irresponsables es: "fulanito y fulanita son chicos normales. Observe. Andan bien vestidos, de pelo corto y, de paso, en la escuela solamente tienen buenas calificaciones"... Sí ¿y qué? Nada de eso los protege de la agresión y la violencia sin control. Nada de eso los libra de una conducta anormal que, sin atención profesional psicológica, convierte a esos muchachos en una bomba de tiempo lista para detonar en cualquier momento.

La doctora Emma Zapata decía una gran verdad. Por otras razones que explico en el capítulo "Cool, Nerd o Freak", muchachas como mi hija menor, a quien dolorosamente calificaban de nerd en la escuela, caen más indefensas con el primer novio que quienes tuvieron varias experiencias y aprendieron a defenderse. Antonieta era un tigre en el softball y en el soccer, pero en asuntos de novios a todas luces creyó en el primero que le dijo "mi alma" y lo vio como si más allá no existiera nada. Eso es maravilloso con un hombre que da un buen trato, que proteja, que ame, pero para mí era incomprensible cómo ella se sometía.

"Sencillo –asegura la doctora Zapata–. Primero no pueden hacer nada porque NO tienen las herramientas para usarlas. Después están indefensas ante un medio desconocido, que cada día es más usual y que no necesariamente es el ambiente que han vivido en sus casas. Estas muchachas se encuentran enamoradas de quien saben que no es adecuado para ellas, están conscientes de eso, pero ya ha surgido el masoquismo que cada ser humano tiene y que uno va alimentando consciente e inconscientemente, y terminan siendo relaciones que no se explican ni a uno mismo. Uno pregunta "bueno, ¿y por qué anda con esa persona?"; y la verdad es tan sencilla que no puede creerse: porque no saben cómo escaparse, o porque ya no tienen autoestima y temen herir a la pareja dominante; en el último de los casos, no salen de esa relación viciada porque no quieren ser la burla de la presión social. Eso está sucediendo con nuestros jóvenes y los padres no podemos cerrar los ojos ante algo así."

Aunque tarde, la consulta hecha a nivel de amistad y los planteamientos de Emma Zapata me abrieron un horizonte que yo no imaginaba y para el que no tenía respuesta. Después, cuando me comuniqué por correo electrónico con el padre de María Isabel Fernández, la muchacha asesinada por el novio abusivo en California, y pude visitar el sitio en la internet dedicado a ella –www.marisabel-fernandez.com–, encontré un artículo que debe ser casi una guía para los padres que dudan de que sus hijas estén dentro o puedan entrar en una relación terriblemente dañina.

Son los "Diez signos de peligro de un novio mortal" publicados por la revista Latingirl. En una investigación, el periodista Ed Young describe:

1.-Te humilla en público o critica cualquier cosa que hagas, minimizándola.

2.-Repite que "no soporta a tu familia" y exige disminuyas el contacto con ellos para no tener problemas con él.

3.-Tienes que rendirle cuentas de cada momento del día.

4.-Usa alcohol o droga y se pone violento con los tragos.

5.-Pretende ser más estricto o moralista que tus padres y tus abuelos. Dicta cómo vistes, a quién ves o con quién hablas y qué haces mientras estás en tu casa.

6.-Sientes estar conviviendo con Dr.Jeckyl y Mr.Hide porque en un momento es maravilloso y en otro terriblemente abusivo y te acusa de coquetear con otros hombres.

7.-Has perdido oportunidades, o trabajo, o escuela, o disminuido calificaciones a causa de su conducta, que te exige que hagas tal o cual cosa.

8.-Te sientes humillada, deprimida o culpable la mayor parte del tiempo y te culpas a ti misma.

9.-Te ha pegado, pateado, dado de puñetazos, zarandeado violentamente y te dice que es porque lo mereces o que eso no es violencia, que es sólo una llamada de atención, y después te pide perdón por haberte lastimado.

10.-Te ha forzado a tener sexo, haciéndote sentir violada a pesar de que es tu novio.

La recomendación del periodista Ed Young, de acuerdo con los expertos, es buscar ayuda con la presentación de un solo síntoma, y que con más de uno, se tenga la certeza que las cosas son peligrosas.

Cuando me comuniqué con el padre de María Isabel Fernández, hablándole de este libro, el hombre, que aún vive lleno de dolor por la suerte de su hija, me envió este correo electrónico:

Estimada Maria Antonieta:

Cuando la productora Roxana Soto me habló de un reportaje sobre María Isabel, no tuve el valor de hacerlo. Todo se me vino encima, incluyendo la retardación de la justicia. Ha pasado un tiempo, es la primera vez que estoy libre de la parte legal y decidí darme un pequeño descanso de la odisea de casi cinco años de calvario. En este momento estoy intentando poder mitigar el dolor de alguna manera, y tratar de dar un nuevo sentido a mi vida. En el caso mío todo fue una injusticia del principio al final, excepto por la ayuda que me dio Cristina Saralegui y la gran batalla para extraditar al monstruo ese, que hizo semejante barbaridad. Gracias a Dios que lograste salvar a tu hija. Con mucho cariño,

Miguel Fernández.

Al leer estas líneas, en memoria de María Isabel Fernández, a cuya muerte le debo haber abierto los ojos para sacar a mi hija del infierno en el que se encontraba, volví a darme la razón para escribir en este libro: las consecuencias de una relación obsesiva a manos de un novio abusivo. En memoria de María Isabel Fernández decidí romper mi silencio y no callar, para que no haya más víctimas en estas circunstancias, o por lo menos, para que nadie ignore, como yo en su momento, que el problema existe más de lo que imaginamos, y que hay signos que nos muestran el monstruo desde adentro. En memoria de María Isabel, muerta a manos de un muchacho violento al que ella no pudo dejar, no debemos obviar las señales de alerta. No, por favor.

RECOMENDACIONES

1.- Lea y copie la lista de señales de peligro y téngala a mano. Pásela entre las madres de las amigas de sus hijas.

2.- No sea pasiva y acepte que su adolescente muestra alguno de estos síntomas. Es el único camino para resolver y solucionar.

3.- El mejor consejo siempre será observar con atención y no dejarse llevar por las apariencias.

4.- Recuerde constantemente a su adolescente que meterse en una relación que comienza a dar problemas no será fácil de terminar. Que lo malo atrae tanto como lo bueno, y que lo más probable es que no tendrá recursos ni herramientas para salir del problema.

5.- Si quiere saber más sobre este tipo de violencia, sitios a dónde recurrir por ayuda y material relacionado, visite el sitio en la internet dedicado a María Isabel Fernández: www.marisabelfernandez.com.

Perdonar no es olvidar

Mientras en Ohio Antonieta lidiaba con su nueva vida, en Miami, ¿cómo eran nuestros días? Por supuesto que los míos peores que los de los demás miembros de la familia por la sencilla razón de que yo era la madre; por tanto, los sentimientos negativos de la impotencia me acompañaban en todo momento sin que pudiera hacer nada para aminorar la pena; nada me ayudó, hasta el día en que decidí que debería hacer algo, y pensé que lo mejor era hacer un trueque con Dios para limpiar de rencor mi alma y ayudar a que mi hija saliera adelante. Dios y el padre Jose P.Nickse (q.e.p.d.), mi pastor en la iglesia de St. Brendan, me guiaron por varias etapas hasta dar con la reconciliación, pero eso también fue parte de un largo proceso.

En los primeros meses en que Antonieta luchaba por salir, por encima de todo siempre tuvimos en claro que ella continuaba con la relación obsesiva a larga distancia. Ya sea porque él le llamara cuarentaicinco veces al día o porque ella lo llamara otras cuarentaicinco. Estábamos preocupados porque, de no cambiar el patrón, eso significaba que únicamente habíamos trasladado el problema y que éste seguía y seguiría hasta que surgiera entre alguno de ellos dos la racionalización —que a todas luces ninguno quería tener—.

Fueron días en los que me levantaba llorando y terminaba blasfemando. Por supuesto que sabía que mi hija tenía parte de la culpa, pero la otra mitad destruyó impunemente lo que con tanto cariño habíamos formado. Un día, las cosas simplemente me llevaron a tocar fondo. Supe entonces que ése era el momento de sacar fuerzas para salir.

En un supermercado una mujer me confundió con una delincuente. Ella estaba acompañada de su niña de unos cinco años. La chiquita la abrazaba y ella la acariciaba mientras ponía su compra en el carrito. Eso me hizo recordar las tantas y tantas veces en que viví lo mismo con mis hijas. Me les quedé viendo y dije a la madre "abrácela mucho señora, quiérala mucho porque usted nunca sabe cuánto pueden llegar a sufrir". La mujer me miró horriblemente, tomó a la niña y se alejó corriendo como si hubiera visto al diablo. Cuando llegué a la caja del supermercado, la empleada me dijo algo que me dejó con la boca abierta:

—Lo que son las cosas... una mujer que acaba de salir me dijo que le querían robar a la hija y que la ladrona andaba ahí adentro. Le sugerí que hablara con el gerente para que llamaran a la policía, porque si eso era cierto, quizá lo intentaría con otra persona. Cuando el gerente le pidió que fueran juntos a buscar a la persona, la mujer te señaló a ti que estabas comprando.

—¿A miiii? –pregunté indignada– ¿Y yo qué tengo que ver con ella?

—Eso mismo le dijo el gerente, quien le explico que tú eras una periodista y que en ningún momento hubieras pensado robarle a la niña.

Me dijeron que la mujer se disculpó por la equivocación y se fue, pero al enterarme, no pude evitar que la rabia se apoderara de mí al grado de que, manejando de regreso a casa, llorando, abrí el techo del auto y le grité al difunto padre de Antonieta: "Jesús González, ahora sí estoy segura de que en el cielo no estás. ¡De otra forma estarías haciendo lo posible para salvar a tu hija del precipicio a donde está cayendo!"

En medio de esa tragicomedia tuve conciencia de cuánto daño me estaba causando el problema. Cómo me veía ante los ojos de los demás ¡que me confundieron con una roba-chicos! O yo misma, sintiéndome una demente, le gritaba cosas a un difunto.. Maldije nuevamente al novio de mi hija, deseando que se le regresara el daño que nos seguía causando por continuar destruyendo las cosas, sólo por hacer el mal.

"Ése es el problema", me dijo Doris García. ¿Quién es Doris García? Bueno, ella es, desde hace muchos años, mi manicurista y, por tanto, una sicóloga nata que conoció de mi gran dolor y preocupación por lo que vivía Antonieta desde el mismo día que comenzó. "Rencor es lo que no debes tener en tu alma. Debes hacer el odio a un lado. Pídele a Dios que te ayude." Tenía razón; comencé a pensar en poner en práctica el consejo. Por lo pronto, esa noche, leyendo el libro de metafísica de Connie Méndez que siempre tengo a mi lado, recuerdo que, según las enseñanzas, escribí mi petición haciendo un trueque con Dios. "Ayúdame Diosito a que esa relación tan dañina termine y hago lo que tú quieras, Diosito... lo que tú quieras."

Por supuesto que no funcionó. Dios no trabaja de esa forma. A él hay que pedirle correctamente las cosas. Entonces cambié mi celestial petición: "Señor, que mi hija lo deje, por favor, dale fuerza para hacerlo". Después de un par de semanas de mucho rezo y nada de resultado, era obvio que el cielo no estaba interesado en tenderme una mano tan fácilmente. ¿Acaso no he hecho lo suficiente?

—No es eso –sentenció nuevamente Doris.– Seguramente estás haciendo las cosas en forma incorrecta. Deséale bien. Deséale que la vida le traiga cosas buenas y tú veras que entonces las cosas serán de otra forma.

—¿Desearle bien a quien tanto daño y dolor nos ha causado? ¿Cómo piensas que las ofensas se olvidan de esa forma? ¿Y de qué forma va a pagar el daño terrible y los golpes que dio a mi niña?

—Deja eso en manos del Señor, que Él sabrá la solución que le da al problema. Si Dios ve que tú deseas bien a quien tanto daño está provocándoles, entonces seguramente que irá en tu ayuda. Dios no escucha al que constantemente repite ante la ofensa: me la van a pagar. Dios no es vengativo.

Había recibido el mejor consejo. Sí, el tipo –a quien apenas unos días antes de la plática con Doris, encontré en la calle mientras circulaba en mi auto– me había insultado hacía poco, haciéndome voltear a verlo al tiempo que me mostraba obscenamente el dedo medio de la mano. Y aunque ésa era una sola de las decenas de groserías e insultos que me hizo personalmente, ¿cómo olvidar que pudo haber provocado la muerte de mi hija al sugerirle diariamente que debía suicidarse para desaparecer de este mundo? Ésa fue otra de las jornadas espeluznantes que me orillaron a tomar la decisión de enviarla fuera de Miami.

Encontramos el diario de Antonieta y en unas paginas era terriblemente destructivo. Ella, de su puño y letra, confesaba que el novio la hacía ver cómo si ella desaparecía de la tierra ¡¡¡los problemas entre ella, la familia y él se acabarían!!!

Recuerdo haber salido corriendo a ver al padre Nickse. Ésa fue la única ocasión en que lo percibí totalmente preocupado. "Esto no es un juego. Hoy mismo hablo nuevamente con ella. Ni como católica ni como una persona mentalmente sana puede pensar en un suicidio. Aquí sí debes tener en cuenta que el muchacho está poniendo ese terrible pensamiento en su cerebro."

Luego de hablar con ella, el sacerdote se escuchaba igual de preocupado: "Cuando la confronté con lo que había escrito en el diario sobre la muerte, no me lo negó, pero también me dijo que estaba ensayando un guión que escribiría para un proyecto escolar. La respuesta es totalmente ambigua, por lo que debemos tener mucha cautela. Aquí hay algo cierto. El muchacho ha llegado a tener dominio en el cerebro de Antonieta al punto de que las cosas podrían ser fatales. Hoy tengo que decirte que mi consejo se inclina en favor de sacarla de Miami a costa de lo que sea, y esperar que Dios y la distancia surtan efecto sobre la obsesión. Algo más: ese chico está realizando en gran forma todo un lavado de cerebro".

Ya ni le dije que había descubierto otra cosa. En un recado escrito, él le pedía perdón por haberla insultado diciéndole que "diera gracias a Dios de que su padre hubiera muerto cuando ella tenia sólo dos años, porque si no, en este momento moriría de verla ¡¡¡tan estúpida e insignificante!!!"

Estas y todas las anécdotas no eran nuevas para Doris García, mi manicurista-sicóloga. Entonces, ¿cómo me recomendaba que pidiera el bien para quien había atentado contra mi familia? ¿Cómo incluirlo fácilmente en mis oraciones pidiendo como si nada por él, cuando en realidad necesitaba que se alejara de mi hija y yo debía haber recurrido a la policía para que lo arrestaran por violencia doméstica o lo que fuera?

"No importa, no importa todo el daño y la destrucción que ha provocado –me recalcó Doris–, a pesar de eso, deséale todo el bien del mundo... Dios hará el resto. Créeme que Dios lo hará por ustedes. Pídele que abra caminos; pídele que le dé a ese muchacho opciones que alejen a tu hija de su mente. Sólo así, siendo él quien termine la relación, en verdad las cosas podrán terminar."

Esa noche, antes de dormir, mis oraciones cambiaron, intentando ver si en realidad surtían efecto: "Diosito, dale todo el bien del mundo a ese muchacho. Dale paz en su vida. Dale nuevos intereses aquí en Miami para que sea él quien deje para siempre a mi hija. Hazlo feliz para que libere de esta pesadilla a mi hija".

Yo, que soy una mujer creyente, sé que ése fue el ábrete sésamo. Poco después Antonieta comenzó a cambiar, y de ahí en adelante la situación se encaminó suavecito, en el plano en el que Dios actúa. Otro de los mejores consejos que he recibido llegó en boca de mi amiga Gabriela Tristán, productora del Noticiero Univisión Fin de Semana. El suyo fue un consejo que desde entonces he aplicado también en otras situaciones y que ayudó en mi cura emocional: "No des tu energía a quien no vale. Esa gente no merece nada de tu parte, ni rabia, ni tristeza ni llanto. No le des tu fuerza a quien no lo merece".

Y así fue. Poco a poco lo fui alejando de mi mente. Poco a poco se convirtió en un fantasma. Poco a poco le quité los apodos con los que me refería a él, para dejarlo en la condición en que lo tenemos hasta estos días: alguien sin nombre, rostro o apellido que nos lesione.

¿Es el poder de la oración? ¿Es la teoría de los milagros? En ese momento entendí que era un asunto divino, sin embargo, tuvo explicación científica en un viaje de trabajo meses después. Corría julio de 2003 cuando una asignación especial me llevó a San Juan, Puerto Rico. Al llegar supe que era más que una misión dictada por quienes deciden los viajes en el noticiero; ésta fue dictada por el destino que quería enseñarme cuán bien había aprendido la lección. El reportaje mostraría el perdón en su máxima expresión. ¿Era posible perdonar a un violador? ¿En verdad? Más allá de lo interesante del tema, yo sabía que la entrevista al psicólogo Carlos Amador, del Centro de Atención Integral para la Salud, Cimas, me daría la guía para escribir este capítulo sobre el perdón.

"Pudiste remontar lo negativo, porque caíste en la premisa que siempre menciono. El secreto de toda experiencia traumática no es simplemente olvidarla; no. Es pensar diferente y sacar una enseñanza." Carlos Amador no hablaba como un loro repitiendo algo que él mismo no hubiera probado en carne propia o en su práctica profesional. En el caso de la terapia a Gretchen Krans, la primera mujer en Puerto Rico que perdonaba a un violador, el proceso fue el mismo.

"Cuando la idea principal es cambiar de forma de ver las cosas hacia el lado positivo, entonces empieza el trabajo de sanación. Tan pronto la experiencia se sana, en algunas ocasiones ya no hay resentimiento, no tienes el coraje, no tienes el malestar, por lo tanto ya te mueves de la experiencia a entender qué debe haber ocurrido en la vida de una persona, para poder hacer lo que está haciendo."

Fernando Arau, uno de los conductores del programa Despierta América —no sólo amigo y compañero, sino una gente muy espiritual—, en alguno de los momentos más amargos que viví, me señalaba que algún día tendría que ir a la zona del perdón para salvar de esos sentimientos negativos también a mi hija. "Piensa que ese muchacho no nació con la maldad que ha demostrado, simplemente se fue haciendo tal cual, de acuerdo con lo que le rodeó en su casa. Estas situaciones son también asunto del demonio y me recuerdan el pasaje de la Biblia donde un salmo tiene la razón perfecta de la lucha del mal contra el bien: 'No es una lucha por la carne y por el cuerpo, con el demonio es una lucha de poder'. Entonces ora mucho Collins, para que a ese muchacho le vaya bien y que con eso tu hija se pueda ir liberando. Pide que encuentre una novia, otros intereses en los que vea la oportunidad para cambiar sus malos patrones de conducta. Que tome interés en otras cosas de la vida. Pídelo con toda el alma que se te concederá, y de paso, tu hija será beneficiada, pues la dejará en libertad de vivir como ella merece." Fernando Arau básicamente estaba en la misma "onda" de Carlos Amador.

"Cuando yo hablo de llevar a mis pacientes a la etapa de entender, quiero explicarme bien. Entender no significa que estemos de acuerdo con lo que ha pasado. Yo puedo entender algo, pero eso no quiere decir que yo esté de acuerdo. Yo puedo entender que alguien haya tenido una vida de abuso y lo haya colocado en la trayectoria de abusar, pero que quede bien claro que eso no quiere decir que yo esté de acuerdo con el abuso en ninguno de sus tipos. Puedo entender, lo puedo perdonar. Perdonar quiere decir quitarle la carga de juicio y de valor negativo a una acción, pero eso no quiere decir que voy a interferir con lo que tiene que ocurrir para que la persona asuma la responsabilidad por lo que hace."

Pensar así es seguir lo que el psicólogo Amador recomienda a quienes han sufrido una agresión. "Hay que tomar las emociones negativas y dejarles saber que ya no deben estar en el archivo de la memoria diaria y que el propósito para el que fueron creadas en medio del dolor y por el cual se pusieron en la memoria presente ya fue cumplido, y que fue para recordar que nada de lo que se vivió y por lo que se sufrió puede volverse a repetir en nuestras vidas; y que, por tanto, no pertenecen al presente sino al pasado. Entonces hay que ordenarles que queden en el pasado. Una vez que se logra dar esa separación tú vuelves al evento y lo recuerdas de otra manera diferente."

¿Es fácil hacerlo? ¿Cómo se logra en la práctica? En mi caso, cada vez que la imagen burlona del muchacho venía a mi pensamiento, cada vez que recordaba que por su culpa mi hija estaba fuera y sufriendo, cada vez que deseaba que se le devolviera lo malo que nos hizo, yo misma me ponía un alto. Recordaba la frase que se convirtió en una lección diaria, la misma que en medio de la desesperación me diera Gabriela Tristán: "No voy a dar mi energía ni a esa persona ni a ese pensamiento negativo que lo acompaña porque no lo merecen. Por el contrario, que Dios le dé bien y que no se olvide de sanar el futuro de mi hija". Me encontré repitiendo esto casi todo el día.

No es fácil de lograr al principio, pero conforme uno se acostumbra a hacerlo cuando aparecen los malos pensamientos, las cosas se componen. Así, casi sin sentir, un día me di cuenta de que tenía la primera semana libre de tanto rencor.

¿Había comenzado a olvidar? Quizá no del todo, pero, para ser sinceros, tampoco estuve recordando constantemente el tema, lo que me fue dando la oportunidad de no caer en un círculo vicioso; y en verdad, me vi más que extraordinariamente recompensada cuando me enteré de que el muchacho tenía una novia. "Que duren mucho y que sean felices", deseé en mi interior. Después esa gran alegría, me enteré de que mi hija, quien se pasaba el tiempo encerrada y llorando sin querer salir a ninguna parte, había aceptado primero, salir con amigas, luego con amigos. Tiempo supe que tenía enamorados. Y, finalmente, que había llegado a su vida Bruce, un ángel en este camino, y con él, su familia, que se han convertido en los más grandes protectores de Antonieta allá en Ohio.

Cuando todas las condiciones se dieron para que mi hija comenzara a vivir realmente, y sabiendo en mi interior que había blasfemado contra Jesús González, el fallecido padre de Antonieta, una tarde, de regreso a casa, volví a abrir el techo de mi auto, pero esta vez para pedirle: "Jesús González, perdóname. Sé que sí estás en un sitio donde nada está lleno de tinieblas. Sé que parte de la luz del lugar donde te encuentras ha comenzado a guiar a nuestra hija. Síguelo haciendo por favor. Tú allá y yo aquí, donde he entendido, con estas pruebas, que mi misión desde que ella nació ha sido guiarla, pero a partir de ahora, sólo acompañarla en su camino donde quiera que se encuentre".

Claro que para ser justos, y quiero dejar esto asentado, es muy diferente perdonar cuando las ofensas no quitaron la vida a nuestros seres queridos. No sé cómo podría hacerlo, ni si está interesado en hacerlo, Miguel, el padre de María Isabel Fernández. Un ser humano con la vida y las ilusiones destruidas por un demente que masacró a su hija con cuarenta y un puñaladas. Respeto la forma de pensar de quienes no lo intentan siquiera y no intento influir en su decisión porque, a fin de cuentas, es muy fácil agradecer a Dios cuando se está en mi situación y veo a mi hija feliz, y porque sé que otro es el suplicio de los padres que pierden a sus hijos en medio de un drama similar. Que Dios nos libre del mal.

Finalmente, antes de cerrar este capítulo, la lección que aprendí es que los padres no debemos creer que tenemos la solución infalible a los problemas, porque resulta que lo único que tenemos son recetas para comenzar a vivir. ¿Cómo supe que verdaderamente había desterrado un rencor que me estaba lesionando? Muy fácil. Cuando decidí escribir este libro para mostrar el problema y luego de varios capítulos decidí no mencionar en ninguna parte el nombre de ese muchacho. Ni el nombre ni uno solo de los apodos con que le conocíamos en casa. No tiene caso. Las lecciones han sido claras: borrar el rencor y tratar de convertir los pensamientos negativos en algo del pasado para no dar mi fuerza y mi energía a quien no lo merece, y también estar consciente de que al fin y al cabo, la lucha contra el alma no es de la carne, sino del espíritu y por el poder. Quizá la moraleja más importante es que los malos no pueden vencer a los buenos. ¡No! ¡Y no!

RECOMENDACIONES

1.- No crea que usted es infalible y que tiene la solución de todos los problemas.

2.- Repita hasta entender que sólo somos capaces de tener recetas para la vida.

3.- Desee bien a quien le ha ofendido. Eso hará que lo malo se le devuelva a quien se lo está deseando.

4.- Destierre los pensamientos negativos cada vez que se presenten. Cuando esto pase, repita que desea bien a todo el mundo.

5.- Borre de su vocabulario la oración del rencor: "este o esta me la van a pagar".

6.- Finalmente repita la mejor de las frases: "No voy a dar mi energía a quien no lo merece"

¿En qué fallé?, ¿qué hice mal?

Nadie que se precie de ser padre, en un momento de tristeza provocado por los hijos, ha dejado de pronunciar la famosísima frase: "¿qué hice mal? ¿En qué fallé?" Yo misma me lo pregunté una y mil veces sin encontrar respuesta. No hay prácticamente nada que nos prevenga de sentirlo y muy pocos que se han escapado en algún momento de atormentarse con la pregunta ¿por qué me pasa esto a mí? "¿Por qué? Si he sido tan buena madre o tan buen padre? ¿Cuántas veces quedé corto en mi presupuesto para pagar las colegiaturas de los colegios privados, o lo que necesitaran? ¿Cuánto años de sacrificio sin que valiera la pena?"

Y las cosas van de mal en peor conforme los hijos crecen, y crecen también una y mil situaciones que provocan los enfrentamientos con nosotros. ¿Cuáles? Todas las que van en contra de lo que ellos quieren y que nosotros les negamos, lo que nos coloca en la inevitable situación de escuchar sin distinción, la más famosa de las frases que utilizan para herirnos: "I hate you, Mom" "I hate you Dad". En inglés es una frase terrible, pero su traducción en español "Te odio mamá o te odio papá" es brutalmente dolorosa. ¿Quién que es padre de adolescentes —salvo honrosas excepciones— se ha salvado de escuchar eso?

A mí también me pasó y por partida doble, es decir, con mis dos hijas. Y fueron momentos de frustración dolorosísimos; en medio del pleito que provocó el insulto no supe qué me lastimaba más: si recordar los sacrificios para criarlas sola como madre viuda, o si me dolía la magnitud del "te odio mamá". Esto último es algo que a los hispanos en Estados Unidos nos hiere más porque de inmediato hacemos la comparación con la forma en la que fuimos criados y lo que nunca hubiéramos dicho a nuestros padres —por lo menos en su cara y a toda voz—. Los hispanos en general nacemos, vivimos y morimos con un respeto infinito al padre y a la madre. Es común escuchar entre nosotros: "¡Qué va! ¡Yo qué iba a contestarle así a mis padres! Primero por respeto a ellos, y segundo, ¡porque de inmediato habría venido la bofetada! Aquí o allá pasamos la vida trabajando para ayudarles económicamente, mejorando sus condiciones de vida, los mantenemos en su vejez y hasta el día de su muerte sin importar que esto signifique un gran sacrificio si por nuestro lado somos padres de familia y tenemos responsabilidades con nuestros hijos. Mis hijas crecieron viendo cómo me ocupo de su abuelo desde el momento mismo en que, debido a su edad, quedó desempleado hace más de quince años, y sin seguro de ningún tipo. Soy su único sostén. Así somos en general los latinos, pero en el anglo las cosas son diferentes, y nuestros hijos en Estados Unidos han crecido junto a muchachos que desde que nacieron tienen un ambiente familiar diferente.

En las familias anglosajonas de clase media, crían a los hijos de acuerdo con un esquema: desde el embarazo hasta el High School, con lo que libros y consejos escolares les indican. Después, cuando vienen los problemas de la adolescencia, esos padres le ruegan a Dios que pronto se vayan a vivir fuera de la casa haciendo su propia vida, para terminar con los problemas. Y posteriormente, con los años, cuando esos muchachos crecen, son ellos los que esperan que los padres envejezcan para enviarlos a un home o asilo de ancianos, como se les llama en nuestros países. Son pocos los que se encargan de un padre o una madre ancianos.

¿Cree que exagero? Se equivocó. Ésa es la rueda de la vida en la mayoría de hogares anglosajones sin que represente maldad en padres e hijos. No, simplemente crece y se desenvuelve la familia. Hay hijos que visitan a los padres en los homes o asilos donde viven religiosamente, pero es mayor el número que les deja abandonados ahí. Esto, como periodista, lo he visto una y mil veces.

La diferencia con nosotros los hispanos es que los padres no son una opción, sino una obligación que adoptamos por tradición y, por regla general, nuestro sentimiento es cumplir con ellos como ellos lo hicieron con nosotros en su momento. En nuestra crianza aplicamos a la perfección el tercer mandamiento de las tablas de la ley: "Honrarás a tu padre y a tu madre"; y ni en los sueños más locos fuimos capaces de insultarles cuando se enfrentaban a nosotros en nuestra adolescencia. Esto es lo que hace incomprensible que nuestros hijos nos digan cualquier insulto. Es la naturaleza humana que lleva al "¿por qué me pasa a mí, que fui tan buena hija?" Yo me lo pregunté sin respuesta hasta que aprendí —primero de la sicóloga Rebeca Fernández y después de la experiencia de padres que lo han vivido y para ayudar a otros, han abierto sus sentimientos, aceptando lo que no muchos— que nuestros hijos en algún momento han sido violentos verbalmente con nosotros.

De acuerdo con la sicóloga Fernández, decirnos "I hate you" no necesariamente implica la traducción literal de la palabra odiar. Simplemente para los adolescentes de hoy es algo es fácil de decir sin importar a quién. Así de sencillo.

No importa si es al padre o a la madre que se han matado durante años para darles todo lo que necesitan, ese "I hate you", acompañado de miradas que matan, me hicieron preguntarme ¿en qué fallé? Y resulta que no fallamos en nada.

La explicación de los estudiosos es más simple: nuestros hijos viven en una situación que ni remotamente nosotros enfrentamos en América Latina. Ahí crecimos de acuerdo con las reglas de la familia y de la sociedad. ¿Pero qué pasa? Que llegan a Estados Unidos, o nacen aquí, y les inculcamos dos sistemas de vida; entonces cuando crecen, viven entre lo que les hemos inculcado que debe ser y el mundo real, es decir, el norteamericano, que maneja exigencias diferentes para ser aceptados en esa sociedad, que a fin de cuentas es la suya porque ahí han crecido. Por eso reaccionan con el "I hate you", porque es lo normal en el medio en que se han desenvuelto. Sencillo para unos. Incomprensible a primera vista para otros.

Pero por cualesquiera que sean las razones, cada día encuentro a más y más padres desesperados sintiéndose víctimas de un complejo de culpa que se dispara con la rebeldía, que parece ser un deporte favorito de los adolescentes y que les hace actuar en forma ilógica sólo por molestar, por llevar la contraria, aunque con eso dañen buena parte de su futuro.

¿Acaso fue porque me divorcié? ¿Quizás es porque he pasado todo el tiempo trabajando para darles lo mejor? ¿En qué fallé? Ésa era también la pregunta constante de una amiga que es una mujer exitosa. Diplomática de carrera, esposa de un catedrático en una universidad del noreste de Estados Unidos y, de paso, consejera de adolescentes. "En numerosas ocasiones me pregunté¿por qué me está pasando a mí? Y me lo cuestionaba especialmente cuando las cosas se me salían de las manos, cuando no encontraba el canal de comunicación correcto para entender a mi hija, además, cuando no podía encontrarle solución a los problemas que le aquejaban, como su depresión juvenil y su falta de adaptación a esta cultura. Mi comparación con mi conducta hacia mis padres hacía peor la situación porque, aun por encima de mi futuro, nunca tomé una decisión que yo supiera que iba a lastimar a mis papás. Cuando tuve la oportunidad de irme al servicio exterior mexicano, hice lo imposible por no lograrlo, aun cuando tenía todas las calificaciones para hacerlo. ¿La razón? Mi madre me había dicho que no podría sobrevivir a una separación."

Por situaciones de abnegación como ésta, mi amiga no comprendía lo que sucedía dentro del cerebro de su hija, una adolescente extraordinariamente buena, excelente estudiante, una intelectual, quien de pronto se enamoró de un muchacho de un estrato social diferente que la hizo cambiar el esquema de vida en el que ella había crecido. El muchacho había abandonado la escuela con el sueño eterno de ser músico, lo que, entre otras cosas, la hizo oponerse a la relación de su hija. La muchacha, por su parte, en plena adolescencia, reaccionó como nunca antes. También dejó temporalmente la escuela; después, cuando los padres le pedían que dejara al novio, pasó por todas las etapas de desafío de las que son capaces, hasta que finalmente, luego de amenazar con el suicidio, lo intentó, y falló, gracias a Dios.

SACANDO LOS COMPLEJOS DE CULPA

"Invariablemente me llenaban los complejos de culpa –sigue la madre–, y aunque cada uno como padre tiene una sensibilidad diferente de su trabajo al criar un hijo, yo siempre me culpaba. '¿Si no hubiera salido de México? ¿Si no me hubiera divorciado? ¿Si no hubiera venido a Estados Unidos? Quizás mi hija habría sido diferente porque no hubiera visto cómo son aquí los jóvenes.' Éstos eran mis pensamientos más frecuentes y los que más me atormentaban como madre... Con el tiempo y la terapia, aprendí que nada de eso tiene que ver con el problema. Si todo lo que yo decía hubiera pasado y yo viviera en México, efectivamente ella no habría visto la forma de ser de los jóvenes aquí, pero habría visto otras cosas y, sin lugar a dudas, por aquellas también iba a estar fuera de control. Lo que nos pasa a los padres es que pensamos que nuestros hijos están actuando en forma totalmente extraña y que son los únicos que hacen eso, pero resulta que el resto de los adolescentes se comporta igual o peor que ellos, porque simplemente es el común denominador."

Al igual que yo, mi amiga había vivido el infierno del desconcierto, pero, estudiosa del fenómeno que la estaba atacando, encontró varias causas: "He buscado los motivos de la conducta de mi hija y únicamente he llegado a la conclusión de que nuestros hijos, a pesar de que se críen en Estados Unidos, que hablen inglés sin acento, que vistan y actúen como anglos, genéticamente siguen siendo hispanos que van a encontrar en que el choque cultural les atrapa en una encrucijada que se resuelve únicamente hablando y encontrando ayuda para el problema. Mi hija, aun siendo una buena muchacha, me tenía con los ojos más abiertos cada día porque las cosas que hacía para llamar la atención, cada día su rebeldía era mayor. Entonces supe que tenía que buscar ayuda donde la encontrara. Solicité apoyo sicológico y encontramos que era víctima de una severa depresión juvenil. Hablando con la sicóloga que la trataba, me lo dijo claramente, pero yo no podía aceptar ni entender cómo ella, que había crecido perfectamente, ahora tuviera tanto conflicto en la cabeza".

96

La clave para ella radicó en que nunca desmayó en el intento de sacar a su hija del problema. Ambas se sometieron a un largo proceso de terapia de casi tres anos, entre consejeros y sicólogos, y no siempre las cosas marcharon como en lecho de rosas, pero su voluntad de salir adelante fue la que, entre otras cosas, les hizo alcanzar la meta.

"Sigo pensando que la mejor sugerencia es la comunicación, porque eso es lo que me salvó con mi hija. No dejar de hablar del problema. Hablar y hablar, aunque ellos no quieran o un padre o una madre casi no puedan hablar con ellos. La comunicación debe estar por encima del dolor que ellos nos causen. Ella me decía: 'Estoy haciendo esto y lo otro no porque yo quiero, sino porque tú me obligas'. Yo hacía oídos sordos. Como si no escuchara. Finalmente, tiempo después, llegó el momento en que ella comenzó a abrir realmente la comunicación que no quería tener, y lo hizo a través de la sicóloga; con ella me mandó decir 'te quiero mucho, me importas mucho, pero que quiero vivir mi propia experiencia. Tengo que reconocer, mamá, que tienes la razón'."

Hoy, su hija ha pasado la etapa crítica de la adolescencia y ambas han resuelto el problema. La muchacha, aun cuando continúa con su relación, volvió a la escuela, salió extraordinariamente bien, entró a la universidad y pronto se va a graduar con honores. Además, está escribiendo su tesis, ha recibido premios, becas y apoyos universitarios por su capacidad, es una gran estudiante. Ha reiniciado la relación con su madre y, lo más importante, se ha arrepentido de lo que la hizo sufrir.

Mi amiga recuerda uno de los mejores momentos. "Un buen día ella se soltó llorando. Le pregunté qué le pasaba y me dijo: 'es que tengo que decírtelo. Nunca hubiera querido que pasaras por lo que te había provocado'. Ahí supe que yo como madre no había fallado."

APROBANDO LA ASIGNATURA

Eventualmente, todas los padres con problemas, pero que hemos inculcado buenos principios, vemos regresar a nuestros hijos que se han ido. Yo no fui la excepción. Mi cumpleaños de 2003 tuvo un gran regalo. Ese día me llegó la tarjeta de felicitación más grande que imaginé recibir. Venía de Ohio y era de Antonieta. Al abrirla se me nublaron los ojos. De su mano y su imaginación había hecho un recuento de su vida en fotografías, todas ellas tomadas por mí, de esas miles que le he hecho desde que nació. Enmedio escribió una leyenda:

"Mamá: quiero que sepas que no puedo estar más orgullosa de ti. Ojalá yo pueda seguir tu ejemplo y llegar a trabajar tanto como tú lo haces para que tu familia tenga siempre lo mejor y nunca les falte nada. Ojalá yo pueda amar tanto a mis hijos como tú a nosotras. Por lo pronto quiero que sepas que nada, absolutamente nada de lo que yo he hecho ha sido culpa tuya. Fue mía y sólo mía, pero no sabes cuánto me duele haberte causado el daño."

Este día también yo supe que había hecho lo correcto y que, como miles, no hice nada malo. ¿Y sabe qué? ¡NO FALLAMOS COMO PADRES! Nos tocó pasar por esto porque nuestros hijos viven en un país donde la forma como ellos actúan es el común denominador de su generación. Y nada más. ¡Grabe esto en su cabeza!

A partir de aquella tarjeta que recibí, aprendí a no responsabilizarme por todo lo que ella hiciera, aprendí a verla como adulta, y a entender que las cosas que hacen en la adolescencia son diferentes a las que nosotros hubiéramos hecho a nuestros padres y que eso no es un punto sano de referencia para juzgarlos; por tanto, supe con más certeza que nunca, que jamás hice nada que pudo haberla dañado.

Aprendí más cosas. A que en la vida de una madre o de un padre, la enseñanza es asunto diario. Ojalá, si usted está viviendo esta etapa, analice a fondo lo que le hemos contado, para que comprenda que, si quiere triunfar sobre el problema, en ningún momento puede darse el lujo de perder la fe ni las fuerzas para continuar, porque hay una verdad tan grande como una catedral: todo lo que hemos vivido con nuestros hijos y todo lo que les hemos enseñado, a pesar de todo lo que suceda y por más malo que sea, no borra lo que tienen dentro, y eso bueno sigue ahí. Que no le quepa la menor duda.

RECOMENDACIONES

1.-Hay que poner un "hasta aquí". No permita que el abuso verbal del adolescente llegue a convertirse en un problema diario de falta de respeto.

2.-Si le dicen "I hate you" como producto de la rabia porque no obtienen lo que quieren. No pierda la calma. Dígales "está bien. Di lo que quieras que no me lastimas. De cualquier forma esto que quieres no te lo doy por tal o cual razón".

3.-Ya que el problema haya pasado, hable con su adolescente. Investigue qué significa para él o para ella la palabra odio. Confronte el significado en inglés y en español y se llevará una gran sorpresa al ver que para ellos no es lo mismo en los dos idiomas. En inglés es un vocablo más suave que en español. Explíqueles que nada que se intente con odio se logra.

4.-Advierta claramente, pero con suavidad, que no va a permitirles que utilicen ese vocabulario cuando se refieran a usted.

5.-Hay que buscar ayuda profesional inmediatamente. Todos los seguros médicos brindan ayuda sicológica. En las escuelas dan ayuda para los estudiantes con problemas y sin dinero.

6.- No olvide tampoco que hay una serie de frases que deben tomarse de quien vienen: de adolescentes furiosos. "Sólo me diste dinero, no cariño", "Estás más ocupado u ocupada con tus cosas que con las mías", "Es más importante tu trabajo que yo", "Intentas comprarme con regalos". Recuerde no enfurecerse, ignórelas, sólo así no podrán dañarle.

7.-Por supuesto, haga un profundo examen de conciencia para saber si lo que ellos dicen esto es cierto o únicamente parte del juego de los adolescentes, pero eso sólo usted puede saberlo.

8.-No se sienta responsable de todos los actos que cometen. ¡No! Después de un examen de conciencia que le haga ver que si no es la mejor madre del mundo, tampoco es la peor, verá mas claro que no tiene que responsabilizarse de los errores de ellos.

9.-No tome su propia adolescencia ni la forma como usted actuó con sus padres como punto de referencia para juzgar la conducta de sus hijos.

10.-Finalmente, recuerde que "los buenos sentimientos que están ahí, dentro de su cerebro, no se van, y eventualmente van a volver". Es cuestión de paciencia y nada más.

¡Ay, la pobre...! ¿Ya te enteraste?

Está bien. Todo está en vías de mejorar, pero, ¿quién se ocupa de algo de lo que nadie habla? ¿Quién nos ayuda contra la maledicencia de la gente que ataca y lesiona a nuestras espaldas tanto o más que el problema mismo? ¿A quién le gusta estar en boca de los demás por un tema tan doloroso como es el comportamiento de los hijos? El que diga que no le importa, ¡ja, ja!, o miente con todos los dientes o en realidad tiene una coraza cuya formula debe patentar para que nos proteja a todos los demás.

"Mal de muchos, consuelo de tontos", reza el dicho, y lo cierto es que, al saber lo que sucedía en el seno de la misma familia del gobernador de la Florida, Jeb Bus, y de su esposa Columba con la reincidencia de su hija Noelle en los problemas legales en los que la muchacha estaba involucrada a causa de su adicción a la droga, me sentí alguien totalmente normal.

Que públicamente los hijos dieran dolores de cabeza a personajes como los Bush calmó mi vergüenza por la conmiseración que producía mi historia entre familiares y amigos. Aplaudí la dignidad de Columba Bush ante la avalancha de críticas a las que la actitud de su hija los sometió en plena campaña de reelección. Antes de eso, su cuñado, George W.Bush, el mismísimo presidente de Estados Unidos, había sentido en carne propia que sus hijas gemelas hicieran lo suyo, importándoles muy poco de quién eran hijas.

El sentir general del público era que "esas muchachas andaban sueltas y sin vacuna acabando en la universidad". Tomaban bebidas alcohólicas utilizando documentos que les aumentaban la edad, lo que es un delito, y las sorprendieron. Pero las cosas se pusieron peor cuando las gemelas Bush, en plena rebeldía adolescente, reincidieron. Una de ellas llegó ante un juez y recibió un castigo. El presidente y la primera dama guardaron silencio, dándonos una buena lección de cómo manejar solos y en familia un tema tan delicado que produce tanto chisme a nuestras espaldas.

Guardada la proporción, así me sucedía y así mismo me sentía. Cuando me enteraba de algún comentario mal intencionado sobre los problemas de mi hija, algo como: "¡Ay, la pobre! Imagínate, el novio casi matándola a golpes y ella sin salir de ahí. Yo no sé por qué la madre no hace nada", me enfurecía. Hubo alguien que entonces me recomendó: "Haz oídos sordos y mira a los Bus, cómo ignoran todo lo que hacen sus hijas, y así tú, ya verás que nadie se mete contigo o con tu hija". Sí, cómo no. Los Bush pudieron lidiar con una cortina de silencio alrededor de ellos porque son la única excepción a la regla, ya que les respalda un equipo de prensa que siempre evitará las preguntas desagradables. En la vida real, es decir, sin un puesto de gobernador o de presidente de Estados Unidos, lidiar con los comentarios que lesionan es diferente.

¿Cómo ignorar los comentarios en voz baja que cuestionan públicamente las cosas más privadas de una familia? ¿Cómo manejar la situación especialmente si no se es un hipócrita profesional como esos que, aun cuando los hijos "acaban con la finca y con los mangos", es decir, acaban con todo, pretenden que no pasa nada y generalmente sueltan increíbles sermones: "mi hijo o mi hija nunca harían tal o cual cosa"?

¿Qué hacer? ¿Cómo ir construyendo una coraza que proteja en el flanco vulnerable? Cuando Adriana, mi hija mayor, dejó tres universidades y finalmente decidió abandonar temporalmente los estudios, fue un gran golpe por varias razones. No sólo se trataba de mi preocupación de madre sobre su futuro, ni del dolor que me había causado con su decisión, sino el miedo a enfrentar las decenas de preguntas, inocentes unas, maliciosas otras: "¿Dónde estudia su hija? ¿Seguramente su hija mayor será periodista como usted, verdad?" ¿Qué se supone que les respondiera? ¿La verdad? Era muy dolorosa. Recuerdo que Antonieta, que en ese entonces era una niñita pequeña, inventó una historia que me dio la medida de cuánto nos dolía a todos lo que Adriana había decidido, y de cómo nos avergonzaba. Un día escuché a la niña decirle a una amiguita: "Ella está en Gainsville, en la Universidad; seguramente va a ser tan buena periodista como mi mamá". Entré al cuarto donde las niñas platicaban y Antonieta se dio cuenta de que la había escuchado; me hizo señas con los ojos rogándome que no descubriera la mentira. Después, cuando la amiguita se marchó, fui a hablar con ella y se me adelantó: "perdóname, mami, pero no puedo contar a la gente la verdad; que ella no quiere estudiar, por más que tú has insistido, y que trabaja en una tienda de ropa. Te prometo que mañana me confieso y comulgo para borrar este pecado. Lo hice porque unas me dicen nerd y las pocas que son mis amigas, y que siempre presumen de que sus hermanas están en la universidad aquí o allá, ni siquiera van a querer voltear a verme por lo que hace la mía".

No pude regañarla porque en el fondo lo que la niña estaba haciendo era protegerse de algo que le dolía y que le dolería mucho más si contaba la verdad y ésta se esparcía entre el grupo de niñas para las que estudiar es una obligación. Lo cierto es que yo tampoco encontraba consuelo y, para ser honesta, hasta el día de hoy, luego de diez años, sigo sin poder contar completa la verdad. Pero entonces, cuando en la calle encontraba padres de amigos de Adriana preguntándome a qué universidad había ido, yo también comencé a dar evasivas, aunque sin mentir. Me dolía tanto la situación para la que no encontraba remedio, que un día, en Texas, en medio de un reportaje, comencé a llorar aparentemente sin razón alguna. Jorge Álvarez, el camarógrafo cubano que me acompañaba en aquella ocasión, sabía por lo que yo estaba pasando y trataba de consolarme, sin resultado. Sin embargo, Jorge no imaginó que con su filosofía urbana me daría la clave con la que aprendí a luchar contra el monstruo de aquella adolescencia, y que años después me ayudaría con mi otra hija adolescente... "Tienes que darte cuenta de que todo lo que tenías que hacer por tu hija ya lo hiciste. Has sido una buena madre, pero ya no puedes hacer nada más. Ahora sólo te queda observar lo que ella quiere hacer con su vida y no entrar en un juego en el que no hay remedio si ella no lo pone."

Aquellas palabras me hicieron tocar fondo, al grado de darme la fuerza para, a partir de aquel momento, enfrentar con la verdad a los metiches y chismosos y darles un merecido, ponerlos en vergüenza y no proporcionarles ningún dato más.

No tardó en llegar la primera... Estábamos en una reunión de amigas en la que el tema era este libro; una de las ahí presentes, madre de unos niños a punto de entrar en la adolescencia y, por tanto, ignorante de la situación, me cuestionó: "Yo quiero que me expliques, ¿cómo es posible que una persona cambie tanto de la noche a la mañana? No lo entiendo. Eso tiene que ver quizás con que cuando te han necesitado, tú no estuviste ahí por estar trabajando".

En un principio no me di cuenta de la dirección que llevaba su comentario y me enfrasqué en una discusión de sobre si, efectivamente, yo tenía que estar fuera de casa por el trabajo, y cómo era y había sido para mantener a mi familia económicamente y que, si bien he estado ausente, eso era físico porque a distancia siempre fui madre obsesiva de llamar tres o cuatro veces al día para vigilar lo que ellas hacían y que cumplieran con sus obligaciones escolares.

"No, no. Yo creo que a los hijos se les vigila de cerca, hay que estar sobre ellos; ésa es la única forma de controlar que tal o cual cosa pase."

¡Válgame Dios! Ahí caí en cuenta del comentario. Era la expresión del "A mí no me puede pasar porque yo estoy sobre mi hijo como tú no estuviste con las tuyas". Entonces le dije al personaje en cuestión: "No entendido muy bien lo que quieres decir. Pero lo que me estás diciendo es que esto que nos ha sucedido y de lo que hablamos, no como un simple chisme, ya que no acostumbro poner la honra de mis hijas como tema de plática, sino como una experiencia que puede servir a los demás, lejos de preocuparte porque pueda sucederte con tus hijos, ¿únicamente te motiva a pensar en el culpable?"

La madre aquella siguió en lo suyo. "No, es que no creo que existan los motivos a tal extremo si uno los vigila de cerca."

Inútil fue intentar explicarle que hay momentos en que ellos están totalmente poseídos por el monstruo que habita en su cerebro en la adolescencia, y que nada que les digan o los fuercen a hacer los hace cambiar de pensamiento. Sólo me quedó desearle: "Ojalá que tú, que puedes estar más cerca de tus hijos y vigilarlos más de lo que yo lo hice con las mías, no vivas este infierno que no tiene que ver en nada ni con el ejemplo que han recibido, ni con el tiempo que has pasado junto a ellos".

Lo que la anécdota representa es la negación de que el problema puede llegar a todo el mundo y, por el contrario, hay quien, ingenua y arrogantemente asegura: "no, a mí eso no me puede pasar". Estos comentarios refuerzan la teoría de que una de las virtudes que más pronto se está agotando es la de la compasión hacia el sufrimiento de los demás. Entonces, sólo queda evitar ser víctima de quienes practican la doctrina de que "el hombre es el lobo del hombre".

Por otro lado, en los comentarios hirientes, la calidad de la tragedia es la que hace atractivo al chisme. La madre de una muchacha embarazada a los trece años de edad, me decía que no tuvo que luchar con los que hablaban mal a sus espaldas porque muchos los apoyaron. Lo cierto es que la situación de su hija no es punto de referencia con nada que no sea el mismo problema, por algo humanamente sencillo. En estos tiempos, una madre soltera no es sujeto de un buen chisme, en cambio, como decimos en el periodismo, siempre será más sexy hablar mal de quien es víctima de violencia y golpes habiendo sido antes una chica ejemplar.

Pero la experiencia me enseñó a saber quiénes se me acercaban con la verdadera intención de ayudar, o por lo menos ser solidarios, y quiénes no. Platicando del tema con la madre de otra muchacha con embarazo juvenil, me confesaba que la peor parte, fue tener que enfrentar la situación con la familia, que en muchas ocasiones no es la que más entiende lo sucedido.

Otro padre, viviendo una situación similar, me decía que dentro de su misma familia los comentarios hirientes se daban a espaldas, porque nadie había tenido hijos adolescentes y, por tanto, ignoraban cualquier situación. "Entonces, el sentimiento de culpa aumenta porque nosotros mismos nos castigamos pensando que somos los únicos que hemos criado hijos de conducta anormal." Pero resulta que aquellos que se horrorizaban con las aventuras de los nuestros porque sus hijos eran pequeños, con el tiempo terminan viviendo epopeyas terroríficas con sus hijos, que dejan a los nuestros en calidad de arcángeles del señor.

Por todo esto de adolescencia monstruosa, que, en la mayoría de los casos es pasajera y dura de uno a tres años, surge la interrogante: ¿qué hacer ante la vergüenza de lo que nos pasa? ¿Qué contestar, a quién informar lo que pasa y a quién no?

Recuerde que en este punto usted, como padre o madre, es el único que puede decidir con quién hablar, a quién contar las cosas. Es importante que analice una situación: como en cualquier otro problema de la vida, usted requerirá de aliados, no sólo para luchar con el problema, sino para tener el apoyo de alguien en quien confiar cuando las fuerzas faltan.

Decida quiénes pueden serlo y quiénes no. Quién puede enfrentar a los demás en el momento indicado. Generalmente no son muchos, pero en mi caso, unas cuantas amistades se han "partido el alma por mí" y han puesto a los metiches e impertinentes en su lugar.

Hacer oídos sordos es algo más que una frase. Hay que estar preparado para cualquier ataque verbal. Así lo hice con la madre de una compañera de Antonieta, quien en varias ocasiones se me había acercado fingiendo preocupación, para después enterarme de que se dedicaba a hablar mal a nuestras espaldas. Cuando en medio de un restaurante, muy oronda vino a saludarme con su hipócrita expresión: "¡Ay, amiga!, no sabes cómo me duele lo que estas pasando..." No la dejé continuar, la recibí con la más contundente de las frases: "Como sé que estás opinando por todas partes sobre lo que sucede en mi familia, quiero pedirte algo, cierra la boca que mi hija y yo no somos negocio que te incumba, así que no te metas con nosotras o me vas a encontrar de otra forma. ¿OK?"

De más está decir que mi sorpresiva reacción la hizo huir tan rápido como el diablo ante un obispo.

Pero la vida diaria no es broma y uno soporta todo tipo de agresiones, menos las que tienen que ver con los hijos que hemos parido. Finalmente, recuerde algo muy importante: usted puede librar a su hijo de muchas cosas pero no puede librarlo de él mismo. Así que comience a construir su coraza y a mande al diablo a los estúpidos. Así de sencillo.

RECOMENDACIONES

1.-Escoja y defina quiénes serán sus aliados defendiéndole de cualquier agresión.

2.-Identifique bien a quienes hablan a sus espaldas. Es importante porque probablemente éstos se encuentran entre quienes usted ha confiado los pormenores de la dolorosa situación.

3.-Al tener la seguridad de que un amigo suyo le ha traicionado haciendo comentarios a sus espaldas, no le tenga miedo y confróntelo dejándole en vergüenza. No importa el sitio, mientras más gente haya a su alrededor, mejor. Es una buena lección en contra de la deslealtad.

5.-Si tiene que comunicar al resto de la familia algún acontecimiento a raíz del comportamiento de su adolescente, escoja a un miembro que sea respetado por los demás, quien seguramente manejará mejor la situación, evitándole a usted todo tipo de detalles cuya explicación es dolorosa.

6.-Cuando alguien trate de juzgarle con base en su inexperiencia en el tema, simplemente deseéles lo mejor. Seguramente serán parte de la gran mayoría que años después vienen a uno con el consabido "Disculpa lo que un día te dije", porque les ha ido mucho peor a que a usted.

7.-Nunca olvide que no puede librar a un hijo de muchas cosas... menos de sí mismo.

Mano dura o *tough love*

Aunque en pocas ocasiones tuve duda de que la vieja teoría de la mano dura o tough love de nuestras madres y abuelas fue lo que funcionó en lo más grave de nuestro problema, meses después de terminada nuestra odisea, hasta septiembre de 2003 y en Manhattan, Nueva York, quedé totalmente convencida de haber hecho lo correcto. Doy lugar y fecha no como referencia, porque ex profeso fui a ver a un profesional en la materia en la mera "la capital del mundo" no, sino porque la certificación ocurrió en la forma más espontánea y cuando menos me lo imaginé. La urbana sicóloga se llama Manuela Gomera, una empresaria peruana radicada en Nueva York y madre de familia, a quien llegué a entrevistar como parte de una historia que hice para la edición especial del programa Aquí y Ahora, que conmemoró los dos años de la tragedia del 11 de septiembre de 2001.

Manuela es una sobreviviente de la vida por partida doble: como persona y como empresaria. Tiene un restaurante justo a cincuenta metros de lo que fueron las Torres Gemelas. Ahí, en Sophie´s Cuban Cuisine, vivió el horror de aquella tragedia de la que se salvó gracias a que Eduardo, su marido, quien atiende la sucursal número dos de Sophie´s Cuban Cuisine, a escasas cuadras de distancia sobre la calle Broadway, se percató a tiempo de lo que pasaba y salió corriendo por su mujer y los empleados que trabajaban con ella.

Manuela, tal como pensamos la productora Janet Casal-Miranda y yo, nada más abrir la boca y dar la entrevista, se convirtió en uno de los personajes centrales de aquel reportaje de aniversario porque, a diferencia de muchos otros en su caso, que salvaron la vida y perdieron todo aquel día, dos meses después y mientras nadie invertía un solo centavo en el Bajo Manhattan, sacó fuerzas de flaqueza y junto al marido y las hijas e hijo abrió una tercera Sucursal en la calle Chambers.

"Lloré amargamente y estuve desolada no sólo porque en el negocio perdimos todo y no se sabía cuándo iríamos a poder abrir, quizá tendrían que pasar años porque la calle Greenwich, donde tenemos el negocio, era salida de todo el escombro en las labores de limpieza. ¿Quién podía resistir estar cerrados, pagar rentas y empleados indefinidamente para no desemplearlos? Entonces pensé: 'Puedo abrir del otro lado de lo que fue el World Trade Center, como quien dice, al cruzar toda la zona destruida'. Así lo hice, y aquí estamos con el tercer Sophie´s Cuban Cuisine."

Mientras la observaba hablando, rodeada de unas hijas adolescentes —que a primera vista son diferentes de muchas otras a su misma edad—, Manuela Gomera se mostraba con la fuerza inimaginable en una mujer de menuda estatura que destila optimismo. Intrigada, le pregunté si algo en este mundo podía derribarla y sé que estuvo a punto de decirme que no, pero fue sincera. "Sí. Hay algo: los problemas de mis hijos adolescentes." ¿Me está diciendo que anímicamente los problemas que tuvo con sus hijos en la adolescencia han sido más grandes que enfrentar todo esto de las Torres Gemelas? Sí, me respondió.

Mi vista se fijó en las muchachas. Imaginé que Manuela exageraba. Sofía, Milagros, Patricia y Julio no visten cuatro tallas mayores a las que necesitan y no llevan tatuajes como es la moda, sino que estudian y trabajan con ella en los negocios.

"Todos han sido buenos, aunque en la etapa de la adolescencia me hicieron ver la mía, pero nunca, nunca desfallecí. El varón se me salía con los amigos por las noches, pero mis hijas y yo salíamos detrás de él a buscarlo, sin importar la hora ni a dónde fuera; sin importar lo que él o los amigos pensaran. Decidí usar mano dura, aquí le llaman tough love, y no dar tregua a nada que pudiera crecer y quitarlo del camino para que llegaran a triunfar en la vida. Y funcionó."

MANO DURA, LA MEJOR LECCIÓN

Junto a Manuela, Sofía —de quien los restaurantes tomaran el nombre— cuenta su experiencia:

"Cuando tenía como quince años me iba con mis amigas, que me aconsejaban faltar a clases, hasta que me salí de la escuela, pero mi mamá siempre estuvo arriba de mí. Lejos de dejarme hacer lo que yo quería, que era andar en la calle, me puso a trabajar con ella seis meses sin sueldo. Sin un solo centavo de más. Cuando yo le pedía algo para gastar o pasear, me decía que no, que con lo que yo ganaba apenas si podría cubrir la renta de una casa y la comida, y que si no estudiaba, ésa sería la forma como tendría que vivir porque en la vida nadie puede tener mejores oportunidades sin ir a la escuela. Ésa fue la gran lección. Decidí que ésa no era la forma de vida que yo quería."

Manuela me explica más: "La rebeldía de ella era tal que, como muchos muchachos de su edad, presionada por las amigas que nada más andaban siempre en la calle, se defendía diciéndome cosas como que le daba dinero pero no atención, y cuando yo la regañaba por no hacer tareas o faltar a la escuela, me amenazaba con acusarme con los consejeros escolares de que estaba abusando de ella. Simplemente le respondía que así le dijera a la policía, yo no tenía miedo de nada porque mi amor de madre no iba a permitir que nada le hiciera daño."

Desde entonces, cuando su madre peleó contra viento y marea, Sofía le da la razón.

"Todas las amigas que me buscaban para andar en la calle se quedaron sin hacer nada, sin estudiar, algunas salieron embarazadas, mientras yo volví a estudiar, y en un año y medio hice lo de años anteriores y terminé mi "high school". Al principio, los consejeros de la escuela hacían apuestas entre ellos de que yo no podría y que al final acabaría en nada, como las demás, pero les demostré que soy más fuerte de lo que ellos pensaron."

"Mano dura o tough love es quererlos mucho y repetírselos constantemente –dice Manuela–, que no les quede duda, aun cuando crean que lo que uno hace es en su contra. A mis hijas siempre les hablé claro: ustedes tienen todo mi apoyo siempre y cuando estudien y no salgan embarazadas, para mí el embarazo no es una opción. Yo les dije que si eso querían, allá ellas, que entonces tendrían que luchar dos o tres veces más porque no iban a andar dejando hijos regados. Que si querían hijos, entonces se dedicaran a ellos, pero como algo pensado, nada de que llegan a decirme que cometieron un error. A Dios gracias me hicieron caso. Fui dura, pero ellos siempre supieron que los quiero mucho."

Mano dura o tough love a tiempo pone el remedio a todo y yo soy prueba de eso.

Sin el menor dejo de arrepentimiento, Sofía misma asegura que lo único que la hizo recapacitar y volver a la escuela fue la forma de actuar de su madre, a quien adora.

Manuela Gomera añade el colofón: "Muchas personas me dicen: ¡Ay, qué suerte tiene usted con sus hijos! Yo les digo ¿Suerte? ¡No!, no es suerte. Es el trabajo de cómo una madre o un padre en los tiempos complicados sabe que salvar a un hijo es como una guerra en la que todos los días hay que salir a pelear contra el enemigo. Una lucha bien dura que no conoce de horario, ni del día ni de la noche, y, sobre todo en la que no hay descanso. Después de eso, sólo la voluntad de Dios."

Probablemente Manuela no entendió mi interés en el tema, pero cuando le expliqué el motivo de este libro, sin dudarlo compartió la experiencia de su vida que vino a reforzar la mía. Cuando hace muchos años escuchaba la expresión: "el pan ajeno hace al hijo bueno", es decir, lo que cuesta más como castigo al desafiar las reglas, no imaginaba que con los años ésa sería la médula de la teoría americana del tough love, tan de moda en la sicología moderna. En mi caso, confieso que ponerla me tomó tiempo decidirme a ponerla en práctica, especialmente porque requiere de quitar verdaderamente, de golpe y raíz, toda ayuda económica para dejarles conseguir por ellos mismos lo que necesitan para vivir y que entre la reflexión en su cerebro. Esto no fue fácil, por el contrario, fue doblemente doloroso porque siempre traté de evitarles los apuros económicos que yo pasé en mi juventud y me dolía como nada forzarlas a que regresaran al carril del que se desviaron.

Sé que ahí radicó la clave para que mi hija Antonieta encontrara su camino. Especialmente ella, una niña que creció con todo porque lo merecía –no porque a mí me sobrara o porque ella lo exigiera–, de pronto se vio en la necesidad de trabajar para sobrevivir apenas con lo mínimo. Contra viento y marea me sostuve firme a pesar de que sabía cuánto le costaba ganar el dinero y de que éste no le alcanzaba para nada: "Jamás, nunca imaginé –dice Antonieta– que tendría que entrar en un restaurante, ver el menú y ver los precios de lo que comería para finalmente escoger lo más barato, cuando antes hubiera pedido lo que se me antojara y ver los precios en el menú ni siquiera era parte de mi vida".

Poco a poco su testimonio sigue apoyando la teoría de la "mano dura".

"Otro de los golpes lo recibí el día en que, ya estando en Ohio, a donde mi madre me había mandado, en el peor momento de la rebeldía, la llamé pidiéndole el dinero para pagar el primer semestre del College que comenzaba en dos días, pero su respuesta fue terminante: '¿Sigues con ese muchacho?' Sí, le respondí. 'Ok. Creo que hablé claramente contigo. Si te ibas y seguías con él a distancia, era lo mismo que quedarte aquí, en donde por lo menos tenías tres becas con cien por ciento de pago. Así que, como te advertí, si sigues desafiando las reglas y arriesgando tu vida de esa forma, pues no te pago un solo centavo de universidad y si quieres estudiar será cosa de que trabajes para pagar tus cosas, incluida la escuela'. Aterrada por la firmeza de mi mamá, me di cuenta de que no era una simple amenaza y que lo cumpliría. Y lo cumplió."

Cuando Antonieta poco a poco volvió al carril, y posteriormente cuando escribió el último capítulo de este libro, me enteré de cómo actúa el tough love en medio de la peor etapa de rebeldía.

"Fue la única forma de que me diera cuenta de que yo era la que estaba mal por mi culpa. Trabajaba hasta por las madrugadas doblando ropa en los almacenes para tener dinero y pagar mis necesidades y, ahora, si quería estudiar, tendría que conseguir préstamos. Mi auto último modelo que mis padres me regalaron a los dieciséis años, me fue quitado y dio paso a uno de quinientos dólares, en el que ni en sueños me hubiera subido en otra época. En fin, mi vida era una miseria mientras, ¿qué sucedía con el ex novio? Nada. Él, de lo mejor, en su casa, con su familia que no veía mal que fuera un bravucón y abusador de mujeres. Además, no contento con ver lo que había producido en mi vida, seguía envolviéndome en aquel mundo de espanto, y envenenándome a la distancia contra mi familia, hasta que un día, entre el cansancio de tanto que trabajaba, con lo que tenía que estudiar en medio de incomodidades, y con un clima de menos de treinta grados con grandes nevadas, me di cuenta de que la única persona que había perdido era yo, porque él, que decía quererme con locura, seguía en su mundo, con auto, en su casa, en una escuela que no tenía que pagar, y ahí toqué fondo."

Hay que sobreponerse a que no es la vida que uno planea para ellos, a que ellos son diferentes; a la frustración de que las cosas no salgan como las hemos planeado.

Porque hay algo cierto: las cosas van a suceder como tengan que suceder, sin importar lo que hagamos como padres para evitarlo; también es cierto que neutralizar el daño que puedan causar sus acciones depende únicamente de nuestra lucha. Y, generalmente, de una lucha sin cuartel.

No olvide la máxima popular: "el pan ajeno hace al hijo bueno", porque un ajeno a la familia es el que viene a darlo a cambio de trabajo y sufrimiento. Y hasta el día de hoy, lo que he escuchado derivado de la frase sólo son historias en las que ha funcionado. Como todo en la vida, el sentido común da la pauta, porque estamos hablando de seres humanos individuales, y, por tanto, de circunstancias que dan un margen de error. De acuerdo con el sicólogo puertorriqueño Carlos Amador, los padres debemos estar conscientes de que en última instancia nosotros ponemos el medio, pero la decisión de radica únicamente en ellos. De cualquier forma, recuerde la forma en que le criaron a usted, y, después de ese examen de conciencia, verá que nuestras madres y nuestras abuelas, que tan duro nos corrigieron, al final tuvieron razón. ¿O no?

RECOMENDACIONES

1.-Mano dura o thoug love significa cortar toda ayuda económica, sin excepción.

2.-No ceda ante los chantajes. La peor parte vendrá cuando su hijo o hija recurran a usted o le hagan saber lo difícil que es vivir sin su ayuda económica. No preste oídos. Resista al dolor de saberlos sufriendo. Analice que ésta es la decisión que ellos tomaron y que la única forma de salvarlos está en usted.

El problema también viste faldas

¿Y qué con las muchachas? Ésa es la pregunta que se hacen muchos padres que han vivido esas historias causadas por ellas. Probablemente muchos piensan que tengo una venda en los ojos porque creo que este problema es exclusivamente masculino. Les aseguro que no es así.

Estoy totalmente convencida de que, por estos días, la crianza de las hijas mujeres es más difícil que la de los varones. No son los tiempos en que tener una niña era sinónimo de docilidad y sumisión. Esa panacea se acabó.

En este siglo, los golpes, insultos, groserías y maltratos no son sello de ningún género en particular.

Una tarde de sábado en la que los distinguidísimos miembros del Noticiero Univisión Fin de Semana discutíamos los temas de este libro, la plática era tan buena que nuestros vecinos en la redacción, mis compañeros de Primer Impacto Fin de Semana, inevitablemente nos escucharon. Carlitos Calderón, el reportero de espectáculos de ese programa, siempre alegre y con la sonrisa a flor de labios, se acercó muy serio a mi escritorio. Imaginando que me haría otra de sus habituales bromas, lo recibí risueña, pero grande fue mi sorpresa al darme cuenta de que espontáneamente me estaba abriendo su corazón.

"Sé lo que has pasado con tu hija pero yo tengo la otra versión del problema. Yo fui víctima de violencia física de una novia que tuve hace tiempo."

¿Me estás diciendo que alguien que tiene faldas y que es mujer te golpeó? Pregunté entre incrédula y sorprendida.

"Exactamente, así como lo oyes. ¿Acaso tú también crees que el problema es únicamente de hombres?"

Le sucedió –me dijo– hace muchísimos años, en México, su país natal. "Fue traumático. No supe cómo reaccionar. Con un puñetazo no sólo me dio un golpe, sino que también derrumbó la creencia de que alguien a quien por tradición no debemos tocar ni con el pétalo de una rosa, había violado mi espacio físico. Me quedé frío y asustado. Sucedió por lo que todas estas cosas, valga la redundancia, suceden: por celos y nada más." Carlos Calderón había puesto el dedo en la llaga. Aunque en menor cuantía, ciertamente hay muchachas que son grandes abusadoras de hombres, en el amplio sentido de la palabra.

"Lo peor de esa experiencia es que inmediatamente entré en el círculo de la violencia doméstica. Sin darme cuenta, en realidad el noviazgo había empezado con violencia verbal. Acostumbrado al carácter dulce y apacible de las otras muchachas mexicanas, de pronto me enfrenté a lo inesperado con una de ellas. En medio de mi confusión comencé culparme, pensaba que quizá me lo merecía por haberle faltado el respeto e incluso me recriminaba que, probablemente, la hubiera decepcionado como hombre. No caía en cuenta de que la agresión había ido más allá de mi rostro, trascendiendo a mi cerebro. Aunque yo era mucho más joven, no era inconsciente y la peor parte de la historia estaba por venir. Ella me culpó de haberla provocado y me exigía que le pidiera perdón."

No hay nacionalidad que valga

En un momento de la plática le dije a mi amigo lo que pensaba del abusador. Tratándose de uno de ellos, no importa ni el sexo ni la nacionalidad. Es cierto que hay países con fuerte tradición de costumbre familiar, como México o Cuba, donde al abusador le resulta más difícil lograr su cometido con una víctima. Pero eso no garantiza nada. Los golpes y el abuso son otro cantar. En mi caso, el ex novio de mi hija no era mexicano ni cubano y, aunque de padres hispanos de un país con costumbres conservadoras similares a las del mío, el problema es que el chico es producto de una familia en la que no se respeta a la mujer y se habla con el lenguaje de los golpes. En conclusión, el abusador no tiene color de bandera sino más bien una enorme falta de moral.

De cualquier manera, los cuestionamientos de mi compañero reportero, tan hábil para realizar entrevistas originales, simpáticas, pero exactamente como yo su momento, incapaz de prevenir la tormenta emocional, me llevaron a la pregunta hecha una y mil veces. ¿Cómo comienza una relación de violencia doméstica cuando la mujer es la abusadora? La respuesta es: de la misma manera como comienza el abuso del hombre.

"Lo peor es que ese abuso te anula la personalidad: hay un cambio de poder en la relación. Es un poder que desconocía porque simplemente pienso que cuando dos personas se quieren, no debe haber dominio de uno sobre el otro. Sin embargo, cuando la violencia marca a una pareja, y cuando, como en mi caso, era ella, la huella es más profunda. Después del golpe, los papeles cambiaron y, con el cambio de poder, yo ya no era el hombre. No hablo del poder del macho, sino de sentirte impotente al enfrentarte con tu pareja. Si normalmente no concibo que un hombre le pegue a una mujer, mucho menos entendía cómo una muchacha dulce y cariñosa pudo haberme agredido físicamente. Por cierto, el golpe me dejó la mandíbula muy adolorida porque me dio fuerte."

TODO COMIENZA IGUAL

Mientras Carlitos me narraba su experiencia como testimonio sin maquillaje, sin aumentar o quitar detalles, azorada comprobé que los síntomas de la violencia física en una relación amorosa son exactamente iguales en hombres y mujeres.

"Han pasado varios años, y yo sé que las cosas siempre tienen que verse a futuro, porque, cuando pasa un tiempo, la violencia cambia y entra al terreno psicológico. Eso lo sé porque leí que, entonces, el agresor amenaza con suicidarse, matar, herirse, etc. En mi caso, las cosas no llegaron a tanto, pero cuanto más pasivo me mostraba para intentar apaciguar la crisis, las cosas iban peor. Lo que pasa es que me considero medio budista y, según las enseñanzas del Dalai Lama, uno debe dar cosas buenas a nuestros agresores hasta que ya llega un momento en que no tienes nada más qué dar porque simplemente se te acaba. Yo di todo lo que pude y un buen día no tenía nada más, porque se me agotó. Entonces dije adiós y siguieron los problemas. Seguramente el Dalai Lama nunca fue atacado por una mujer, porque quizá hubiera cambiado la teoría de dar y dar más al agresor."

Ahí, Carlos volvió a ser el mismo muchacho bromista de siempre, riendo de sí mismo, cualidad indudable de los inteligentes.

"¿Que si quedé curado? No lo sé. Creo que en vez de curado quedé espantado. Ahora identifico muchas situaciones que pueden llevar a la primera etapa del abuso verbal. Por ejemplo, nadie reflexiona en el poder del teléfono en una relación. Cuando las cosas empiezan a ponerse mal, nadie se da cuenta del enorme poder que encierra un aparato de esos. ¿Por qué? Bueno, porque el teléfono te pone en contacto con la situación. Te llaman, llamas y pasas horas intentando explicar lo inexplicable. Caes en el juego del abusador o abusadora que te martiriza con sus argumentos. En la mayoría de la situaciones terminan convenciéndote de que el equivocado eres tú y de que tú provocaste la agresión. La realidad es que para salir de ese problema, la víctima debe entender que no basta con dejar a la pareja, que es necesario entender el valor de colgar el teléfono cuando las cosas se tornan violentas y abusivas y empezar a desconectarse del problema. En síntesis, luchar para arrancar lo malo de raíz."

El ejemplo del reportero Calderón es de una hombría extraordinaria porque son pocos los varones que aceptan la situación que viven y van en busca del origen. Susana Mickle, mi compañera redactora durante muchos años en el Noticiero Univisión de Fin de Semana, añade: "Me parece que la confesión de Carlitos demuestra que no arrastra ese machismo que caracteriza a sus compatriotas mexicanos. Realmente hay que tenerlos 'bien puestos' para hacer una confesión de esta naturaleza, corriendo el riesgo de convertirte en blanco de las burlas. Esta confesión confirma la simpatía y autenticidad que muestra cuando entra a la redacción, siempre con una sonrisa, irradiando positivismo y buena energía. Me imagino que a esta hora, Carlitos debe estar agradeciendo haberse quitado de encima tremendo paquete. Y me imagino que tu paisanita se debe estar dando de cabezazos por haber dejado escapar tamaña alhaja. Ojalá otros hombres pudieran mirarse en su espejo".

Estoy de acuerdo con Susana Mickle. Porque fui la primera sorprendida por la hidalguía de mi amigo para compartir esta experiencia que ahora traduce en ayudar tanto como puede para impedir que, en nombre del amor, pisoteen la dignidad de cualquier ser humano enamorado.

"Eso no me hace más ni menos hombre. Simplemente sé que contando estas cosas puedo ayudar. Muchas veces el problema es callar y con el silencio los demás sufren. Ahora, cuando veo al pasado, me doy cuenta de que hice lo correcto. Terminamos aquel noviazgo, ella asumió su problema, incluso lo corrigió. Hoy está felizmente casada y nunca más repitió aquel patrón de conducta. Yo, por mi parte, me enriquecí con una experiencia."

Durante todo el tiempo en que realicé mis investigaciones para este capítulo, invariablemente Carlos venía a contarme otra teoría sobre el abuso en general, dándome nuevos artículos que hallaba en la internet sobre el tema. Así, encontré que cuando una relación se convierte en violenta, el origen se llama ADICCIÓN, no al sexo, sino al ROMANCE. Quizá como usted, mi idea de lo que significaba una adicción giraba alrededor del sexo, la droga, el alcohol o a comprar cosas. En realidad estaba en otro planeta, porque ahora sé que también se es adicto al romance, a sentirse enamorado. Y las mujeres somos las víctimas más frecuentes de la adicción, o por lo menos somos las más sinceras al aceptarlo.

¿ADICTOS AL ROMANCE?

Tal como lo lee. ¿Cuántas veces ha escuchado que Fulana no sabe estar sola y debe tener siempre un romance en puerta? Lo más probable es que Fulanita sea víctima de la forma más aceptada e inadvertida de las adicciones, que funciona basándose en la ilusión del amor romántico, es decir, en sentirse enamorada como si fuera heroína de telenovela o de película, mientras la situación es totalmente irreal. La mayoría tiene un sentido equivocado de la adicción al romance porque cree que es inofensiva, y es todo lo contrario. La realidad es que puede ser mortal. Hay gente que se suicida porque el amor de su vida les dejó o porque se fue con otra persona o porque no les ama nunca más. Ahora se sabe que éstos, o quienes llegan a cometer algún crimen pasional, son en esencia adictos al amor romántico que creen que les pertenece únicamente a ellos.

¿CÓMO RECIBIR AYUDA?

Hay infinidad de libros sobre el tema y cada una de sus variantes. También hay numerosos sitios y métodos, dependiendo de las posibilidades económicas. Por supuesto que lo ideal es la ayuda de un profesional, y si un sicólogo no está a su alcance, entonces su opción son los grupos de autoayuda; pero lo primero, como en todos los casos de adictos en vías de recuperación, es reconocer la existencia del problema. Ése es el primer paso real hacia una cura. Después, entender que una relación basada en la adicción al amor romántico no puede sobrevivir y que sólo existe por un corto tiempo. Recuperarse requiere de una entrega total y de la fuerza de voluntad y el propósito de hacer cualquier cosa para sanar.

En todo Estados Unidos, Sex and Love Addicts Anonymous (SLAA) es una organización que funciona basándose en la ayuda de terapia colectiva —como Alcohólicos Anónimos—, con doce pasos que día a día un adicto debe repetir y seguir para detener la conducta viciada que comprende también consecuencias de ataduras románticas, dependencia emocional y hasta social. En su ciudad, busque el grupo de Alcohólicos Anónimos más cercano y ellos podrán darle información sobre este tipo de ayuda; o puede hacerlo por internet en innumerables páginas a partir de www.slaafws.org. Ésta es, sin lugar a dudas, la forma más adecuada para la recuperación.

TRATANDO DE SER JUSTA

Por todo esto de las adicciones, personalmente, cuando en el caso de mi hija salimos del problema, gradualmente en mi cerebro comenzaron otros cuestionamientos. ¿Y si ella no se ha curado y finalmente el problema de Miami terminó, pero puede volver a surgir porque se hizo adicta a una relación romántica? ¿Qué pasaría en este caso?

Bendito sea Dios que con el paso de los días y la terapia de la doctora Rebeca Fernández fuimos viendo las señales positivas. En primer lugar, no se relacionó de inmediato con otro muchacho, como le forzábamos a hacer. Respondía que no lo necesitaba. Meses después conoció a un joven con sus mismos intereses: el deporte. En ocasiones, en sábado o domingo, cuando Antonieta, como miembro del equipo oficial de la escuela tiene que viajar para jugar en otra ciudad, el novio la apoya al cien por cien: "Lo mejor de esta relación es que ninguno de los dos tiene que estar junto al otro todo el tiempo, ni llamándonos, ni vigilándonos, ni rindiéndonos cuentas ni celándonos. Ambos tenemos nuestros amigos por separado y también amigos en común. El amor sano debe ser así. Con alguien que sea libre de funcionar en el resto de su vida sin necesidad de depender de una relación amorosa. No tengas miedo mamá, que así soy ya para siempre."

Ésta fue otra de las grandes pruebas de que habíamos salido del problema. Con todo lo que aquí he narrado, la experiencia de otros enseña que no hay que cerrar los ojos al problema que también viste faldas y no escocesas, sino con féminas de carne y hueso.

RECOMENDACIONES

1.- Tenga siempre presente que abuso y abusadores no es exclusivo de hombres.

2.-Si sospecha que su hija es la abusadora en una relación, tome cartas en el asunto. Hable con ella y dígale lo que ha descubierto. Explíquele las consecuencias que puede tener ese comportamiento violento, incluso legales. La ley castiga los golpes sin distinción de sexo.

3.-Intente hablar con los familiares del novio o novia. Infórmeles que usted está dispuesto a cooperar para arreglar o terminar esa situación.

4.-Recuérdele a su hijo o hija víctima no entrar en el juego del teléfono. De acuerdo con Carlos Calderón, si en verdad quiere remediar algo y terminar esa relación, lo primero que debe hacer es aprender a colgar el teléfono y no permitir que el poder de un aparato telefónico le mantenga dentro de una relación viciada.

5.-El abuso verbal es la primera etapa de la violencia y siempre degenera en agresión física. Si las cosas comienzan con chantajes verbales, es casi seguro que terminaran en golpes.

6.-Se es adicto no sólo al sexo, droga, alcohol o compras compulsivas. También al amor romántico como personaje de telenovela.

7.-Busque ayuda. La hay por todas partes, en librerías, consultorios médicos y en grupos de terapia colectiva que son gratuitos.

8.-Pero antes que todo, tenga en cuenta que, para que cualquier tratamiento surta efecto, es necesaria la sinceridad para aceptar que se es víctima de una adicción. Sin esto y sin la firme voluntad de hacer lo indicado para recuperarse, nada funciona. Nada.

El monstruo despierta a cualquier edad

Ahora viene la pregunta del millón –y la que me hacen más a menudo, como si yo fuera sicóloga–: ¿a qué edad despierta el monstruo de la adolescencia y a los cuántos años se va del cerebro de nuestros hijos?

Invariablemente respondo lo mismo. Si yo lo supiera o por lo menos lo pudiera adivinar, de inmediato me hacía rica cobrando un dólar por persona a los miles de padres que a diario sufren con la conducta rebelde de sus "retoños" y quisieran saber cuándo comienza la etapa más crucial en la vida de sus hijos y cuánto tendrán que resistir antes de ir al panteón, víctimas de un susto o de la ver-güenza. Los expertos coinciden en que tradicionalmente la adolescencia iniciaba a los dieciséis y terminaba a los diecinueve años, pero que las cifras han ido cam-biando, y abarcan cada vez más tiempo. Puede comenzar tan temprano como los trece años, y durar hasta tan tarde como después de los veinte.

¿Y qué pasa si el monstruo que tienen en la cabeza despierta a los trece años cuando son todavía unos niños? Ah. Pues entonces no hay nada más que luchar y buscar cómo enfrentar el problemón que se nos viene encima y que requerirá de dosis insospechadas de paciencia y cariño. Un ejemplo de eso es Annie Elías, una mujer valiente y trabajadora que no sólo no se venció ante la adolescencia de su hijo mayor, sino que luchó por sacarlo adelante, tarea que ha logrado.

A los trece años su hijo, que desde niño fue más adelantado para su edad que los niños a su alrededor, comenzó con problemas escolares. Luego de ver a toda una sucesión de consejeros y sicólogos recomendados por las escuelas, de hablar duran-te horas interminables con los maestros, y de no encontrar solución al problema, Annie dio con el origen de éste. Su hijo era extraordinariamente inteligente y se abu-rría en las clases mientras los compañeros de aula repetían y repetían lo que para él había sido instantáneamente aprendido. Entonces, con el ocio y el aburrimiento, al niño se le ocurrían travesuras que rompían con lo establecido por la disciplina esco-lar. Por lo mismo, disminuyó el rendimiento en los estudios y al niño lo vistieron con la etiqueta de "problemático". Con los días, los meses y los años, aunado a la solución que dieron los maestros estigmatizándolo, se convirtió realmente en un alumno con problemas que diariamente iban de mal en peor.

UNA SOLUCIÓN CUESTIONABLE

"Lo mandaron a una escuela especial donde, desde el principio, los tratan muy mal. En esos lugares el primer día o a más tardar el segundo, los compañeros le caen a golpes al recién llegado. El mal ejemplo comienza desde el mismo autobús escolar donde estos muchachos lo que asían y me imagino que hacen, es simplemente seguir en la carrera para convertirse en delincuentes. Ahí en el camión tomaban y fumaban, algo ajeno a mi hijo, que era rebelde y desobediente pero nada de cosas así. Cuando llegó, le dieron la 'bienvenida' cayéndole a golpes. Él respondió y lo llevaron a la oficina de la directora de la escuela. Me llamaron, y cuando llegué, lo vi golpeado... bueno, entré a ver qué sucedía y la explicación de la directora me dejó fría porque decía que el problema había sido de mi hijo, porque él tenía que haber sabido cómo actuar en la sociedad. ¡Yo no entendía nada! Resulta que, de acuerdo con la escuela, mi hijo, que había sido agredido, ¡no debió reaccionar de esa manera! Estaban en clase, un muchacho lo insultó y mi hijo respondió. Todos le dieron golpes y, para colmo, es el culpable. ¿Cómo es posible que eso ocurra en una escuela para reformar a muchachos con problemas de conducta? Lo que hacen con esa actitud es que ellos aprendan a reaccionar como nunca antes. Sobra decir que las cosas se complicaron tanto, que mi hijo en lugar de mejorar, empeoró. No quería ir a la escuela y yo, temerosa de lo que eso significaba, tuve que obligarlo llevándolo a la corte para que un juez se encargara de hacerlo entrar en razón."

Pero éste fue un asunto difícil por partida doble. Aunque en muchos países latinoamericanos si los padres no toman cartas en el asunto de la ausencia escolar de sus hijos son castigados, esto no sucede con el rigor de lo que sucede en Estados Unidos. Aquí eso es considerado un delito mayor y los padres son acusados de abuso a un menor, lo resulta en condenas de cárcel y hasta la pérdida de la patria potestad de los muchachos.

"Como el problema de mi hijo es que desde muy pequeño rehusaba ir a la escuela e inventaba cualquier cosa para salirse, entonces iba acumulando faltas hasta que no podía continuar como alumno regular del distrito escolar y le tocaba ir escuelas especializadas en estas conductas. En Miami hay una muy buena, la Miami Dade Marine Institute, donde les enseñan las responsabilidades de forma diferente, con recompensas que se van ganando. Por ejemplo, tienen que ayudar en el aseo de la escuela, pero después de cumplir, van en un bote al mar con un maestro. De esa forma, poco a poco los introducen en otro mundo diferente al de los castigos en el que los profesores anteriores los habían sumergido sin esperanza.. Durante la escuela elemental, este tipo de enseñanza funcionó en el caso de mi hijo."

"Como todo, hay que volver al mundo real de muchas escuelas públicas y eso es terrible cuando el muchacho tiene problemas para estudiar y finalmente se gradúa y llega a la High School. Ahí las cosas son más abiertas y prácticamente pueden hacer lo que quieran, como salir del plantel sin que los guardias de seguridad los detecten fácilmente. Ahora que cuando los sorprenden en algo así como esquivar las clases —en spanglish le llaman "skippear"–, entonces sí que hay problemas para todos, comenzando por los padres. Yo, por ejemplo, cuando me avisaban de que mi hijo no había ido a clases, ¡imagínate!, salía corriendo desesperada y con miedo de que me acusaran de negligencia. ¿Qué podía hacer si ya hacía lo que podía y hasta lo que no podía? Trabajaba por la mañana, pero me levantaba tempranísimo para llevarlo a la escuela. Yo misma lo dejaba en la puerta y lo veía entrar. Lo que no imaginaba al principio era que entraba a una clase y después se escapaba de la escuela para irse a la casa... ¡a dormir!"

Pero Annie no protegió ninguna de estas situaciones. Al contrario, en más de diez años que tengo de conocerla, perdí la cuenta de las veces que la vi desesperada por la conducta de quien cronológicamente era un niño, con la mente de un adolescente de dieciocho años.

"Por esa razón, por la edad de mi hijo, que entonces tendría trece años, las cosas eran más complicadas. Cuando muchos jóvenes entran en la adolescencia y se ponen imposibles, y esto sucede a los quince o dieciséis años, los padres ruegan a Dios por el momento en que decidan independizarse e irse del hogar. ¡Pero en mi caso eso era algo inimaginable! Mi hijo, legal y cronológicamente, era un niño y la ley me castigaría severamente por cualquier cosa que le sucediera en la que estuviera de manifiesto que yo le había desatendido como madre."

Annie es una madre como pocas. En una ocasión, el muchacho, acompañado de otros, cometió alguna falta menor y la policía los detuvo a todos, ella, a diferencia de otras madres que inventaron excusas para salvar a sus hijos, y aun sabiendo que el suyo era el que menos había hecho —y lo sé porque en ese tiempo la traté mucho–, aceptó con el alma rota de dolor que se llevaran al muchacho a una cárcel para que él entendiera que no podía seguir actuando así.

"¿Y qué sucede? Que entonces los ponen junto a delincuentes comunes, y eso es terrible porque el peligro es que aprenden las cosas de los otros. Era una situación muy comprometida, porque yo, que decido aceptar lo que el sistema ordena, en un momento dado me enfrenté a que ese mismo sistema no nos ayuda en nada a los padres."

En más de una ocasión, luego de algún problema provocado por el muchacho, recuerdo que Annie fue a hablar con los jueces a la corte.

"Y les rogaba... ¿por qué no lo admiten en una escuela correccional de las llamadas boot camp, que con un régimen militarizado reforma la conducta de jóvenes rebeldes? La respuesta que obtuve fue frustrantemente la misma: '¡No! ¡Porque él aún no ha cometido un delito grave!' Eso me enfurecía y en más de una ocasión respondí: '¿Lo que ustedes quieren es que el muchacho mate o lesione a alguien, para que me hagan caso y lo metan en prisión? Ah, y entonces ¡me van a echar la culpa como madre, sin tomar en cuenta las veces que he venido aquí a rogarles ayuda!' Difícil de entender y desesperante, pero así es el sistema judicial."

¿Qué hizo mi amiga? Bueno, pues se llenó de un valor fuera de este mundo y del gran amor de madre en su hijo mayor y se convirtió en policía doméstica; vigiló cada movimiento del muchacho y llegó a los mayores sacrificios en la etapa en la que no tenía más recurso que rezar y pedir al cielo que el tiempo pasara rápidamente. En esta etapa, muchísimos padres abandonan el problema dejándolo todo a la suerte. Entre los grandes sacrificios de Annie estuvo el mudarse a otra ciudad para alejar al muchacho de las amistades que le metían en problemas. Tomó la decisión y se fue con sus tres hijos de Miami hacia Orlando.

"Pensaba que ésa sería la solución para él y para mis otros hijos varones —en ese entonces, unos niños de escasos cuatro y cinco años de edad—. Partimos todos a la nueva vida, y creí que por ser una ciudad menor a Miami todo sería distinto, hasta que mi propio hijo mayor me desengañó. Yo sé perfectamente sus defectos, pero también conozco sus virtudes. Hasta en los peores momentos siempre me ha respetado y ha hablado conmigo, aun cuando no quiere y lo obligo a hacerlo, y por eso sé que hay algo muy valioso en él: no miente. Es un muchacho que dice la verdad sin importar que le vaya a provocar problemas. Entonces, un buen día llega y me dice: '¿Sabes cómo le llaman a la avenida principal de esta zona donde vivimos? Heroin Boulevard ¡por la cantidad de esa droga que venden!' Decidí que tendríamos que dejar aquel vecindario y, más tarde, aquella ciudad. Al fin del año escolar todos regresamos nuevamente a Miami, donde tengo a toda mi familia, y bueno, conozco el ambiente."

En realidad no sé cómo halló fuerza para luchar contra una adolescencia que a tan temprana edad despertó en el cerebro de su hijo mayor. Lo cierto es que he admirado en Annie su extraordinaria capacidad para entender la rebeldía y no actuar –como la mayoría de nosotros, incluida yo– en medio de la desesperación y angustia por no saber que hacer, lo que agrava el problema.

"Me tocó la mala suerte de que esto comenzara antes que a otros muchachos, pero me pongo a pensar en las causas y las soluciones. Yo pienso que los padres y madres, especialmente los que somos divorciados o solteros y tenemos que mantener la casa, los dejamos solos mucho tiempo. Sé que es porque no tenemos más alternativa que salir a trabajar para ganar el sustento, pero ahí vienen los problemas iniciales. Los muchachos salen de la escuela a las dos de la tarde, generalmente nosotros salimos de la oficina a las cinco y llegamos a casa alrededor de las seis… eso significa que cuatro horas han estado solos, haciendo lo que quieren. Muchos, con la suerte de tener vigilancia en casa, ocupan el tiempo en tareas escolares; pero la gran mayoría pasa ese tiempo en la calle, y ahí aprenden de otros adolescentes las conductas y la rebeldía que no nos explicamos. Por esta razón es que, aunque he tenido oportunidades de mejorar mi trabajo de mesera en un restaurante, me he sacrificado por mis hijos, porque, aunque gano poco, mis horas laborales son por la mañana y salgo al mediodía, de manera que cuando ellos llegan de la escuela yo estoy en la casa esperándoles. Ésa es una de las soluciones que he encontrado. ¿Cuesta trabajo? Sí, por supuesto, y también significa no poder comprar muchas cosas porque no sobra el dinero, pero prefiero eso, al riesgo de que anden libres mientras yo estoy fuera de casa."

La adolescencia del hijo de Annie duró aproximadamente seis años, un tiempo largo para progenitores agobiados, pero eventualmente la rebeldía y los retos a lo establecido fueron disminuyendo cuando la etapa comenzó a pasar. Hoy, el muchacho es calmado, simpático y en vía total de recuperación de una etapa traumática para él y para su madre, que, dicho sea de paso, lo puso a trabajar para que aprendiera a ganar el dinero que gasta y lo hizo responsable financieramente de sus errores.

Hasta aquí, de acuerdo con los sicólogos, es la duración "normal" de la adolescencia, pero la pregunta volvió a mi mente cuando, desesperada, una compañera en Univisión me preguntaba '¿Cuánto dura ese "monstruo" en el cerebro de un adolescente?' Por lo delicado del tema me pidió omitir su nombre y el de su familiar.

Estaba desesperada por la conducta de su sobrina, quien a los trece años había comenzado con los problemas de la adolescencia y a los veintitrés años seguía haciendo cosas terribles al son de "son cosas de jóvenes". Ésta es la historia tal como me la contó.

"Mi hermana está viviendo la peor de las pesadillas que una madre puede imaginarse. Su hija, una niña preciosa, se convirtió en su peor enemiga como resultado de una adolescencia incontrolable. Desde que nació la niña, mi hermana volcó toda su atención en ella. Siempre pendiente de que tuviera los mejores colegios, clases de inglés y francés, clases de baile y de canto, la llevaba a cuanto museo podía, la pasearon por Europa para rodearla de arte y cultura. Tuvo todo el amor y toda la atención que una madre que pudo darle. Sin embargo, mi sobrina constantemente la rechazaba y prefería estar al lado de su padre, quien la malcrió dándole lo que ella pedía. Al principio todos nos burlábamos del papá porque la consentía más que a mi hermana y él respondía que ella 'era su princesita'. Con el tiempo, esa actitud colocó a mi hermana en la posición indeseable de ser la única que disciplinara y exigiera responsabilidades.

"La batalla real comenzó como a los 13 años. Los primeros reclamos fueron porque hubo que cambiarla de escuela pues el colegio en el que siempre había estudiado se mudó a otro suburbio, a más de una hora de carretera, y no podían llevarla tan lejos todos los días. Mi sobrina culpó a su madre del cambio, pensando que lo había hecho a propósito para que 'perdiera a sus amigos y se quedara sola'. A partir de ahí los pleitos escalaron con una rebeldía incontrolable, y lo más común era presenciar berrinches o pataletas por cualquier cosa, hasta que finalmente se salía con la suya. Luego vino la etapa de las fiestas, mi sobrina no obedecía horarios ni le importaba llegar tarde. No avisaba dónde andaba, salía con un novio nuevo cada semana y le tiraba la puerta en la cara a su madre cada vez que ésta intentaba cuestionarla o reprenderla por su actitud.

"Parecía que todo lo que quería era herir a su mamá. Un ejemplo contundente. Cuando vino el momento de elegir una carrera y mi hermana le sugirió escoger en el área de humanidades, mi sobrina decidió que estudiaría física —siempre había dicho que odiaba las ciencias exactas y, sobre todo, con grandes trabajos ¡había aprobado matemáticas!—. Por supuesto que fracasó y vino el primer cambio de carrera, lo que sucedió al mismo tiempo que la muerte de su abuela paterna, quien le había dejado una herencia. Mi sobrina le pidió al padre a que se la entregaran para ir a estudiar baile flamenco a Europa. El papá cedió, y en cuestión de dos meses ella había gastado todo el dinero, obligando a sus padres pagarle el resto del viaje. ¿Y del baile flamenco? ¡Ni sus luces! Nos enteramos que ni un solo día se presentó en la academia de baile flamenco. Cuando se aburrió en Europa volvió a la universidad, pero dejó los estudios por segunda ocasión para irse a vivir a una playa caribeña, porque quería 'encontrarse a sí misma'. Le dijo a los padres que tenía un trabajo seguro de bailarina de flamenco y se marchó. La realidad es que terminó trabajando como mesera y la aventura acabó costando miles de dólares mensuales a sus padres. Un buen día, la etapa caribeña quedó atrás. Volvió a la universidad, ahora lleva cuatro años y no ha cubierto más de 30% de los créditos." Si la historia la ha horrorizado, espere... aún hay más.

"Para tranquilizar a mi hermana —sigue contando mi compañera de trabajo—, le decíamos que ésos eran problemas de la adolescencia, 'luego se le quita, la pobre, mira que son los cambios hormonales, deja que crezca y ya verás que todo desaparece'. Pero pasaron los años y no sólo no se le quitó, sino que el "monstruo" seguía creciendo. Sus mentiras eran producto de una imaginación sin límite para inventar historias... que terminaba creyendo como reales. Aquí comenzó lo peor. Nos llamaba a los familiares cercanos y también a los amigos para acusar a mi hermana de no atenderla, y culpándola de que no sería nada en la vida porque ¡se sentía rechazada!

"El acabose fue cuando me dijo que sus padres se iban a divorciar porque mi hermana era una degenerada a quien ella personalmente había visto teniendo relaciones sexuales con otras mujeres en el sofá de la sala. ¡Casi me voy de espaldas cuando lo escuché! Todos vivimos ese infierno de mentiras y difamación que raya en lo absurdo, en el campo de las enfermedades mentales. Pero eso sólo lo sabemos los más cercanos, por lo que mi pobre hermana sigue pasando vergüenzas por la conducta de su hija."

La angustiada tía, al igual que el resto de la familia, ha pasado del desconcierto al terror de no saber qué sigue en esa pesadilla que achacan a los cambios de la adolescencia.

"Mi hermana está al borde de la locura, y sólo acierta a preguntar ¿por qué me odia tanto? ¿Cuándo se convirtió en este monstruo que nos ataca ya hace diez años? Mi sobrina tiene ahora 23 años y ha llegado con nuevas exigencias a los padres: piensa que debe ser chef y quiere que paguen los estudios en la universidad gastronómica Cordon Bleux de París. ¿Se trata o no del monstruo por una adolescencia tardía en este caso?"

Síntomas de adolescencia prolongada

No sé si usted, que lee estas líneas, se encuentre tan impactada como yo al conocer esta terrífica historia que tiene visos de enfermedad mental, como la esquizofrenia, en la que se viven alucinaciones, en un mundo irreal; sin embargo, la doctora Rebeca Fernández, sicóloga especializada en adolescentes, piensa diferente.

"No, no creo que se trate de esquizofrenia; ya está grande para que le comience o se la descubran. Es algo diferente y que a menudo veo en mi práctica profesional. La edad cronológica es diferente de la sicológica. En este caso en particular, ella se quedó estancada, trabada en los 13 años; y aunque tenga 23, está prolongando la adolescencia de por vida. Por eso los tantrums o pataletas. Con eso le ha ido muy bien, porque es tremenda manipuladora, y por eso mismo no ha crecido emocionalmente; por tanto, no ha madurado. Si el padre y la madre, a pesar de todo lo malo que hace la consienten, le conviene estar en el mismo estado mental, porque sabe que cuando la vean dejar de ser adolescente para convertirse en adulto las cosas serán diferentes. Por eso está postergando todo. Ahora, la explicación médica es diferente. Esto es una conducta anormal, pero conveniente y eventualmente todo este teatro se le caerá encima."

¿Cuánto tiempo podría prolongarse la situación? Para la sicología es indefinido en tiempo, pero totalmente localizado como síntoma.

"Ella está sacando 'el aceite y la aceituna', es decir, tiene todo a su favor. Con los años, se volverá histérica e histriónica mientras dependa de los padres, mientras no tenga que lidiar con la realidad, y es una forma de manipulación total. Yo creo que el caso de esta joven sale de la norma. Es, a todas luces, un caso de mentira patológica, tal vez producto de tanto que la han consentido, de manera que a ella no le conviene cambiar y así tiene siempre la excusa de decir yo no gano dinero, me tienes que mantener. Así manipula. Simplemente no le conviene crecer y no va a crecer, hasta toparse con una dura realidad que, a todas vistas, no ha vivido. Es el caso de un solterón, un hombre de mas de cuarenta años que no se quiere casar porque vive solo y feliz con las mujeres que quiere ver, cuando las quiere ver, y a quienes no tiene que mantener. No le conviene casarse porque vive más cómodo a su manera, manipulando a una y a otra. Así es esta joven. Ella manipula a cualquiera, incluida la sicóloga que la ha tratado por años. Hasta que alguien no se lo permita."

EL PORQUÉ DE LA ADOLESCENCIA PRECOZ

Los psicólogos cada día ven más y más niños con adolescencia prematura; esta situación, aparentemente inexplicable, tiene una especial razón de ser de acuerdo con Rebeca Fernández.

"A mi oficina llegan niños que son verdaderamente eso: niños cronológicos con mente de adolescente. Resulta que estas generaciones están creciendo más rápidamente y hay un ejemplo claro: antes niños y niñas jugaban con muñecas a los cinco o seis años de edad, ahora es con la computadora. Y, entre niños y niñas, las niñas maduran más rápidamente que los varones. En cualquier caso, lo importante es que los padres encuentren tratamiento profesional para atacar el problema. Entre más rápido puedan comenzar, obtendrán mejores resultados. Es como todo en la vida, mientras más rápido tratas un dolor de cabeza, más rápido se te quita."

PROBLEMAS Y TRATAMIENTO PARA ADOLESCENCIA PROLONGADA

Por lo menos en Estados Unidos, la edad legal de los jóvenes de 18 años impide a los padres meter manos en el asunto. En caso de una adolescencia prolongada, las cosas se complican porque, quienes tienen que aceptar y firmar autorizando un tratamiento ya no son los padres, sino el muchacho o la muchacha, y ellos no lo van a hacer por sí mismos... ¿Entonces? Ésta es la recomendación de la doctora Fernández:

"A menudo recibo llamadas como esta: '¡Ay, doctora!, ¿cuándo podría atender a mi niño? Cuando pregunto la edad, me encuentro con que tiene veinte o más años. Entonces repito algo que los padres deben tomar en cuenta: no pueden hacer absolutamente nada. Quien debe hacerlo es el afectado, y lo que se puede hacer es una terapia de familia, porque así el joven no piensa que lo están culpando. Se deben emplear trucos como, por ejemplo, decirle: 'tenemos un problema porque no te comprendemos y nosotros, tus padres, no sabemos dirigir las cosas para solucionarlas', es necesario asistir en grupo, no ellos en manera individual. De esta forma, el muchacho está más en disposición de aceptar ayuda psicológica porque no se le está culpando de nada, y como joven al fin, piensa que los culpables son los padres, que lo están reconociendo y, por lo general, asisten todos a la consulta. El asunto es recordar que comenzar un tratamiento cuando son adultos legalmente es más difícil, porque ya los padres no puede ejercer ningún derecho para obligarlos a asistir; es más, si los padres llaman preguntando si un muchacho ha estado en consulta, nosotros, después de los dieciocho años, no podemos responder a menos que el paciente lo autorice. Así que emplee su imaginación. Qué más da si Mahoma va a la montaña o si la montaña va a Mahoma, el caso es resolver el problema de inmediato."

Quedé agotada escuchando estas odiseas, pero con la esperanza de encontrar soluciones. Lo cierto es que, temprana o prolongada, si la adolescencia en sus hijos lo tiene a punto de desfallecer, no olvide nunca que todo pasa, que finalmente no hay mal que dure cien años ni enfermo que lo resista. Y lo suyo –como fue mi caso– también va a pasar.

Recomendaciones

1.-Hay que diferenciar entre adolescencia precoz o prolongada y otras señales que hablan de enfermedades mentales. Es lo primero que debemos descartar.

2.-Los maestros en la escuela, al igual que usted, son los que notan antes que nadie los cambios de conducta, así que pierda el miedo y vaya a hablar con ellos cuanto antes sobre sus dudas. Su información es muy importante para usted.

3.-Identifique si lo que tiene su adolescente es una etapa que se ha prolongado y el grado de manipulación que está utilizando.

4.-Después de los 18 años como padres legalmente no tenemos ningún derecho para llevar a un hijo a consulta psiquiátrica o psicológica.

5.- Entonces, acuda a la consulta de un especialista utilizando cualquier truco. Si para que su hijo acepte el tratamiento usted tiene que culparse de la situación de incomprensión por la que están pasando, hágalo. Qué más da, si Mahoma no va a la montaña, que la montaña vaya a Mahoma; el caso es resolver el problema de inmediato.

De *nerds, cools* y *populars*

Ésta es otra de las situaciones que me tocó vivir porque estaba escrito en alguna parte, y no porque yo no hiciera todo lo que me recomendaron para evitar que sucediera.

Desde niñas, mis hijas crecieron sabiendo que no eran más que nadie, pero tampoco menos que nadie. Les apoyé en todas las actividades que quisieron emprender. Les busqué los mejores tutores académicos y los mejores entrenadores, en el caso de Antonieta, para que en el deporte llegara hasta donde llegó. Por años, en los partidos en los que jugaba a partir de los siete años, fui mamá que apoyaba a mi retoño ganara o perdiera. Y, para ser honestos, como no sé asimilar las derrotas, grité y luché contra las injusticias en el campo deportivo... a todo pulmón, por supuesto. Más claro: fui de las madres peleoneras que salen en los reportajes defendiendo el honor deportivo de sus niños. Durante una década por lo menos, sábados y domingos, cuando trabajo como presentadora en el Noticiero Univisión Fin de Semana, me partí en dos, corriendo de las canchas de futbol a las de softball, y de un extremo a otro de la ciudad, dependiendo de la temporada. ¿Cómo le hacía? Fui afortunada en tener jefas como Alina Falcon, Sylvia Rosabal-Ley y Patsy Loris-Vélez, que entendían el esfuerzo que hacía por mis hijas.

También Jorge Ramos y María Elena Salinas, en muchísimas ocasiones, intercambiaron conmigo sus noches de descanso en la edición nocturna del Noticiero Univisión entre semana, para que yo pudiera asistir a los partidos de Antonieta. Por fuera y por dentro, mi vida era un torbellino... y perdí la cuenta de cuántas veces la fuerza me faltó y el stress me puso al borde del colapso. Recuerdo haberme repetido una y mil veces: "Aguanta, Collins, que es la única forma de que crezcan seguras de sí y orgullosas de hacer lo que pocas en el deporte".

¡Qué ingenua fui! Y qué equivocados estuvieron quienes nos metieron en la cabeza que con semejantes sacrificios de ambas partes, de los hijos y nuestros, llenándolos de deporte, cariño y actividades escolares, nada en este mundo podría dañarles la autoestima. Sí, ¡cómo no!

Nunca imaginé que una palabra que aborrezco y que desconocía porque la veía tan lejana, fuera lo que en realidad dio origen a que Antonieta, con los años, se convirtiera en víctima de abuso y de violencia. En mi caso, esa palabra es nerd, que no significa otra cosa que tonta, bruta, ridícula, fea, y que es lo que a diario, durante años, en medio de burlas, los compañeros de escuela dicen a nuestros hijos. Nerdo para los niños, y nerda para las niñas. ¿Y mi esfuerzo y el esfuerzo de mi hija por ser mejor? Nada, que con esa palabra que nuestros hijos callan por vergüenza durante los años de su infancia, todo, todo ¡se va un día al cuerno! Por eso y por las otras desdichadas definiciones que aquí describo, para que tenga usted cuidado porque son fatales en la etapa de la adolescencia, pensé en este capítulo. Durante años ignoré el daño que provocaría en mi hija menor, aunque de paso me tocara a mí porque para la partida de chamacos con cara de arcángeles del señor yo era "la madre de una nerd.

Para ser honesta, nunca entendí el significado de esa palabra. Cuando en alguna ocasión, Antonieta me dijo llorando "¿No entiendes mamá que se burlan de mí porque soy una nerda?", en verdad que no supe a qué se refería. Recuerdo haberla abrazado y haberle explicado que cuando alguien le dijera eso no hiciera caso. Tontamente traté de ignorar el problema, asegurándole que las cosas pasarían pronto y que ella era una persona infinitamente amada y querida a diferencia de quienes la insultaban por envidia. Ingenuamente también, le expliqué el caso de cómo yo fui una niña estudiosa que destacaba por ser buena oradora, pero que era pobre y mis papás no tenían dinero para comprarme ropa o zapatos para ir a las fiestas, y que hubo niñas que me regalaban sus vestidos, lo que se corrió como chisme y utilizaron unas cuantas para humillarme, porque me vestía "de limosna". Le dije a Antonieta que aquello me había dolido mucho, pero que fue lo que me hizo crecer, soñar y trabajar para lograr lo que hoy tengo. ¿Y qué fue de aquellas burlonas? Terminaron no siendo nada, ni seres humanos felices ni adineradas como eran… ¡porque muchas de ellas se quedaron sin nada con el tiempo! Creí que semejantes anécdotas serían el antídoto contra el mal, pero, increíblemente yo, que he vivido dentro del poder de la palabra, no calculé los daños. Es más, no los supe sino hasta que, hace poco, escribiendo este libro, Antonieta me explicó lo que sienten los niños víctimas del acoso de los demás.

"Te ponen una etiqueta de que eres nerd y con eso tienes. ¿Para qué más si con eso te destruyen? Te tratan bien feo. A eso, súmale que si no eres popular o no tienes la ropa de moda, es algo difícil de llevar en la escuela elemental, pero es peor aún, cuando estás en el high school. Las caras y las groserías para los nerd son cosa de todos los días. Paul Flores, mi amigo desde niños, y yo éramos ante los ojos de los demás el perfecto retrato de los nerdos, y no imaginas qué feo nos trataban. Se burlaban de que andábamos juntos para todas partes en la escuela. Pero, ¿cómo no, si nadie nos quería hablar? Estaríamos en cuarto grado de la escuela elemental y recuerdo a una niña de la que sólo diré que se llama Raquel, una compañera que siempre gozaba burlándose de nosotros y que en esa ocasión tendría su fiesta de cumpleaños. En la fila donde esperábamos para comprar el lunch a la hora del almuerzo, ella comenzó, sin que nadie se lo preguntara, a nombrar en voz alta a los que irían: 'Para mi fiesta invité a ésta, a ésta, a ésta...' y cuando tocó el turno para que nos señalara, como si no existiéramos, nos brincó y frente a nosotros dijo: 'a ellos no', y siguió mencionando a sus invitados. Pero no se detuvo hiriéndonos: 'estos que he nombrado son los únicos que van a ir mi fiesta porque no son nerds... como algunos otros'. Cuando tienes, como entonces Paul y yo, diez u once años de edad, eso es algo que te lastima mucho, sobre todo porque yo era incapaz de dañar a sabiendas de que lo estaba haciendo."

Este capítulo, muchos años después, fue su catarsis. Antonieta siguió explicando.

"El mundo de los que somos considerados nerds es limitado por el acoso de los otros niños; porque, especialmente en la etapa de la infancia, los niños y las niñas acostumbran andar en grupitos, y los nerds no somos invitados a compartir nada con nadie, y si, por alguna remota casualidad –por lástima o por compromiso– nos invitan, siempre nos ponen las peores caras.

"En mi caso, a partir de los nueve años fue muy difícil soportar la idea de que cualquiera de las niñas del salón de clases, a mis espaldas, se refirieran a mí como la nerda. Para Paul, mi amigo, también fue una situación que le dañó hasta el día de hoy. Lo peor era que nuestro físico no les parecía, él, porque usaba espejuelos para ver, y a mí me llamaban nerd porque sobresalía en los deportes. Total, la palabra nerd es algo que le dicen a cualquiera que no tenga los requisitos del grupo que acosa a los demás. Si, por ejemplo, ese grupo es de niñas popular, las que no lo son se convierten automáticamente en nerds.

"También les dicen así a quienes consideran feos, feas o mal vestidos. Ser o no nerd depende del grupito que manda en la clase, que generalmente son los cool o los populares. La presión de ser cool es otra cosa que nos hace actuar diferente a lo que nos han enseñado en casa. Hay que manejar un auto bueno y, sobre todo, seguir la regla: para ser cool es necesario hacer lo que los líderes, nada más."

En realidad, como madre, nunca me di cuenta de la magnitud del problema, y cada vez que salía a colación el asunto de los insultos en la escuela y de que Antonieta era nerd, yo le hacía ver que nadie que la insultara podría jugar softball como ella y hacer las jugadas que muchas veces le dieron el triunfo a su equipo. "¿No te das cuenta de que nadie corre más que tú en el equipo de softball?, ¿y que cuando tú estás en una base, de inmediato los entrenadores del equipo contrario ponen en alerta a las jugadoras porque saben que con lo veloz que eres seguramente vas a anotar una carrera? Por esas y muchas otras razones ¡todos estamos orgullosos de ti!" Yo creía que mis palabras la reconfortaban, el problema fue que ella nunca me dijo que eso le sirvió cuando era pequeña, pero que cuando creció, ya no. No haberme dado cuenta a tiempo fue un gravísimo error.

Esos insultos humillantes, el aislamiento que traen consigo y la actitud en general hacia una muchacha durante años, fue la base de la relación en que mi hija se inmiscuyó con el tiempo. ¿Por qué? Bueno, cuando Antonieta, convencida de que era una nerd, conoció al primer muchacho y comenzó a tratarlo, ya estaba en desventaja emocional por la autoestima. Y con el esquema de abuso que he narrado, eso resultó en una terrible combinación, porque mi hija me platicó que en numerosas ocasiones, cuando los golpes empezaron y hubiera sido más fácil terminar aquel noviazgo, ella no fue capaz de hacerlo porque pensaba en lo que el ex novio le decía constantemente: "Eres una tonta, una nerd que después de mí no va a encontrar a nadie. Soy el único que te puede soportar". Ni que decir que el daño ya estaba hecho.

Hay que ser popular y nada más

La otra definición que marca a muchos jóvenes a partir de los diez años, que es cuando comienzan a convivir en fiestas y reuniones escolares, es la categoría de "popular". Así, el dilema de nuestras hijas, aparentemente superficial, en realidad no lo es. Al contrario, tiene mucho fondo, especialmente porque el código entre los jóvenes para lograr el éxito, tener novios y seguridad, radica en el ultramoderno dilema de ser o no ser "popular".

"Si eres mujer y no eres popular no eres nadie, así de claro —me dice Antonieta—. Si no eres popular se burlan de ti. No imaginas el mundo actual si eres joven. No importa que seas atleta o buena estudiante, eso no sirve de nada y no es un requisito para ser popular, surte el efecto contrario. Las popular siempre son invitadas a las mejores fiestas, todos quieren salir con ellas, todos quieren platicar con ellas; en fin, uno llega a darse cuenta tarde o temprano de que si no eres popular no estás en nada, y puedes alcanzar cualquier hazaña, eso no sirve en lo absoluto para caerle bien a la gente, y que por lo menos te dirijan la palabra.

"Para ser popular hay que hacer lo que las líderes consideran que está de moda. Si ellas piensan que es tomar alcohol, fumar o ser vanidosas porque se sienten bonitas, entonces ésas son las reglas para ser considerado popular o estar in, y hay que seguirlas al pie de la letra. Si no, simplemente no eres y te conviertes en un nerd. Esto es el verdadero ataque que con el tiempo acaba con la autoestima."

La doctora Emma Zapata, quien habla en varios capítulos de este libro y, como dije, es madre de la productora Marisa Venegas y de la profesora en Crítica de Cine Cristina Venegas, recuerda haber vivido por algo similar el conflicto que afectó a sus dos hijas.

"Yo creo que los compañeros de clase son crueles y no evalúan el daño que hacen. Marisa creció escuchando cómo las catalogaban a ella y a su hermana: sabía que era inteligente pero creía que era fea porque la comparaban con Cristina, a la que tenían como bonita. Cristina, por su parte, tenía un dilema similar. Se sentía bonita pero no inteligente, porque ésa era la cualidad que en la escuela veían en Marisa."

Marisa Venegas, quien ya he explicado que es perfeccionista recalcitrante comenzando con su apariencia, confiesa que aquella fue una etapa llena de frustraciones.

"Por supuesto. Toda aquella confusión provoca que te sitúen en medio de los complejos de belleza o de inteligencia, y sobreponerse a esos polos opuestos no sólo no es fácil, sino que requiere de habilidad para sobrevivir. Yo sé que para ser considerada popular me metí en lío y medio. Hice cualquier cosa e inventé cualquier mentira para ser aceptada por los demás, y mi mamá terminó por creerme las mentiras."

No es que la doctora Zapata creyera todo lo que su hija le decía, sino que, armada de una gran dosis de paciencia al tener que lidiar con tres adolescentes, entendía el difícil momento por el que estaban atravesando.

"Siempre estuve consciente de que todas esas situaciones tendrían un efecto adverso, y no me equivoqué, porque el resultado fue que a ambas, a Marisa y a Cristina, les hicieron daño con las definiciones. Lo único que curó el estigma fue el tiempo y ambas son muy seguras de sí mismas y de lo que han logrado."

Algo que Marisa aclara: "El tiempo no borra todo; o lo borra pero no completamente, diríamos que lo lima; en el caso de mi hermana Cristina, a pesar de ser profesora universitaria, de tener un doctorado, de publicar numerosos artículos, de escribir un libro sobre la Internet en Cuba, todo como producto de muchos años de estudio y dedicación, por momentos cree que no es lo suficientemente profunda... ¡porque no se siente inteligente! Y yo, cuando la veo, quiero ser tan bonita como ella."

A pesar de eso, prefiero pensar como Emma Zapata, que el tiempo siempre provee la mejor de las curas. Hace poco, Antonieta me sorprendió con algo inimaginable.

"Me siento como si fuera la reina del carnaval, ¡ahora soy popular! ¿Qué te parece, mamá? Popular pero de diferente manera. Cuando llegué al college en Ohio tenía miedo de hablar o de hacerme notar, porque no quería que los demás me pusieran la etiqueta de nerd que por tantos años tuve en Miami. En los primeros días, cuando me aceptaron en el equipo de soccer de la escuela conocí a quien se convirtió no sólo en mi mejor amiga, sino en la mejor guía para ser aceptada: Ashley Finch. Una persona que brilla por la confianza en sí misma y que transmite eso a quienes están a su alrededor. A donde vamos, todos la quieren. En su ciudad natal fue reina de la Feria. Desde niña jugó basketball, soccer, softball, sin sentirse nerd. Tiene cuatro años con su novio, que la quiere muchísimo y la apoya en todo lo que hace.

"Un día, después de una práctica, se me presentó y me preguntó '¿por qué no hablas?' Y bueno, con pocos detalles, le dije que era tímida y que estaba recuperándome de un tiempo difícil. Eso bastó para que me tomara bajo su tutela, enseñándome a perder el miedo. Lo increíble es que Ashley tiene una actitud ante la vida que no te intimida. Le gusta presentarse en todas partes. Con ella aprendí cosas tan pequeñas y tan grandes a la vez como tener confianza para presentarme ante los demás, a no encerrarme en mis problemas del pasado, a no ser tímida, a ser feliz; y como ella me dice siempre: '¡Vamos, Toni, piensa que eres la única latina en el college y tienes que sacar ventaja de eso!' Antes, ni soñarlo. Yo no hubiera abierto la boca por el temor de que no me respondieran el saludo, como me sucedió en tantas y tantas ocasiones. Ashley me ha enseñado a estar orgullosa de lo que he logrado. Y, lo que son las cosas, las hot girls, los cool somos los atletas a los que en un tiempo consideraron nerds. Todo fue cuestión de acostumbrarme a mi nueva actitud ante la vida. Ahora soy muy feliz."

Antes de decirle "colorín, colorado, este capítulo ha terminado" y con un final feliz, le pido que no eche en saco roto ninguna situación, por trivial que le parezca, alrededor de sus hijos; sólo podrá protegerlos de los daños a futuro conociendo la situación que viven desde niños. Actualice su vocabulario juvenil tanto como lo hace con el de la vida diaria para comunicarse con otros. Tenga en cuenta que constantemente surgen términos que se esparcen rápidamente entre los jóvenes. Investigue sin pena entre los muchachos qué es lo nuevo, qué significa y a quiénes llaman con esos nombres. No cometa el error de minimizar el problema cuando del poder de una palabra se trata. Las palabras son armas mortíferas cuando dan en el blanco. Finalmente, recuerde que la adolescencia es un periodo que requiere de pensar diariamente en la máxima que me diera el sicólogo puertorriqueño Carlos Amador: "El precio de la vida no es lo que yo sé, sino lo que tengo que aprender".

RECOMENDACIONES

1.-No minimice ningún término despectivo con el que llamen a su hijo o hija en la escuela elemental. Los efectos son a futuro.

2.-Tenga en cuenta el poder de la palabra. Cuando es certera, mata sin quitar la vida.

3.-Aprenda las nuevas definiciones que los jóvenes utilizan en la vida diaria. Ésa será la mejor arma para desactivar bombas de tiempo.

4.-Si tiene varios hijos, esté pendiente de los calificativos que les dan a unos y otros. Los daños son en todas direcciones.

5.-No olvide que las reglas para ser cool o popular son dictadas por un grupo de líderes que manejan a los demás, y que deciden las cosas que deben hacer sus hijos para tener ser aceptados en todos lados.

Los *bullies*

Probablemente la palabra bully le resulte desconocida. Ojalá. Yo no recordaba los estragos que eso provocaba en los hijos hasta que mi amiga Gabriela Tristán, la productora del Noticiero Univisión Fin de Semana, con quien he trabajado durante años, la trajo a mi atención, haciéndome reflexionar en la gravedad de lo que significa. Lo que Gaby me contó me hizo buscar desesperadamente el significado en español y, para mi sorpresa, no hay una palabra que defina lo que es, son tres o cuatro calificativos... a cual más terrible para los que lo han vivido.

¿Por qué dedicar este capítulo a esa situación? Basta que sepa que bully es el antecedente del delincuente en potencia de la adolescencia hacia adelante. ¿Quiere saber más? Las estadísticas hablan de que uno de cada cuatro niños bullies o bravucones, que acostumbran acosar a sus compañeros de escuela, ¡tendrá antecedentes criminales antes de los 30 años!

Hablamos de que bully significa ser provocador, peleonero, buscapleitos, bravucón y, básicamente, un abusador desde temprana edad —tanto como del kindergarten al quinto grado, que es el periodo en el que los niños aprenden a utilizar esta conducta—. Para detener a los potenciales buscapleitos hay infinidad de programas como "Take a Stand", "Child Abuse Prevention Services", "McGruff of National Crime Prevention Council" o "The Safe Child Book", que les enseñan la importancia de la aceptación y el respeto mutuo a partir de los primeros años.

No es casualidad la existencia de estos programas, ni la decena de sitios en internet o los cientos de libros que abarcan extensamente el tema. En Estados Unidos, el problema ha llegado a convertirse en epidemia dentro del sistema escolar en las escuelas elementales, que han creado mecanismos para detectar y controlar esta conducta abusiva. De acuerdo con la doctora Laura DeHaan, de la Universidad Estatal de Dakota del Norte, mientras los padres tienen la idea de que la violencia está ligada únicamente a adolescentes, pandillas y armas, se han olvidado de que no sólo la etapa juvenil experimenta conductas violentas, que los niños también las enfrentan, y con escasas armas para defenderse física y sicológicamente. Algunos estudios sugieren números son alarmantes, ya que alrededor de veinte por ciento de los niños en escuelas elementales estadounidenses han sido víctimas del síndrome a diferentes niveles.

Esto muestra que, como padres, estamos en pañales en algunas cosas sobre los peligros de criar hijos en esta época, y que seguimos siendo una generación que dormita ingenuamente a pesar de los cambios. Cuando comencé a investigar el tema y pregunté a padres de familia sobre la peor pesadilla respecto a sus hijos en las escuelas primarias o elementales, la respuesta invariablemente fue el abuso sexual. Nadie mencionó a los bullies por el desconocimiento del daño que causan. Estos bullies son una pesadilla inevitable porque, de acuerdo con las estadísticas, la mayoría tendrá que encarar una situación similar en algún momento de su vida. Luego de mucho preguntar, ocasionalmente algún padre tuvo una idea vaga, pero los más de ellos desconocían que los bravucones y peleoneros que acosan a nuestros hijos cuando son pequeños, son los mismos compañeros de clase, de escuela o de juegos.

QUÉ ES UN *BULLY*

Bully, buscapleitos, bravucón o peleonero —como quiera llamarle— es alguien que utiliza el poder que tiene sobre una persona para abusar de ella.

Un bully tiene habilidad para herir física, verbal o sicológicamente a otros. Físicamente, el bully golpea, da patadas, empuja o, en su defecto, ordena a otro agredir. De manera verbal, insulta, grita, escribe los insultos, riega rumores o amenaza a su víctima. Sicológicamente hace que los otros se sientan inseguros y temerosos. Usualmente ataca sin razón, lo hace porque tiene a la mano un blanco fácil.

De acuerdo con las investigaciones de la doctora Sherryll Kraizer, autora del programa Take a Stand, se comportan de varias maneras: un niño o niña contra otro, un grupo contra un niño solo o grupos contra grupos —lo que cae en la categoría de pandillas contra pandillas—. Los bullies o bravucones, irónicamente en gran número, comenzaron siendo víctimas de abuso por parte de otros. Por esa razón, han experimentado situaciones en que no pudieron lidiar con el problema que les dejó el estigma de sentirse indefensos y fuera de control. Tienen poca o nula habilidad para relacionarse socialmente, no encajan en el grupo de la escuela y generalmente no cubren las expectativas que tienen de ellos en casa o en la escuela. Por tanto, para sentirse competentes y exitosos, toman control de alguien más a su alrededor. Ésta es la forma como actúan.

Niños y niñas, las víctimas comunes

No todos los niños son sujetos potenciales de este abuso, pero hay un grupo que especialmente y en forma natural provoca al bully o bravucón: niños o niñas que lucen inseguros, lloran y pueden ser fácilmente lastimados por comentarios, son obesos o frágiles y no se defienden física ni verbalmente, lo que les convierte en una especie de postre para estos provocadores.

En la escuela elemental

Aunque no lo crea, ahora he descubierto que fui víctima de una bully que en el Instituto Pedagógico Pacelli, en Veracruz, México –el colegio religioso donde estudié mis primeros años–, me traía de su "puerquito". Me pegaba continuamente, nada más porque se le daba la gana. No voy a mencionar su apellido, pero sí que se llamaba Teresita. Era de las más grandotas y yo, súper chiquita y flacucha. Resulta que durante un buen tiempo, todos los días yo llegaba llorando a mi casa con la misma cantaleta: "Es que Teresita me pegó". Eso sucedió hasta el día en que mi abuelita me sentenció: "La próxima vez que me digas que Teresita te pegó, vas a llorar más fuerte... porque yo te voy a dar duro por dejarte abusar". Resulta que al día siguiente esperé a Teresita y, cuando llegó a darme mi reglazo diario... ¡pum! Que le acomodo tremendo golpe con un "metro" de madera tamaño real. Y hasta ahí acabaron las agresiones de esta niña, a quien, dicho sea de paso, no le guardo el mínimo rencor. Éramos muy niñas.

La anécdota describe lo que antes hacían padres y abuelos: minimizar la situación, pensando que son cosas de niños que tienen que aprender a resolver por sí mismos. Con su actitud, sin ser psicóloga, mi abuelita dio en el clavo: me hizo despertar el instinto de supervivencia, resolver por mí misma el problema y nunca más dejarme de nadie. ¡Qué va! Después se arrepintieron de aquel consejo porque aprendí la lección tan bien, que me dediqué a defenderme por todas partes. Nada más con que me miraran feo.

Hoy día las cosas son diferentes por lo que provocan. Cuando los hijos le digan que les robaron su almuerzo o el dinero que les dimos para la escuela, que los molestan en la parada del autobús o dentro del transporte escolar, no deje la preocupación ni piense que es el "costo de crecer". Tenga claro que un bully o bravucón transforma la vida de su víctima al grado de que ésta llega a dejar la escuela, los juegos o las actividades en que se han involucrado por el miedo de enfrentar la agresión en cualquier parte. Y lo peor aparece con los años.

BULLIES EN LA SECUNDARIA O JUNIOR HIGH

El problema en la escuela elemental, con las consecuencias que he narrado, no se detiene ahí. Los bullies, bravucones o buscapleitos lo siguen siendo en la escuela intermedia, secundaria o junior high. Pero aquí el fenómeno se torna interesante porque surgen, en forma predominante, las muchachas bullies, bravuconas, peleoneras, buscapleitos e intimidadoras.

¿Qué le parece? Y no cometa el error de creer que son menos peligrosas que los muchachos. ¡Por Dios!

En la revista Newsweek del 3 de junio de 2002, un reportaje completísimo sobre la adolescencia me impactó de tal manera por lo que hablaba de los bullies. De acuerdo con las escritoras Rosalind Wiseman y Rachel Simmons –quienes también se presentaron en el programa de Oprah Winfrey–, los varones tienden más a los golpes, mientras las mujeres lo hacen en forma social: utilizan el chisme, el rumor, los apodos y la difamación de sus víctimas para acabar con ellas. Según la investigación de las escritoras, ambos géneros se encuentran en una adolescencia que es como un caldero de hormonas y emociones a punto de explotar, y lleno de hostilidades, además. Así es como se gesta una cultura de agresión que acaba con la autoestima de las víctimas.

RECONOCIENDO LA CRUEL REALIDAD

Aquí entra la responsabilidad de los padres. Es importante reconocer la posibilidad de que una hija sea bully o buscapleitos. Si usted se rehúsa a creerlo e ignora la realidad, estará reforzando la conducta anormal de su hija, que terminará dañándola.

Antonieta y un grupo de compañeras y compañeros de high school soportaron los ataques de una bully. La muchacha en cuestión no sólo era envidiosa, sino que manipulaba a la perfección todos los ámbitos, de esta forma lograba lo que quería y terminó con fama hasta de quita-novios de las amigas, algo que hacía nada más para mostrar que podía hacer cualquier cosa. Paulatinamente atacó a todas y utilizaba la difamación, el chisme, las perretas y el rumor para deshacer al grupo, lo que en principio logró. Finalmente, años después, ellos volvieron a ser amigos y han hablando do ampliamente sobre la conducta agresiva de aquella muchacha, que es conocida por la forma como se sigue comportando con los demás.

Sus padres, gente buena pero con una venda en los ojos ante una situación que era evidente, ignoraron el problema a pesar de que ellos mismos eran sujetos de las agresiones verbales de su hija, y así la muchacha nunca tuvo control. Era increíble escuchar a esa madre decir a los cuatro vientos que su hija era buenísima, que nunca le mentía y no me acuerdo cuántas cosas más. Lo triste es que no se daba cuenta de que los demás sabíamos y sufríamos los ataques a nuestros hijos.

Por casos como éstos los expertos recomiendan varias cosas a los padres. Antes que todo, buscar ayuda profesional, y después:

1.-no ignore el problema si su hija es víctima o victimaria, porque está probado que lo que les afecta en la infancia y la adolescencia, les persigue el resto de sus días.

2.-No intervenga para solucionar usted misma la agresión hablando con los padres del bully, porque éstos, seguramente, estarán a la defensiva y no van a dar ni aceptar ninguna solución.

3.-Lo ideal es que los bullies y sus víctimas aprendan cada uno a negociar situaciones sociales comprometidas, y sólo podrán hacerlo si el agresor recibe de sus padres —o de los familiares a cuyo cargo está— ayuda para desarrollar compasión y afecto hacia los demás. Por su parte, la víctima requerirá aprender a enfrentar los miedos y el peligro. Esto es algo que necesitarán el resto de sus días para sobrevivir, de otra forma, si no hay cooperación, se convertirán en adultos con todo tipo de problemas... y usted no estará todo el tiempo junto a ellos para protegerlos.

¿POR QUÉ SE CONVIERTEN EN *BULLIES*?

Básicamente buscan llamar la atención o quieren lucir mayores, más fuertes, o inspirar miedo. El problema de los buscapleitos radica en que la situación es largamente ignorada por los padres y el vecindario, sin saber que si no atacan el problema a tiempo, paulatinamente serán víctimas de una forma de conducta violenta y agresiva.

¿CÓMO IDENTIFICARLOS?

Hay bullies que se reconocen de inmediato por estas características, según el National Crime Prevention Council, son egoístas y se preocupan de sus propios placeres; están dispuestos a usar y abusar de otros con tal de lograr lo que se proponen; se les dificulta entender y aceptar el punto de vista de los demás; no tienen amigos cercanos; no son buenos estudiantes y por tanto les disgustan los maestros; en la adolescencia, son los más susceptibles de usar drogas y alcohol.

De acuerdo con un estudio de la Universidad de Dakota del Norte, a menos que los bullies tengan ayuda sicológica a tiempo, esa conducta agresiva eventualmente les llevará a la delincuencia. Ésta es la descripción del abusador en general, aunque hay una peligrosa variante de este personaje: el que, a diferencia del que hace alarde de su habilidad, se mantiene en las sombras y no tiene interés en ser identificado como tal; hace todo lo posible por permanecer en el anonimato, desde donde dirige ataques que producen desconcierto, pues tiene que pasar el tiempo y muchas otras situaciones para que se descubra como abusador. El daño de estos bullies es incalculable por esta misma característica de pasar inadevertidos. Así que recomiende a sus hijos estar alerta.

¿CÓMO SABER QUE NUESTROS HIJOS NO TIENEN EL PROBLEMA?

Muy fácil. Obsérvelos. En general quienes no han sufrido esta experiencia abusiva son muchachos con habilidades para resolver sus problemas con los demás sin agedir. No temen enfrentar un conflicto. Saben comportarse socialmente y desenvolverse en el medio familiar y escolar. Entienden qué debe hacerse y qué no, saben qué significa herir a un amigo o conocido con golpes o palabras, y son capaces de ayudar a otros muchachos víctimas de ataques de bullies porque no temen a estos personajes.

CÓMO PREVENIR QUE SE CONVIERTAN EN BULLIES O ABUSADORES

Hay que atacar el problema tan pronto como se presente. Y esto es, no lo olvide, en pre-escolar y los primeros años de la escuela elemental. Ahí comienza todo, cuando los niños se relacionan con los demás por primera vez. Si sabe que utiliza apodos o palabras ofensivas para llamar a sus compañeritos, los expertos aconsejan a intervenir inmediatamente, a esa edad no saben resolver por ellos mismos ninguna situación y en nuestras manos y las de los maestros está enseñarles que un mensaje es claro: acosar, amenazar, abusar, o bullying no es correcto y nadie debe hacerlo.

QUÉ DECIR EN VARIOS CASOS

Si su niño en edad de kindergarten o al principio de la escuela elemental dice algo como "no es mi amiguito. No quiero que lo invites a mi fiesta" –frase muy común–, la respuesta correcta, de acuerdo a con los psicólogos, es "no tienes que ser su amiga hoy, pero no está bien que la hagas sentir mal diciéndole que no la quieres en tu fiesta".

En el primer o segundo año de la escuela primaria o elemental es común que los niños se reúnan en grupos y sean crueles con otros compañeros con quienes no quieren jugar. De acuerdo con los consejeros, usted debe decir "no tienes que jugar con todos los niños, pero no puedes ser cruel diciéndole que no quieres que esté junto a ti".

Burlarse a costa de los demás y estigmatizarlo tiene que ser descubierto en las primeras etapas, y la amonestación debe ser clara y sencilla: "No está bien acosar a una persona. En nuestra familia eso no se permite".

Y para las víctimas, el mejor consejo es que, en la terapia para enfrentar el problema, practiquen todas las posibles situaciones con un bully y la respuesta que hay que darles. Escuché una que es mi favorita –y que he dicho en muchos otros casos–. Cuando se acerquen estos abusadores, no importa cuántos sean, griten con fuerza y rabia "¡lárgate de aquiií!" y aléjense lo más rápido posible.

Con eso quedarán desconcertados y saldrán muy bien las cosas. ¿Que no es fácil hacerlo? Roma no se hizo en un día, y, como los buenos actores, requiere de ensayo. Así que háganlo frente a un espejo y permanezcan en alertas... que el susto se lo van a llevar los bullies. Ya verán.

A MANERA DE GUÍA

Escribí este capítulo desglosando paso a paso los puntos más importantes, por lo que tiene usted a la mano. En lugar de recomendaciones, incluyo aquí los sitios en donde puede buscar información para enfrentar el problema.

www.safechild.org/bullies.htm
www.kidsafe-caps.org/bullies.html
www.ext.nodak.edu/extpubs/yf/famsci/fs570w.htm

¿Deprimidos o bipolares?

Está bien. Ya sabemos todo lo que ha pasado. Como padres, el drama que vivimos nos tiene acorralados mentalmente, también sabemos que tenemos que atacar el problema... pero una y cien mil veces me hice la misma pregunta: ¿por dónde comenzar? Y nadie me supo contestar algo tan sencillo porque cada cual tiene una teoría. Entonces tuve que comenzar a valerme por mí misma e hice una lista de acciones que comienzan con una básica: descarte el uso de droga. Ése es el primer paso y requiere de voluntad férrea.

No podría predicar sin el ejemplo. Un día, luego de un par de semanas de angustia, me armé de todo el valor y, sin previo aviso, me presenté en la escuela de Antonieta para, sorpresivamente, realizar un examen de orina que descubriera si había ingerido droga. Recuerdo su indignación cuando la sacaron del salón para llevarla a la oficina en la que su madre la estaba esperando. Hasta hoy me congela la sangre recordar la rabia de su cara y el odio de su mirada al tiempo que me repetía: "Nunca te lo voy a perdonar. ¿Me oíste? ¡Nunca!" Sin agitarme le respondí que estaba bien, no le provoqué más enojo, y, mientras le practicaban el examen, sentía que nuestro mundo se caía a pedazos. La recordaba como aquel bebé maravilloso, siempre cariñosa, y la comparaba con aquel ser humano frente a mí, transformado por un monstruo salido de no sé dónde que le estaba deshaciendo la vida.

En ese momento de dolor recordé los poderosos argumentos para decidir mis acciones. Si el problema era por droga, ¡quería ser yo la primera en enterarme y en encontrar la solución para salvarla de ese infierno! Yo, su madre. ¿Quién más? Afortunadamente, en el colegio de mi hija siempre tuve todo el apoyo del personal que no me dejó de lado para ayudarla y ayudarme.

Volviendo al examen, cuando tuvimos los resultados, muchos en la oficina del director respiraron con alivio: negativo. Yo, sin embargo, quedé más preocupada que nunca. Si no eran drogas, ¿qué era?

"El demonio", recuerdo que repitió constantemente mi comadre Josefina Melo, "el demonio, comadre". Era inconcebible ese cambio. "La razón debe estar en su cerebro, no encuentro otra explicación. No para ella que ha sido perfecta, no para ella." Mi comadre y yo no encontrábamos explicación, hasta que un artículo en una revista me hizo buscar otros horizontes: en la adolescencia, los cambios de conducta obedecen a factores tan desconocidos como depresión aguda y síndrome bipolar.

Depresión aguda en adolescentes

A menos que su profesión sea siquiatra o sicóloga, no hay manera de diagnosticar cuando los cambios de carácter son causados por una enfermedad como la depresión, que no avisa cuándo se presenta. Comencé a documentarme y encontré que el proceso de crecimiento provoca depresiones esporádicas. Ésas están bien. Lo que no tiene mucha explicación y los padres no entendemos, son los cambios de conducta que confundimos con síntomas de la adolescencia causados por las hormonas, porque no sabemos que estamos en un error y que las causas son más profundas.

Nuestros hijos adolescentes pueden estar siendo víctimas de un cuadro depresivo por cualquiera de los problemas que les agobian, todo eso de lo que no hablan y que, atacado a tiempo por un especialista, tiene una cura sencilla, siempre y cuando estén relacionados con el factor depresión.

Síntomas de depresión para tomar en cuenta

1.-Quedarse en cama durante el día y tener insomnio por las noches. Pasar despiertos la noche.

2.-Hábitos alimenticios desordenados. O comer poco o comer excesivamente.

3.-Descuido en su apariencia personal. Una señal inconfundible es no bañarse o vestirse mal, inadecuadamente, y olvidar por completo la higiene y el aseo personal.

4.-Apatía por las cosas de la vida diaria. Un ejemplo claro: no abrir la puerta, ignorar el timbre de la entrada o el del teléfono, salir de la casa y no cerrar con llave; si hay responsabilidades tales como pagar los recibos de renta, luz, agua, no hacerlas.

5.-Abandonarse y llorar y lamentarse constantemente y sin razón alguna, sólo por hacerlo.

6.-Automedicarse constantemente. Tomar alcohol y medicinas con receta o sin ella, de las que se compran en las farmacias.

7.-Repetir constantemente "estoy aburrida", "no sirvo para nada", "soy un desastre", "fallo en todo".

8.-Cambiar de vocación constantemente y hacerlo por oficios que no tienen que ver con su entorno inmediato, como decidir ser piloto de aerolínea, granjero o voluntario en las oficinas de transplante de riñón.

9.-Estados de ánimo oscilantes entre la apatía y la agitación. Es importante observar que los cambios en su comportamiento les llevan desde una energía que parece interminable hasta llegar finalmente a perder el sueño.

Más de tres de estos síntomas hacen temer la presencia de un problema psicológico relacionado con la depresión aguda.

Examiné bien los puntos, y no. Antonieta acaso comenzó a vestirse descuidadamente —más tarde descubrí que las causas eran otras—; y en muchas ocasiones gritaba a los cuatro vientos que estaba aburrida, pero ésa era otra excusa para que le dejáramos salir de casa a encontrarse con el novio.

"No, mamá, eso no es ninguna depresión", aseguró Adriana, uno de los seres que más conoce a su hermana menor. Tenía razón. Antonieta seguía entrenando vigorosamente y cumplía con las tareas escolares, aunque lo demás de su cambio emocional no lo entendiéramos, pero ya habíamos descartado por lo menos dos factores: drogas y depresión aguda.

Fue cuando tuvimos otra alerta.

Viajaba a la presentación de mi libro Dietas y recetas en la Feria de Chicago, en agosto de 2002, y compré la ultima edición de Time que me dejó boquiabierta desde la portada: "Jóvenes y bipolares: el nuevo mal". Comencé a devorarla olvidándome de lo que sucedía alrededor, y reconocí algunos síntomas. Ya en el avión, sin hacer más caso de nada, seguí leyendo y comencé a llorar. Fabio rápidamente me quitó la revista. "No puedes remediar nada en este momento, si lo que tiene es esa cosa bipolar o como se llame, ya no te martirices. En este momento lo importante es la presentación que harás en unas horas y nada más." Momentáneamente le hice caso, pero en cuanto pude, retomé el artículo que me abría nuevos ojos a otro problema: el mal bipolar, antes un asunto de adultos, ahora atacaba anualmente, en Estados Unidos, a por lo menos un millón de niños y jóvenes que habían sido diagnosticados con otras enfermedades, en su mayoría relacionadas con los cambios de conducta de la adolescencia. "Eso tiene que ser —me repetía—. Eso tiene que ser."

Peor me puse cuando, en ese reportaje, encontré la historia de una chica llamada Lizzie Simon. Es la exitosa autora de un libro inspirado en su drama personal. En el libro, llamado en ingle Detour, Simon hizo sonar una campana de

149

atención a millones de padres que no encontramos explicación para los cambios en la conducta de nuestros hijos. Y lo hizo en primera persona, es decir, contando lo que le pasó; decía que su vida fue perfecta hasta los 17 años, cuando todo le sonreía y había recibido la noticia de aceptación en la Universidad de Columbia. Sin saber cómo, entonces, su cerebro comenzó a funcionar mal, bloqueando ciertas cosas de su vida diaria. La enfermedad comenzó sin saberlo ella, y le fue transmitida genéticamente por su abuelo. Después, iniciaron las crisis constantes. En un viaje a París, que sus padres le regalaron por haber terminado con excelentes calificaciones el bachillerato, nuevamente se presentaron los signos de que el cerebro estaba reaccionando de manera extraña. Oía zumbidos, ruidos, alucinaba que era un gato lleno de pulgas e insectos. Los síntomas cambiaron y poco después, en el avión de regreso a Estados Unidos, se embriagó. Al llegar a su casa durmió todo un día sin recordar nada. Ahí comenzaron otros periodos más graves, con intentos de suicidio y depresiones, hasta que sus padres la llevaron al siquiatra, quien le recetó el antidepresivo Paxil.

De acuerdo con la escritora, su vida se convirtió en tragedia a pesar del antidepresivo; como si fuera espectadora de algo ajeno. Antes de comenzar la universidad, decidió regresar a París y ahí experimentó otra crisis súbita que le tuvo al borde del suicidio luego de haber estado divirtiéndose. Fue llevada de emergencia al hospital y ahí ordenaron detener el antidepresivo y analizar si todo esto se trataba de un mal diagnóstico, y que en realidad ella tuviera el síndrome de conducta bipolar.

Así lo hizo y, bajo tratamiento médico, comenzó a tomar Litium, lo que mejoró casi de inmediato su condición mental, al grado de volver a ser la misma. Al cabo de cuatro años, sin dejar el tratamiento médico se graduó de la universidad.

¿Qué había pasado con Lizzie Simon? De acuerdo con los expertos, el síndrome bipolar se acentúa con el alcohol y con antidepresivos, y ella activó el gatillo al tomar alcohol y después al ser víctima de un diagnóstico errado que le prescribió antidepresivos.

Me aterraba pensar que Antonieta, mi hija menor, se encontrara en la misma situación.

Por la noche, en Chicago, en cuanto Adriana y yo tuvimos un tiempo libre, la puse al tanto de lo que había descubierto en el artículo. Su cara también mostró preocupación, pero en muchos momentos mi hija mayor sabe imprimir calma en una emergencia; sin olvidar que ella ha sido una segunda madre para su hermana menor, a quien tenía viviendo en su casa en Ohio. Nadie mejor para evaluar la situación.

1.-Muestra gran ansiedad al separarse de la familia.

2.-Experimenta constantemente gran preocupación o angustia.

3.-Dificultad para levantarse por la mañana.

4.-Hiperactividad por la noche.

5.-Problemas para conciliar el sueño.

6.-Terror a la noche o despertar frecuentemente a mitad de ésta.

7.-Falta de concentración en la escuela.

8.-Deficiencia para escribir a mano.

9.-Dificultad para organizar las tareas diarias.

10.-Distracción constante por cualquier cosa.

11.-Quejas continuas de estar "aburridos".

12.-Tener multitud de ideas al mismo tiempo.

13.-Periódicamente hablar rápido y atropellando palabras.

14.-Rehusarse a aceptar órdenes de superiores o familiares.

15.-Periodos de extrema hiperactividad.

16.-Cambios abruptos de temperamento.

17.-Irritabilidad momentánea por cualquier cosa.

18.-Reírse, carcajearse exageradamente sin razón alguna.

19.-Exagerar sobre sus habilidades o sobre sí mismo.

20.-Conducta sexual inapropiada.

21.-Sentirse criticado o rechazado al menor comentario, no necesariamente relacionado con él o ella.

22.-Mostrar una disminución en la capacidad de iniciativa.

23.-Periodos de poca energía o aislamiento de los demás.

24.-Periodos de baja o muy pobre estima y dudas sobre sí mismos.

25.-Ante la menor demora de tiempo, mostrar intolerancia.

26.-Exigir, sin consideración para otros y sin importar nada más, la satisfacción de sus propias necesidades.

27.-Pelear con adultos o superiores u otros a su alrededor.

28.-Desafiar o rechazar cumplir con reglas establecidas.

29.-Culpar a otros de sus errores.

30.-Llegar a la frustración y rabia cuando se imponen límites.

31.-Mentir por cualquier cosa y para evitar ser sancionado por sus actos.

32.-Carácter explosivo, con rachas de ira.

33.-Destruir objetos y animales intencionalmente.

34.-Vivir en el enojo como un vicio.

35.-Amenazar a otros con dañarles.

35.-Amenazar de muerte en medio de un estado de furia.

36.-Fascinación con la sangre o lo macabro.

37.-Sentir o escuchar alucinaciones.

Dieciséis respuestas positivas indican que debemos llevar a nuestros hijos a evaluación de un especialista.

Al revisar varias veces la lista, Adriana nuevamente me infundió calma: "No, mamá, qué va. Algunas situaciones son similares, pero no pasan de cinco y son las más leves. Por supuesto que no estoy convencida. Por el contrario, si se entera de algún síntoma de los que aparecen en la lista, como quiere preocuparnos, a lo mejor comienza a hacernos creer que padece el síndrome bipolar. Así que lo mejor será callar por el momento y observarla". Así lo hicimos.

¿Qué sucedió? Afortunadamente nada tenía que ver con ella y, por tanto, no busqué soluciones desesperadas a sus cambios de conducta en esa rama de la medicina siquiátrica, porque una de las cosas que más me impresionó del libro de Lizzie Simon es su señalamiento de que la mayoría de los terapeutas no entienden bien el fenómeno pues en jóvenes y adolescentes es algo nuevo. Tampoco se habla de que los padres, en nuestro intento de tener respuesta, forzamos a los médicos a dar un diagnóstico apresurado que puede caer en el error.

Entonces seguí el consejo de Adri. Si usted está en la misma situación, hágale caso. Observe y espere, que ése será el mejor primer paso. Para lo demás habrá tiempo.

Fiestas *rave, roofies* y éxtasis

A Dios gracias ninguno de éstos ha sido mi caso. A Dios gracias. Pero no por eso iba yo a callar los nuevos peligros. Crecí, como la mayoría de mi generación, con miedo al alcohol y a las drogas conocidas: cocaína, marihuana y crack. Pero nadie nos dijo nada de esas otras cosas que ignoramos y que matan y envician igual o peor a nuestros hijos.

Ahora no sólo es cuestión de estar alerta acerca de si van a fiestas en las que puedan tener alcohol –debido a las consecuencias de ingerirlo en edad prohibida– o de que por eso tengan un accidente de tráfico o que los arreste la policía, no. Ahora el peligro comienza con todo lo contrario, y me explico mejor.

No puede haber nada más tranquilizante para un padre que nuestros hijos nos pidan permiso de ir a una fiestecita en la que no se vende alcohol. Entonces rápidamente damos permiso y bendición para que nada malo pase, ¿verdad? Lo que pocos imaginan es que ése es precisamente el peor de los peligros. Si la fiestecita en cuestión es de las llamadas rave ¿Lo sabía usted?

Hasta hace un par de años, la palabra me fue tan ajena como las medidas del estrecho de Behring –por donde supuestamente pasaron los primeros pobladores de América–. Rave nos sacudió a los padres de la escuela de Antonieta cuando la dirección decidió expulsar a dos alumnas por tener en su poder una invitación para un evento de éstos. Las dos muchachas verdaderamente no tenían culpa alguna.

Ambas, simpáticas, brillantes, deportistas, y, por supuesto, con muy mala suerte para haber sido sorprendidas en un malentendido. Los padres fuimos a hablar en favor de ellas, pero nada hizo cambiar a la dirección de la escuela, que decidió seguir adelante con el castigo para que sirviera de ejemplo. Acaso les permitieron estudiar en casa y presentar exámenes pero durante ese año no volvieron a la escuela.

Cuando pregunté a Antonieta y a Adriana sobre las mentadas y peligrosas fiestas rave la respuesta fue la misma: "¡Ayyy, mamá! ¿En qué mundo vives?"

—Ni te preocupes por nosotras –dijo Adri–, yo ya no estoy para eso.

—Y yo –aseguró Antonieta– ni tiempo tengo para bañarme... menos para ir a una de esas. ¿A qué hora si siempre estoy entrenando desde las siete de la mañana y tú me llevas y me traes a todas partes?

En realidad en ese momento no era nada que me preocupara ni se volvió a hablar del tema, hasta años después, cuando Sergio Urquidi, mi compañero en el Noticiero Univisión Fin de Semana, hizo un reportaje sobre la nueva diversión de los jóvenes: las fiestas rave, y quedé, como dicen en mi pueblo, sorprendida, con frío y con calor. Así es como he aprendido mucho, viendo televisión, haciendo reportajes, entendiendo los de otros reporteros y observando tragedias que me hacen evitar daños en mi familia.

LAS FIESTAS *RAVE*

¿Qué de malo hay en esas invitaciones de colores tan atractivos como los de un calidoscopio que se distribuyen de mano en mano por las escuelas y en sitios donde hay jóvenes? Tienen el lugar, el mapa, la hora, ¿qué de malo puede haber en una reunión donde no se venda alcohol y sólo hay agua o jugos?

"Ése es el problema", asegura Sergio Urquidi. "Las invitaciones no son para sitios establecidos, sino para lugares escondidos, en bodegas vacías, lotes abandonados, donde caben cientos de muchachos que siguen a un Disc Jockey famoso, o por lo menos popular, que llegue con lo último de la música llamada Tecno. Una música con base en sonidos fuertes, tambores, metálica, estridente... donde la droga éxtasis o la tachas corren entre los muchachos logrando el objetivo de desinhibirlos, hacerlos vivir fuera de la realidad.

"Por lo regular, en los rave no cuesta la entrada o si la cobran es mínima. Pero lo que es carísimo es el agua. Una botellita cuesta diez dólares. Es el mismo caso de los jugos, que venden a la par. A simple vista hay una inocencia total en el lugar en cuanto a las bebidas porque por todos lados uno ve a los muchachos con su botella de agua en la mano... Aunque eso sí, con actitudes sexuales, abrazándose, acariciándose, riéndose como tontos. Entonces uno comprende la necesidad de tener agua al alcance...¡La mayoría está drogada con "éxtasis" y el líquido es lo único que calma el efecto secundario que produce esa droga con un calor extremo en el cuerpo! El policía del condado Miami-Dade a quien entrevisté me habló de la paradoja, ya que no pueden tomar cartas en el asunto: 'llegamos, revisamos el sitio, y no podemos hacer nada porque no están vendiendo bebidas alcohólicas y no hay delito que perseguir'."

Natalia Crujieras, productora asociada del Noticiero Univisión Fin de Semana, hizo un estudio profundo de las fiestas rave y las drogas que venden. En la investigación, durante su maestría en la Universidad de Miami, Crujieras llegó a varias conclusiones sobre los peligros reales de esa subcultura de la diversión entre adolescentes.

"En las fiestas rave –según Crujieras– el peligro no es uno, son varios y gravísimos. Uno de los mayores son los sitios donde las hacen, que no son discotecas establecidas accesibles a hospitales, y si ocurre una emergencia médica por una crisis de droga es difícil que lleguen paramédicos o que el adolescente sea trasladado fácilmente a una clínica en la cual puedan salvarle la vida. No hay que olvidar que uno de los ingredientes principales de esas fiestas es la droga barata, manufacturada clandestinamente por narcotraficantes que le dan, en su forma más rudimentaria, el aspecto de una aspirina y que cuestan entre dos y tres dólares. Comienzan a hacer efecto en veinte minutos y producen primero ansiedad. Inician bailando frenéticamente, agitados, sintiendo aceleración de los sentidos, euforia; a esta etapa la conocen como rush. En éste, las quijadas se traban y la lengua puede irse a la tráquea produciendo asfixia. Del rush pasan al éxtasis. Se sienten perfectos, maravillosos, se sienten bellos, sin defectos. Una muchacha que entrevisté aseguraba que por primera vez sentía que era bonita. Por otra parte, se comportan como si tuvieran retraso mental, juegan con el agua, se aplican Vick Vaporub, que les hace sentir placer por la menta que contiene. Cuando sienten que la euforia se va, mezclan con marihuana para hacerlo perdurar."

¿Por qué el éxtasis actúa de esta forma sobre el cerebro de nuestros hijos? Sencillo. Promueve la producción de serotonina, la hormona que se encarga de dar estabilidad en la zona límbica, que domina las sensaciones amorosas, de ansiedad, hambre y angustia. Así, la sobreproducción de serotonina da la sensación inmediata de euforia y emoción. Aunque al margen de ese efecto se encuentra la gravedad de otro secundario: éxtasis aumenta la temperatura corporal y promueve la deshidratación, porque la serotonina afecta al hipotálamo, que controla las funciones del cuerpo humano, y coloca a los órganos en un peligro inminente de hipertermia, esto es, la aceleración del ritmo cardiaco que desemboca en un infarto.

Cómo descubrirlos

No hay muchas formas. Como padres, simplemente estar ojo avizor. Ver si regresan de una fiesta sedientos, sin que la sed amaine, y agotamiento en general; pueden presentar episodios de baja de azúcar, es decir, desmayos por hipoglucemia.

Peligros

La mayor preocupación es que los jóvenes no creen que esto les cause un daño o que tenga efecto secundario, lo importante es pasarla bien. Pero los daños son similares a los que generan las anfetaminas y la cocaína, además de fallo del corazón y los riñones. La gravedad del uso de éxtasis o tachas es que gradualmente se mueren las neuronas que producen serotonina, vital para el funcionamiento del cerebro. Normalmente toman una, pero cuando han ingerido una sobredosis, sobrevienen náusea, visión borrosa, movimiento ocular rápido, escalofríos, sudor y finalmente desmayo.

En este punto, la sugerencia de Sergio Urquidi es que tomen conciencia de que se están jugando una ruleta rusa porque hay algunos que aguantan el éxtasis sin que pase nada. Pero otros no. Como los que lo van a probar por primera vez miran a los que ya lo hicieron y aparentemente no han tenido problemas, pues lo ingieren. Muchos jóvenes inexpertos han quedado en coma y a algunos les tienen que aplicar respiración artificial para resucitarlos.

Roofies

Y no crea que diciendo "Qué va. Mis hijos no tienen nada que ver con esas fiestas o la droga" ya libró los problemas. Hay otro aun peor, así como lo ve, se llama ROOFIES. Es tan grave, y usted dirá si no, que le llaman la droga de la violación, especialmente porque 22 % de las estudiantes universitarias han sido forzadas a tener relaciones sexuales en una cita debido al uso de los esta sustancia. ¿Quién se las dio? El muchacho que las invita a salir. ¿Cómo se la dio? Simplemente poniéndola en el trago que toman, sea con alcohol o sin él. También un número significativo de hombres habla de haber tenido sexo cuando no les gustaba la muchacha a causa de un roofie.

Lo que como padres nos debe aterrar y tenemos que destacar, es que los roofies se mezclan fácilmente en las bebidas alcohólicas que se dan en las fiestas estudiantiles y que se preparan en un recipiente abierto. Las muchachas pierden el conocimiento, se desinhiben, no recuerdan nada, no saben qué sucedió, hasta el momento mismo de despertar, encontrándose desnudas en un sitio desconocido.

Roofie es el nombre común de la droga Rohypnol, un potente tranquilizante similar al valium pero más fuerte. Es un sedante usado como preanestésico que, combinado con bebidas alcohólicas, produce gradualmente amnesia, relajamiento muscular y hace lenta la reacción del cuerpo. El efecto sedativo ocurre de veinte a treinta minutos después de ingerirlo y puede durar varias horas. Aunque es medicamento como tal, se vende en la calle y su precio por pastilla es de unos dos dólares. En Estados Unidos su venta está prohibida, pero se consigue en toda América Latina, comenzando por México, con prescripción médica.

EFECTOS

1.-Arrastran la lengua, no tienen coordinación y tienen los ojos enrojecidos.

2.-Para hacerlas más duraderas, las combinan con alcohol, cocaína y marihuana; lo que puede producir muerte por paro respiratorio.

3.-Su uso diario lleva a la dependencia.

4.-Su popularidad en aumento se basa principalmente en que, contraria a otras, las roofies son medicina creada en un laboratorio para tratamiento médico, relacionada con los problemas de sueño, y esto, irónicamente, da confianza a los jóvenes para usarla, pues piensan que por ser un medicamento de fábrica es segura, en contraste con las creadas en laboratorios clandestinos donde los ingredientes que combinan son talco, harina, o cal. Grave error creer eso cuando de roofies se trata.

CÓMO EVITAR SER VÍCTIMA

1.-Tomar únicamente bebidas embotelladas como cervezas o refrescos.

2.-No descuidar en ningún momento la bebida. Si fuera necesario hacerlo, tirar ese trago al regresar al sitio.

3.-Nunca tomar una bebida común. Generalmente de los tragos que se preparan en "poncheras".

4.-Entre el grupo de amigos o amigas, designar a uno que permanezca sobrio para vigilar a los demás de un posible ataque con roofies.

Porque toda esta situación es simplemente devastadora para los jóvenes pregunté a Natalia Crujieras sobre las conclusiones de su trabajo.

"El problema con los roofies es que es una droga que se le da a las chicas dejándolas sin decisión, a merced de un violador. Lo más alarmante y peligroso es que, en el caso del éxtasis, los chavos piensan 'si te drogas, bueno pos no supiste'. Pero en el caso de los roofies, se los dan a las chavas para tener sexo con ellas; eso es otro cantar porque es hacer ese daño conscientemente para abusar."

¿Aterrado por lo que le he contado? Por supuesto que sí. Es lo único que nos permite estar alertas y observar lo que hacen nuestros hijos. Recuerde que los tiempos siguen cambiando, y que, si hace unos años para los muchachos divertirse significaba ir al mall, a fiestas en casa de amigos, a una que otra discoteca, eso es simplemente pasado. Ahora estar a la moda es saber qué sucede en las fiestas rave, experimentando con éxtasis o roofies.

¡Ah!, y algo más antes de cerrar este capítulo. Una de las compañeras de Antonieta, una niña bien e hija de familia, traía un frasco de colirio un día que llegó a casa y actuaba en forma rara. Evitó hablar conmigo, lo que me pareció extraño, porque siempre platicábamos cuando venía. Tiempo después supe que el novio con el que andaba le había dado marihuana y, antes de volver a su casa, tendría que quitarse el enrojecimiento de los ojos o podría ser descubierta por sus padres. Imagino que ellos nunca tuvieron la mínima idea de lo que sucedía ni relacionaron sus cambios de conducta con lo que produce tomar ciertas drogas.

Ser padres de adolescentes es aprender diariamente una lección. La de este capítulo: por favor no crea que las niñas hijas de familia, las niñas bien de colegios católicos o escuelas privadas no corren peligro. Todas, absolutamente todas están expuestas al peligro —y los muchachos también, a merced de una violadora sorpresiva que tenga roofies en su poder—, así que esté al pendiente de las fiestas a las que van, de cómo llegan de éstas y no descarte que hoy fiesta sin alcohol no es nunca más sinónimo de sana diversión. ¡Qué va!

Adicción a internet

Eran los últimos días de diciembre de 2002 y Fabio, mi marido, y yo llegamos de vacaciones a España. La euforia por los días de descanso tenía un motivo más de alegría: en Madrid conoceríamos personalmente a Mercedes Juan, cibernauta española oriunda de la provincia de Alicante, quien se ha convertido en amiga y la mejor aliada y defensora de mis libros y reportajes. A Mercedes la conocí a través de Univision.com. cuando hace años me envió un mensaje que entonces respondí agradeciendo su gentileza, y así se inició la ciberamistad. Hemos llegado a ser tan buenas amigas que debo confesar que el día que nos vimos frente a frente, era como si nos hubiéramos conocido de siempre. Cuando en la redacción del Noticiero Univisión les conté que me reuniría con quien es famosa en el foro de la cadena, muchos se preocuparon, entre ellos mi compañero Sergio Urquidi: "¿No te da miedo que sea una persona diferente a lo que te ha dicho? Eso es algo muy común entre un gran número de usuarios de la red". Mi respuesta fue un rotundo no.

Esta profesión nos convierte en detectives de ocasión y, con la rutina, el oído se entrena para descubrir falsedades. Por lo demás, siempre he sido intuitiva y huelo el peligro. Con Merceditas Juan nunca temí nada, por el contrario. Fabio y yo la invitamos a que pasara unos días con nosotros en Madrid, pero ella, que es concertista de música clásica en una Camerata en la que toca la viola, precisamente en Navidad tiene la mayor cantidad de trabajo, así que sólo pudo estar con nosotros unas horas. Ella llegó antes que nosotros al hotel en el que nos hospedaríamos, de manera que fuimos a buscarla a su habitación. Fue emocionante el momento en que esa muchacha —que me había brindado incondicionalmente una gran ayuda durante el proceso de mis dos primeros libros— y yo finalmente nos encontraríamos. Cuando abrió la puerta, Fabio, que desde afuera observaba la escena, dice que fue emotivo, especialmente porque ella resultó ser tal como siempre se mostró a través de los cientos de mensajes que me había enviado en dos años.

"Está bien –dirá usted–, pero eso qué tiene que ver con lo otro." Y le respondo que mucho. No todos los cibernautas tienen la suerte, como yo, de toparse con personas genuinas que no hacen mal uso de internet para perjudicar a los demás.

Como dije desde el principio, este libro no tiene sólo historias mías, sino la inquietud de miles de padres que diariamente se enfrentan a nuevos peligros con sus hijos adolescentes, mismos que yo desconocía. Estudiarlos en forma rápida y efectiva, además de descriptiva, fue precisamente el trabajo de Mercedes Juan, quien sirvió de voz para traerme esos "otros" problemas de los que pocos hablan abiertamente. No hubo tema que Mercedes Juan no investigara exhaustivamente. Así hallamos a personajes de carne y hueso que compartieron sus historias en capítulos como el 24, dedicado a los jóvenes gay, lesbianas, bisexuales y transgénero, por mencionar algunos.

Pero aquí llego al punto álgido: entre las sugerencias hubo algo que nos aludía directamente, varios padres nos retaban.

"¿Por que no hablar de lo que muchos vivimos a causa de la adicción de los hijos por la internet? ¿Acaso porque usted se beneficia del poder de la red para dar a conocer sus libros o para tener contacto con los cibernautas de su foro en Univision.com eso le impide hablar o escribir sobre una pesadilla doméstica?"

Estas inquietudes, me pusieron como dicen en mi pueblo, "la tapa al pomo". ¡Por supuesto que no! Si he sido capaz de abrir mi corazón con el tema de la violencia juvenil que dañó a mi hija menor, ¿por qué iba a ignorar este otro "monstruo" que está dañando el cerebro de nuestros hijos y las relaciones familiares? Era cuestión de investigar. Y nuevamente la dedicación y el tiempo de Mercedes Juan le llevaron a colaborar conmigo en historias de foristas jóvenes de Univision.com. Comenzando por ella.

"Personalmente no soy una adicta a internet porque cuando he estado viendo páginas o en el foro de María Antonieta Collins –que es donde mayor tiempo paso–, siempre soy consciente del tiempo que empleaba y por qué lo hacía. También sé que cuando cierro la pagina y apago internet, no me siento culpable del tiempo que he pasado comunicándome con otros, ni tampoco siento ansiedad ni dificultad para desconectarme. Por ello sé no soy adicta a internet. Es cierto que los primeros días, cuando la instalé en casa, pasaba horas navegando y me enfadaba bastante con mi hermana pequeña, que es quien la utiliza conmigo. En algún momento, cuando ella ha estado online, he sentido necesidad de revisar el correo y también he sentido un poco de ansiedad por mirarlo, y alguna vez le he dicho algo como 'tengo que mirar un trabajo urgente' para entrar al foro de Mac y a leer mi correo, pero me consta que mi hermana también me ha hecho lo mismo. Tengo muy presente que si estos síntomas de ansiedad se agudizan, empieza el verdadero problema de adicción. Pero no es mi caso, afortunadamente."

En los últimos diez años, los científicos se han avocado a perfeccionar los estudios sobre lo que ya están seguros que es una moderna enfermedad surgida del uso y el abuso de la tecnología: Info Adicction Disorder (IAD), que en español se conoce como "Netadicción" o "Internetadicción", y que afecta por a entre cinco y diez por ciento de los usuarios en el mundo. Una estudiosa del fenómeno, la doctora Kimberly Young, quien hace años como investigadora de la Universidad de Pittsburg comenzó a ser considerada una autoridad en la materia de tan moderna adicción, llevó a cabo los estudios que han identificado otro término importante: el "netdependiente" o "adicto a la Internet que es quien realiza un uso excesivo de la red, lo que altera su vida diaria con la familia y en el trabajo."

DESCUBRIENDO AL "EXTRAÑO" EN CASA

De acuerdo con la doctora Young, quien a través de sus investigaciones y del sitio www.netaddiction.com lidia diariamente con todo tipo de dependencias cibernéticas, los padres son los primeros en enfrentar a un enemigo desconocido que se escuda en el anonimato de la red para cometer específicamente delitos sexuales con usuarios menores de edad que navegan sin vigilancia adecuada.

En parte por apatía, en parte por desconocimiento, pocos padres saben que los números indican que UNO DE CADA CINCO NIÑOS recibe proposiciones para tener sexo por computadora y que UNO DE CADA CUATRO también recibe imágenes pornográficas vía correo electrónico. Y el problema nuevamente es la ingenuidad que tenemos ante una computadora y cómo manejarla cuando nuestros niños saben más de electrónica y computación, lo que los coloca en una situación de desventaja ante el peligro.

La mayoría piensa que comprando programas que filtran y detienen tanto pornografía como depredadores sexuales en correo electrónico, estará a salvo, pero ignoramos otros asuntos por desconocimiento del idioma y por falta de información. ¿Se ha detenido un minuto a pensar en la posibilidad real de que los acercamientos de los violadores potenciales no está en su buzón, sino en los chat room de internet, mismos que un programa regular no detecta? ¿Sabe acaso que los foros de plática son los más populares entre menores? ¿Alguien le ha dicho que, a pesar de que usted vigile lo que hacen sus hijos pequeños en el monitor, eso no significa que descubra las técnicas cibernéticas que los pedófilos y abusadores utilizan para buscar y provocar a sus futuras víctimas?

Mercedes Juan ahonda en otro punto sumamente grave y desgraciadamente muy común: "Internet es una copia del mundo real, en el que puedes encontrar absolutamente todo tipo de personas, que pueden ser verdad o 'imaginarias' porque viven en una mentira consigo y con los demás. Cuando se juega al engaño y aparentan algo que en realidad no son, el daño que hacen es 'real' porque invaden tu vida; y, si los dejas, utilizan y juegan con quien pueden. Éste es el talón de Aquiles: muchos que no saben diferenciar el mundo real del irreal".

TODO EMPIEZA SIN DARSE CUENTA

Irónicamente y donde menos pensamos, puede nacer el problema. La adicción a internet comienza en las escuelas, como asegura la líder del foro Jóvenes Hispanos de Univision.com, "Diosa del amor".

"Cuando investigaba las causas, encontré algo que parece increíble. La escuela influye mucho en el uso y el abuso de las computadoras. Dependemos de ellas para todo tipo de información, para hacer las tareas, y por ahí se comienza; después, las cosas siguen sin que nos demos cuenta, hasta que estamos atrapados. A los niños, a quienes atrae tanto internet porque les entretiene con juegos electrónicos y que se convierten en usuarios cautivos, hay que enseñarlos a utilizar la computadora como una herramienta en su favor. Sin lugar a dudas internet ofrece claras ventajas, sobre todo en el campo de la educación, pero hay que tener en cuenta que los menores son el grupo más vulnerable dentro de los usuarios de la red, ya que pueden tener acceso fácilmente a la violencia, al racismo, a la pornografía, lo que alterará su desarrollo mental."

ENFRENTANDO AL OTRO MONSTRUO

Mientras las historias son de "quedar con calor y con frío", aparece el segundo grupo en riesgo: los adolescentes. Un buen número de maestros universitarios me han confiado la misma inquietud.

"Si por las noches o madrugadas usted pasa por bibliotecas o salones de estudio de los Colleges, campus o dormitorios estudiantiles, es normal ver a cientos de jóvenes desesperados escribiendo en las computadoras. Hay que ser tonto para no darse cuenta de que esos muchachos no se están desvelando por responsables, ni teclean como traductores de una corte porque están apurados terminando un proyecto para entregar al día siguiente, no. La gran mayoría está enfrascada en conversaciones por internet. ¿Qué revela esto? Que son un grupo adicto al síndrome del que se comienza a saber cada día más y más."

"Diosa del amor" le dio la razón. Ella misma, una joven de 21 años, vivió lo que muchos de su generación: depender las veinticuatro horas del día de la computadora.

"La verdad que he estado en la situación de la internet-adicción no una, sino varias veces. Las cosas fueron tan mal porque me desconecté del mundo para quedar prendida de la computadora... y me quedé sola. Tampoco me pude dar cuenta de que mis amigos se alejaron porque estaban cansados de intentar que yo reaccionara y veían que por el contrario, yo me sumergía más y más en algo que es fantasía y mentiras. Poco a poco he logrado ir dependiendo menos de esto que considero un vicio. ¿Cómo le hago? Tratando de controlarlo y no permitiendo que me controle. Sigo usando la computadora dos horas al día máximo, leo los correos electrónicos, entro al foro, hablo por el mensajero, pero es totalmente diferente a lo que era antes, cuando por lo menos pasaba pegada al tablero ¡siete horas! Y se me hacían pocas. Mi mamá me decía: 'si la internet te diera algo bueno o dinero, pues entonces quédate sentada ahí todo el día, pero lo único que ha hecho esa máquina es darte problemas y aislarte del mundo'."

En menor escala era el mismo caso de la cibernauta Estrella Garza a los dieciséis años:

"Hace un poco más de cinco años, cuando no me pasaba por la mente tener una computadora ni cómo usarla, yo tenía una vida bastante normal, como la de todo adolescente. Ir a la escuela, estudiar, pasarla bien con mi familia y amigos. Pero cuando empezó el boom de tener tu propia computadora en casa con internet y que supuestamente era para ayudarte a hacer trabajos escolares, mi vida comenzó a cambiar radicalmente. Poco a poco fui dejándome llevar por el maravilloso mundo de la red. Al principio entraba esporádicamente a navegar o a buscar información para mis tareas escolares, pero con el paso del tiempo empecé a interesarme por conocer gente, chatear, entrar a foros de discusión de temas que me interesaban y así he hecho grandes amigas, pero también he ido aumentando el uso de mi computadora.

"El Internet es como toda adicción. Se va apoderando de ti y de tu tiempo sin que estés consciente de que sólo tienes ganas de estar sentada enfrente de un monitor. Eso es muy dañino y, como todo vicio, es difícil de dejarlo."

Uso y abuso

Cuando un síndrome es de tan reciente descubrimiento, y teniendo como base que las investigaciones pueden durar años hasta que la comprobación no diga lo contrario, la gramática juega un papel que marca pautas. Por tanto, hay que manejar claramente los términos: hay quienes dependen de internet y computadoras por motivos de trabajo, y por consiguiente tienen que pasar largas horas navegando por la red. A esto se le llama uso.

El abuso es distinto. Éste puede marcarse después de permanecer más de dos horas diarias conectado en la computadora como diversión, en juegos de video, en sitios de plática y en el intercambio de correo electrónico.

Es importante señalar que tal como sucede con adicciones al alcohol o la marihuana —por darle un ejemplo gráfico— en las que no todos los que beben o fuman se convierten en adictos, pasa con la dependencia a internet. Hay cibernautas cuyo control mental les ha dado los mecanismos de rechazo y salen a corto plazo del problema mejor librados que otros. Es cuestión de observar y cuestionarse con honestidad.

Señales de alerta

"Internet es una forma de hacer lo que no puedes en la vida real", aseguran los cibernautas. Por eso es importante que conozca la vigilancia y seguridad que su proveedor de internet le ofrece sobre las denuncias de mal uso por parte de los foristas.

Me consta que Fernando Escobar o Lotty Vargas, esta última supervisora de Univision.com, tienen especial cuidado con lo que hace y dice la gente en los foros.

Me consta que Lotty Vargas personalmente investiga con seriedad cada denuncia, aplicando la política de la empresa de prohibir instantáneamente el acceso a quienes son detectados haciendo mal uso. En Univision.com también se ofrecen consejos para evitar ser víctima de delincuentes disfrazados. En los numerosos foros, una de las grandes advertencias es lo que debe hacerse al conocer personalmente al cibernauta que se ha tratado por la red. Hay que acudir a la cita acompañado, avisar dónde va a estar, no dejarse llevar por el corazón y los sentimientos y, sobre todo, tener en mente la precaución. Pero las alertas se tornan rojas por otros sentimientos totalmente individuales: la conducta obsesiva que llega a posesionarse del cibernauta.

"Digo esto también por mí –asegura Diosa del amor–. Hay foristas que toman las cosas muy en serio, y, si pudieran, en ese momento quisieran matar a alguien, lo que muestra una señal inequívoca de dependencia. Como líder del foro de jóvenes hispanos, hubo momentos en que cosas como ataques a la actuación de uno en el foro o los insultos que se dicen, me afectaron al grado de alterar mi vida diaria. Con eso pude saber que aquello ya era demasiado. Entonces me dije 'tengo que darme un tiempo para pensar qué estoy haciendo aquí. Tengo que salirme de esa máquina, tener amigos, tener vida social. Recuperar a todos los que se alejaron de mi vida cuando comenzó esta adicción'."

Estrella Garza: "Por estar pegada a Internet un día en que un chat era súper importante para mí, dejé de lado responsabilidades y me costó caro. Decidí reportarme enferma para quedar en la computadora y hacer como si nada pasara, pero una de mis hermanas se dio cuenta y me delató con mi mamá. ¡Para qué contar que se armó un lío! Y no nada más ahí. Perdí mi trabajo por faltar. Y para acabarla de perjudicar, mi mamá me sentenció: 'vas a estar castigada un mes sin computadora'. ¿Un mes sin computadora? ¡Y yo con el vicio de internet! Fue desesperante porque cumplió la amenaza. Total, lo único que logré, además de que mi mamá se desilusionara con mi actitud y de salir sermoneada por todo el mundo, fue el cargo de conciencia porque siempre supe que todo eso me había pasado por la adicción a internet. Ha pasado el tiempo y ahora siempre tengo en mente la responsabilidad. Pongo las cosas en una balanza y escojo mis prioridades para que no me convierta en una enferma más de la Internet".

EL EXAMEN DE CONCIENCIA

¿Cómo saber con certeza que el síndrome de adicción a internet nos ha atrapado? Numerosos expertos coinciden en los síntomas principales: preocupación y ansiedad por conectarse, experimentar felicidad y satisfacción al usar la red, intentos fallidos por detener o por lo menos reducir la dependencia a la computadora, quedarse más tiempo del que puede o quiere, sentir rabia y frustración si no se conecta, que el uso indiscriminado le haya hecho perder oportunidades de estudio o trabajo, mentir sobre la cantidad de horas que pasa navegando y lo que realmente se dedica a hacer ahí dentro, y, finalmente, evadir problemas, frustraciones, ansiedad, o vivir una doble personalidad. Reconocer por lo menos cuatro características es signo de que debe buscar ayuda para detener lo que puede agravarse con el tiempo.

Si su caso es el de un cibernauta con gran fuerza de voluntad, entonces es cuestión de decisión y hacer lo que a otros funciona. Mercedes Juan tiene sus propias sugerencias.

"Haz un horario y nunca enciendas la computadora salvo en el tiempo que te has marcado. Si has agotado tu tiempo planeado y quieres seguir, si es necesario, pide que te llamen la atención en casa. Del mismo modo, si te conectas en un cibercafé, da órdenes para que no te dejen utilizarlo luego de cierto tiempo."

"Diosa del amor"no se quedó atrás.

"Como mi mama jugó un gran papel porque todos los días me decía lo que le dolía verme prendida en la computadora y sin amigos, fue cuestión de razonar que mis problemas y el mundo real no estaban, ni estarían dentro de la máquina. Para terminar con aquella situación, comencé a leer mucho, a hacer ejercicio, a cuidarme físicamente y, sobre todo, a tener una relación sana con la computadora. Aprendí a entrar, revisar el correo y seguir la meta de estar ahí una hora o máximo dos al día." ·

En "Diosa del amor" la recuperación es loable, especialmente porque siendo líder de un foro, tuvo que frenarse ella misma sin excusas que le hicieran recaer.

TRATAMIENTO

Hay infinidad de sitios en español, por mencionar alguno, el Center fon On-Line Addiction, que ofrece múltiples soluciones para todo tipo de problemas que surgen de la dependencia a Internet. La pagina del Instituto Español para las Adicciones ofrece variedad de recursos, aunque, como en todo tipo de problema que crea hábito, el primer paso para la recuperación siempre será con base en dos puntos: aceptar que se tiene el síndrome y mostrar fuerza de voluntad para salir de él.

OJO, MUCHO OJO

Al igual que con los otros problemas de los hijos adolescentes, los padres siguen jugando el papel crucial. Las cibernautas que vencieron una adicción le dan mérito a sus madres. Tome nota.

Estrella Reséndez de Garza, madre de la forista Estre de Univision.com y de tres hijas más con edades que oscilan entre los 19 y los 9 años, asegura que vigilancia es lo que evita que caigan en el vicio.

"En realidad nunca me preocupé porque llegaran a desarrollar una adicción. Mis temores eran otros, como que entraran a ver cosas que no les convinieran o que se desvelaran por estar en la computadora hasta muy tarde. Así que constantemente voy a su recámara, vigilo lo que están haciendo en la computadora y realmente no hemos tenido problemas graves, aunque repito, la supervisión a tiempo evita los males. A mi hija la menor, una niña de trece años, le sucedió algo desagradable que le ha dado una lección. Una persona, seguramente mayor que ella, comenzó a enviarle correos obscenos. Afortunadamente estar pendientes de lo que hacen, nos hizo darnos cuenta de lo que estaba pasando. Hablamos con ella y le explicamos los peligros de gente pervertida y también marcamos claramente que si insistía en entrar a sitios peligrosos le cancelaríamos la internet. No hubo necesidad de hacerlo porque ella entendió."

DISCIPLINA Y SENTIDO COMÚN

Estrella Reséndez de Garza, comparte sus sistemas que le han funcionado.

1.-Si se desvelan por estar en la computadora, de antemano saben que les va a costar trabajo despertarse temprano para ir a la escuela. Personalmente vigilo la hora en que se levantan, así que es difícil que no me dé cuenta de que algo malo sucede a mis espaldas mientras duermo.

2.-Como disciplina mi esposo y yo hemos establecido que las horas en que convivimos como familia, ellas tienen que estar con nosotros y no aceptamos que la otra actividad cobre mayor importancia que las relaciones de familia.

3.-No les permitimos que dejen de hacer su vida normal, con el pretexto de que están en internet. La hora de las comidas es intocable, y cuando comemos, también ellas están ahí y no en algún chat.

"Tampoco consideramos a la computadora ni a internet como un rival de nuestra convivencia, por el contrario. Estamos convencidos de que es algo muy interesante porque les sirve en su vida diaria, dándoles la mayor cantidad de información que nunca antes se soñó tener. Así que únicamente hay que saber utilizarla y la base seguirá siendo el control y el sentido común. Con esto, no hay adicción que se apodere de un muchacho o muchacha, porque simplemente no tiene espacio donde crecer."

Finalmente, y como les digo en Univision.com, yo he sido bendecida con foristas que me han dado su cariño, lo que no me permite, por conflicto de intereses, hablar más. Les dejo a Estre y Mercedes con sus experiencias de cómo las cosas son dependiendo el cristal con que se miran.

Estrella Garza. "Será adictiva, pero al mismo tiempo, esta adicción a internet me trajo un beneficio que nunca imaginé recibir directamente: me sirvió como la conexión con mi actriz favorita y eso alimentó más la dependencia. Un día, por un golpe de suerte encontré el correo electrónico de Marcela Pezet, la coprotagonista de la telenovela La Revancha. Yo quería felicitarla por unas escenas que me conmovieron. Le dije que si se trataba de la actriz, la felicitaba por su trabajo y si no, que por favor borrara el mensaje. Al día siguiente Marcela me respondió y me dijo que quería continuar en contacto pero que en ese momento viajaría a Londres; cuando regresara se comunicaría conmigo y así fue. Continué esta relación con el permiso de mi familia. Incluso mi papá me acompañó hasta Los Ángeles, donde reside Marcela, para conocerla. Fue una gran experiencia.

"Así nacieron muchas cosas buenas también cobijadas por internet. Resulta que yo había buscado información sobre Marcela Pezet y al ver que en la red no había nada sobre ella, decidí hacerle una página a través de la cual ella se comunica con sus fans, pues a partir de ese momento estableció comunicación con otras admiradoras. Después de casi tres años, nuestra amistad sigue creciendo con el paso del tiempo."

Mercedes Juan. "Para finalizar diré que cuando comenzaron estas aventuras cibernéticas, en casa no entendían cómo podía pasar mi tiempo frente a una computadora, y mucho menos en América, tan lejana a España. Pero cuando vieron que no sucedió nada malo que pudieran temer, se convencieron de que esto de internet es benéfico si se sabe utilizar, y en mi caso ha sido un placer y una suerte conocer a María Antonieta Collins, luego de un correo electrónico hace ya casi dos años."

En fin, que cada quien habla de la feria como le va en ella. Pero la suya, la de su hogar, depende de la seriedad con que piense que más vale prevenir que lamentar.

RECOMENDACIONES

1.-Supervise las actividades de sus hijos con la computadora.

2.-Manténgase alerta a los signos de peligro: se desvelan por estar en internet, se levantan tarde, no cumplen con las tareas escolares.

3.-Si son menores de edad, active la infinidad de controles para que no tengan acceso a sitios prohibidos. Hay programas que copian lo que escriben y se lo envían a usted para que sepa lo que están haciendo.

4.-Marque límites entre el entretenimiento y lo positivo de la información de la red cibernética y lo que ésta puede afectar la vida diaria de sus hijos y de la familia.

5.-No permita que la hora de la convivencia se altere por la ausencia de los hijos que prefieren estar chateando.

6.-Adviértales de los peligros de la adicción, como pueden ser violadores, abusadores sexuales, delincuentes que cometen fraudes. Prohíbales dar los datos personales tanto de ellos como de los adultos de su casa.

7.-En caso de un acoso sexual a través de internet, repórtelo a la policía. En Estados Unidos las autoridades han emprendido una campaña encaminada a encarcelar a los depredadores sexuales que buscan de niños para satisfacer sus bajos instintos.

8.-Enlaces para información: Univision.com a través de cibernautas como Fernando Escobar, su consejero, puede responder sus inquietudes sobre internet. Además, recuerde utilizar en su favor los beneficios de información de la red, como estos sitios.

www.ieanet.com/www/netad.htm
www.netaddiction.com
www.listserv@netcom.com

De la moda, lo que acomoda

La escena ocurrió hace dieciocho años por lo menos. Vivíamos en San Diego, California, y recibía a una amiga que venía a comer. A mi lado, mi hija mayor, entonces de unos doce años y orgullosa del atuendo que vestía, escuchó de la visita el más impactante cumplidos: "Que graciosa está la niña y qué bonito el disfraz de Madonna para Halloween, ¿Dónde lo compraste?" Confundida e impactada respondí: "¿Disfraz? ¿Halloween? ¡No! Ésa es la moda para niñas de su edad". Aquella mujer por poco se muere de la vergüenza por la "metidota de pata" que acababa de dar. Inmediatamente me fijé en el "disfraz" que ella pensó que Adriana usaba. Efectivamente, era la moda de Maddonna –a Dios gracias, era el tiempo de "Material Girl" es decir, "La chica material"– cuando la reina del pop aún no entraba en los alardes sexuales de aquellos brasieres de picudas copas. Maddonna estaba en el momento de los grandes moños de tul negro adornando la cabeza y los guantes de nylon transparente con la mitad de los dedos al aire, como si fuera corredora de autos.

Ni qué decir que, enfurecida con la rebeldía natural de los doce años, Adriana se encerró en su recámara y no salió de ahí hasta que la invitada se fue. La pobre mujer me había dado mil y un disculpas que no pudieron remediar el mal momento. Pero esa noche, antes de dormir, reflexioné en la profundidad de lo sucedido. El vestuario de mi hija provocaba que la confundieran y que la vieran exactamente como se veía: como si llevara un disfraz, y ése era el mensaje. Era moda, sí, pero ridícula.

Me sentí culpable porque, a fin de cuentas, ¿quién más podía serlo, si yo compraba su ropa? Prometí, entonces, luchar para que ninguna de mis hijas volviera a vivir un episodio similar, lo que a partir de ese momento y durante una década nos enfrascó en el "estira y afloja" de madre e hija sobre lo que debía vestir y lo que no. Mientras yo costeaba su vestuario pude controlar los excesos... más o menos. Pero una vez que trabajó y con su dinero compraba lo que quería, en unas cuantas ocasiones, debo confesar, lo que se ponía llegó a quitarme la respiración. Después pasó el tiempo de la rebeldía y los códigos de vestir en los sitios donde trabajó, ayudaron a olvidar las excentricidades.

Pero, fíjese bien, hablo de excentricidades, que era lo que imperaba en aquellos años. Ahora, Britney Spears, una de las seguidoras de la Maddonna de hace dos décadas, rige y decide lo que tienen que usar nuestras hijas para estar in.

Le llaman la moda Britney; sin duda alguna, de gran contenido sensual. El problema es que a los once o doce años no muchos entienden lo que significa sensual y sexual e imitan el atuendo sólo porque lo viste su estrella favorita.

Por pasajes de la vida diaria como el que me sucedió, éste es uno de esos capítulos en los que, sin alegato alguno, acepto que nosotros los padres tenemos la culpa. Es probable que se esté preguntando de qué culpas hablo. "¿Y ahora qué animal le habrá picado a la doña se nos está volteando en contra?" dirá usted.

Cualquiera de nosotros ha soportado una y mil veces perretas y súplicas de hijas e hijos a partir de los doce años de edad: "Please, no seas malita y cómprame esta mini falda y el pullover porque si no voy a verme horrible". Cuando usted está a punto de pagar el atuendo, se da cuenta de que la falda más bien parece una toalla de manos por pequeñita, y el pullover o camiseta podría haber encogido en una mala lavada, porque deja a la intemperie del busto para abajo —incluyendo el ombligo y buena parte del trasero—.

Usted justifica la tendencia en forma sencilla: "Es la moda Britney impuesta por la cantante y seguida por millones de muchachos. Con eso, seguramente mi hija va a lucir como una estrella". Sus pensamientos se interrumpen con la angelical voz que respira aliviada. "Más que eso, mami, así nadie se va a burlar de mí porque parezca nerd." Una historia común y corriente. ¿verdad?

¡Nerd! Nuevamente la fregada palabrita de las clasificaciones que traté en el capítulo correspondiente. ¿Ve cómo a todo adolescente hay palabras que le hacen o le deshacen la existencia? En este caso tienen que vestir todo tipo de trapos para ser cool, popular, antes que nerd. ¡Qué va!

UNA BUENA DOSIS DE CONTROL Y PODER

La ropa puede llegar a extremos imposibles, me dice la sicóloga Rebeca Fernández.

"A mi consulta llegó una muchacha de unos once años de edad que es preciosa, altísima, pero que a primera vista no podías ver si era hombre o mujer por su indumentaria. Vestía pantalones gigantes, una blusa por lo menos cinco tallas mayor a lo que necesitaba, unos tenis igual de grandes y se adornaba con cade-

172

notas. La madre, que la acompañó a la consulta, no sabía qué sucedía. Yo estaba en verdad impresionada de la ignorancia. 'Señora –le dije–, ¿usted ve algo extraño en la forma de vestir de la niña?' 'Bueno, no, ella dice que quiere ser así porque quiere ser hombre... Además, me dice que ésa es la moda.' Continué preguntando: '¿es normal para usted permitir ese tipo de atuendo?' La respuesta era siempre la misma: 'Es que ella me dice que así se siente cómoda'."

La misma doctora estaba confundida ante lo que podría ser un problema de identidad sexual, y preguntó a la niña si le atraían las muchachas, y la respuesta fue más contundente. "¡No! ¡Por supuesto que no! Sólo los muchachos." La entrevista inicial proporcionó elementos interesantes. La madre estaba totalmente ajena al chantaje que su hija ejercía en ella por el simple hecho de que había sido la "hija de la vejez", es decir, salió embarazada sorpresivamente cuando ella y su marido ya no esperaban ser padres. La muchachita prácticamente creció sabiendo que era the boss y que sus padres le obedecían.

"La madre la trajo a la consulta no por su extraña conducta ni por la apariencia, sino porque en la escuela la rechazaban. Porque las niñas no querían nada con ella ya que no encajaba en ningún grupo, y los varones no la aceptaban porque la creían lesbiana y para ellos eso tampoco era cool. Resultado, aquella niña comenzó a aislarse y a presentar los síntomas de depresión aguda. ¿Y los padres? Sin explicarse causas ni motivos y viviendo en el limbo."

Con la terapia salieron a relucir cosas como lo que la niña consideraba que su modelo a seguir era ¡un basquetbolista! Por eso se vestía así.

"Yo puedo entender –decía la doctora Fernández– que quizás a los trece o catorce años una niña intente y finalmente manipule a los padres en cuanto a ropa y gustos. Pero a los diez años, como era su caso. ¿Qué mensaje le estaban dando ese padre y esa madre? Uno devastador en el comportamiento a futuro: que puede hacer lo que quiera con quien quiera. Como ella jugaba basquetbol, su vida diaria la regía quien ella consideraba su ídolo: un jugador con alma 'rapera'... y la madre no tenía la menor idea."

Por anécdotas como éstas y por las excusas que usted, yo y el resto de los padres y madres en cualquier lugar del mundo siempre tenemos a mano, somos los culpables directos de lo que visten nuestros hijos, y que en mayor o menor grado es producto de la influencia de alguien.

Es cuestión de seguir e imitar. Hay muchos grupos. Los de ropa grande imitan a deportistas o a los artistas de la corriente rap. Mientras unos hacen las cosas por moda, otros por seguir a quienes dictan qué se hace en el grupo al que pertenecen. Y otros más que no saben por qué, en el fondo lo hacen por falta de identidad. Afortunadamente para los padres de muchas adolescentes a quienes es difícil reconocer entre el grupo, las muchachas han optado por lucir iguales, con ropas modernas pero no provocativas. Ahí el problema no es lo que se ponen, sino la marca. Las carteras francesas originales, los zapatos de tal diseñador, y todas deben cumplir con el código de vestir al último grito pero con buen gusto. Desgraciadamente no son la gran mayoría.

Otro número importante de jóvenes entra en otra categoría: la que se deja influenciar por artistas que envían mensajes evidentemente sensuales. Especialmente si Britney o Christina lucen camisetas con la inscripción "Soy tuya, nada más pídelo", de inmediato ése es un producto que garantiza ventas millonarias entre quienes las admiran y que no necesariamente entienden lo que implica la sexual frase.

Aunque muchos se defienden trayendo a colación que la moda estrafalaria siempre ha existido y que, en su momento, los Beatles provocaron los mismos escándalos, para los terapeutas las cosas tienden a salirse de control porque hay una desvaloración de la familia y la religión. Vale notar que los muchachos que viven en familias integradas, no necesariamente con los mismos padres sino con el padre o la madre y sus nuevos cónyuges pero que han establecido reglas, les vigilan y no toleran libertinaje en el vestir, los problemas disminuyen. Otro factor de control importante es la religión, cualquiera que sea, pero que la familia practique en forma constante. Es una premisa sencilla: la religión es un freno que enseña respeto a los lugares de oración. Así aprenden a poner en práctica desde pequeños un código para vestir, y, eventualmente, lo aplicaran como una costumbre en otros ámbitos de su vida diaria.

Precisamente en una iglesia fue donde me encontré a las dos hijas adolescentes de Coynthia Perez-Mon, productora ejecutiva del programa de investigación Aquí y Ahora. Son bonitas, esbeltas y visten moderno y de buen gusto. En la misma iglesia, curiosamente, con sólo voltear la mirada, otros muchachos usaban ropa estrafalaria. ¿Cómo logra Coynthia que esas muchachas acepten reglas? ¿Cómo hacer que la balanza no se desequilibre? ¿Acaso le obedecen sin chistar o no están interesadas en hacer lo que otros jóvenes?

"Nada de eso. Amanda y Melissa tienen las inquietudes y los gustos normales de cualquier adolescente. Por supuesto que hay momentos en que algo no les parece y lo hacen sentir y hablamos. Pero desde niñas, tal como a mí me marcaron límites mis padres, mi esposo y yo hemos negociado con ellas el asunto de lo que visten. En realidad no tuvimos ningún problema que nos alarmara en ese sentido. Han sido bastante buenas. Pero en lo que respecta a qué vestir y en dónde, es asunto de vigilarlos y estar encima de ellos hasta que aprenden. Si yo veo que vamos a un restaurante o a una fiesta, no es cosa de permitirles que se presenten tan casuales como si estuvieran con sus amiguitas y en casa. Hay que hacerles ver que cada cosa tiene su lugar y que no a todas partes pueden ir como quieren. Generalmente, como repito, ha sido un control que desde siempre hemos marcado; para ellas es normal, si tenemos un compromiso, que antes de salir se cambien de ropa por algo apropiado para la ocasión."

Pero hay padres que no tienen tanta suerte como Coynthia con sus hijas. En veintinueve años de reportera de televisión, cuando por asunto de reportajes voy a las escuelas públicas de Estados Unidos y de otros países, invariablemente, al salir, el camarógrafo, los productores y yo comentamos sobre las estrafalarias indumentarias que los estudiantes usan. "¿Vieron esos cabellos pintados de azul o los pantalones cuatro o cinco tallas más grande de lo que necesitan, y que no les deja ni caminar bien?" Y también llega la pregunta que no falta: ¿dónde están esos padres que los ven salir de casa sin hacer nada?

Recuerdo la respuesta de mi compadre, el camarógrafo Jerry Jonson: "¿Dónde están los padres? Pues en medio de un campo de batalla. Muchos no están de acuerdo en lo que los hijos se ponen, pero qué pueden hacer si finalmente terminan siendo víctimas del chantaje que difícilmente pueden rehuir. La mayoría llegan a sus casas agotados del trabajo, uno o dos empleos que tienen para sostener a sus familias, y lo menos que quieren es enfrascarse en más problemas con los muchachos, que de por sí les dan 'dolores de cabeza' con la etapa de la adolescencia. ¿Y encima emprender un pleito perdido como es el asunto de lo que se ponen? Eso es mucho para soportar". Como siempre, Jerry Johnson tenía razón.

Lo que no vemos o no queremos ver como padres, es que con la indumentaria, principalmente las niñas y jovencitas de los once años en adelante, envían un mensaje sexual a través de la ropa. Inés Marina Fajardo, como ya dije en páginas anteriores, maestra de escuela elemental en Miami, es testigo de una moda cotidianamente explícita.

"Son niñas. Definitivamente los padres no se dan cuenta de que son niñas aunque tienen cuerpos de mujer, que se destacan más con cierta ropa provocativa que ellos mismos compran. ¿Y qué sucede con los varones? Que se enfrentan con esta gran cantidad de mensajes sexuales desde el momento en que entran en la escuela y ven a las compañeras en todo un desfile de modas. En sitios tan comunes como tiendas o supermercados, las revistas en los exhibidores de las cajas para pagar —y especialmente las de adolescentes— tienen artículos relacionados con el sexo en artículos escritos de forma atractiva para la vista. Me llama la atención el número de niños que por las tardes en los supermercados se detienen a hojear estas revistas. Así, inconscientemente están siendo dominados por el volcán de hormonas que les explota alterando la conducta y provocando el instinto sexual y con las presiones sociales que les exigen una moda para ser populares."

La profesora Fajardo dice que a menudo algunas alumnas visten tan provocativamente le han forzado a la reflexión.

"¿Qué mensaje envían estas muchachitas bonitas, con cuerpos bien formados, con pantalones de cintura baja que a propósito dejan fuera el elástico de los pantys?"

RESPUESTAS QUE PUEDEN AYUDAR

La moda es también parte del monstruo que dormita en su cerebro durante la adolescencia. Por lo mismo, hay que aprender respuestas que esquiven los golpes que pueden noquear. Aquí hay algunas ideas que han funcionado en otros.

1.-El razonamiento sobre por qué una cosa no es conveniente siempre será mejor. Debemos decir: "Esto no es apropiado, pero, ¿qué tal si compramos ropa que esté a mitad del camino de lo que tú y yo pensamos?

2.-El tantrum, berrinche o perreta porque no les damos la ropa que usan ídolos como Britney Spears o Christina Aguilera aminora si se les explica que ellas son estrellas que viven del espectáculo y, por tanto, viven una situación diferente. Que son mayores de edad y que lo que traen es para un espectáculo y no es apropiado para ir a la escuela luciendo como icono del pop adelantada para su edad.

3.-Usted debe marcar hasta dónde y en qué lugares sus hijos deben vestir como ellos quieren. Coynthia Pérez-Mon negocia con sus hijas de esta forma:

"Cuando se quieren vestir con cosas que verdaderamente son inapropiadas les hago ver que yo cedo en unas cosas pero en otras no. Es cuestión de hacerles ver que no las molesto a diario con su vestimenta, pero que para cosas que son diferentes de lo ordinario, sí."

4.-Las escuelas públicas, en su gran mayoría, han adoptado reglas de vestir en los planteles. Aunque no aceptan las blusitas con tirantes delgados de los llamados "spaghetti strap" ni que se les vea ombligo y piel, ellos mismos tuvieron que ceder ante ciertas cosas. Por ejemplo, ahora las estudiantes pueden usar sandalias de piso o "chanclas" tan populares y que estaban prohibidas por el reglamento. Al dar marcha atrás haciendo excepciones al código, las escuelas pensaron en mostrar flexibilidad ante situaciones razonables.

5.-Marque límites sin remordimiento. No hay nada malo en decir "no voy a comprarte esto". Usted es el padre o la madre y en sus manos está imponer o no los límites de comportamiento. Recuerde que una vez que lo haga, tendrá que mantenerse firme, hasta que poco a poco entiendan lo que usted les quiere enseñar.

6.-Evite hacer comentarios que impliquen que sus hijos no pueden vestir como sus ídolos porque están gordos. Los adolescentes no pueden asimilar la autocrítica y prefieren creer que usted está inventando el calificativo que hiere.

7.-No insulte ni pierda el buen humor al hacer notar lo mal vestidos que están.

Para mí el buen humor lima mil asperezas. ¿Recuerda la anécdota de mi hija Adriana disfrazada de Maddonna? Pues su vestuario produjo una segunda anécdota. En Halloween de 1985 me pidió dinero para comprarse el mejor disfraz que ganara el concurso de la escuela, a lo que respondí sin pensarlo, nada más de verla con los moños en la cabeza y los guantes puestos a toda hora: "¿Comprar el mejor disfraz? No, m'ija, ¿para qué? Si ya lo tienes. Es cuestión de salir así como andas a pedir caramelos y vas a ver que nadie te gana". Hasta hoy recuerdo su cara de burla: "¡Ay, mamá, tú siempre tan chistosita!"

Con los años, las aventuras de Adriana en el mundo de la moda se convirtieron en las anécdotas familiares que más nos hicieron reír, empezando por ella misma. Un día Antonieta me dijo que tanto me escuchó "sermonear" a su hermana durante años, que ella fue quien aprendió la lección. "¿Quieres saber cuál es? De la moda... ¡lo que te acomoda!"

Brujería, góticos, videojuegos y canciones

La lista de los "otros" problemas que cambian a los jóvenes seguía en aumento conforme el libro avanzaba. Como he dicho, donde menos me imaginaba, padres y madres, sabiendo que escribiría un libro sobre adolescentes, se me acercaban para darme sugerencias e historias a cual más interesantes. En varias ocasiones cerré la estructura del libro, y en varias ocasiones también tuve que abrirlo porque como por arte de magia seguían surgiendo, como este capítulo que no toca un caso, sino cuatro.

Me encontraba en una firma de libros en Houston, Texas, y Jorge Ramos me había advertido casi todo lo que sucedería.

"No imaginas, Collins, lo impresionante de esas filas a la espera de que les dediques un libro. No hay con que agradecer que soporten esas colas interminables." En realidad Jorge. porque es un cuate modestísimo. no se da cuenta de que sus seguidoras son ejércitos que por verlo son capaces de todo. Pero no es lo mismo con el resto de nosotros. "No, hombre, tú vas a ver, Collins, qué bien te va a ir, es impresionante."

Y gracias a Dios, Jorge tuvo razón. Era marzo de 2003 cuando tocó mi turno de llegar a la librería Barnes & Noble de Westheimer, y pude ver el agradecimiento del auditorio que nos sigue por la televisión, en esta ocasión con ellos en persona. Desde que me di cuenta de su presencia, una mujer llamó mi atención. Cuando fue su turno y pidió unos minutos porque tenía algo importante que decirme, presentí que era algo importante y pedí que me excusaran unos momentos.

"Usted no puede ignorar lo que nos pasa a muchos padres, no sé a cuántos, pero yo sé que soy una de ellos porque nuestros hijos están metidos en cosas ocultas, satánicas, como nunca antes. Pregunte por lo que venden en tiendas sobre esto, vea cómo tienen un mensaje oculto. Es impresionante presenciar el cambio de los muchachos cuando los prende esa obsesión. Salen como si hubieran estado escondidos en un sótano de los sótanos, visten de oscuro, de negro y todos ésos son muchachos y muchachas que cambian con la adolescencia."

La mujer aquella, luego de pedirme anonimato, me mostró las fotos de su hija, quien poco después de cumplir quince años, se tornó esquiva, extraña, alejada de la familia. Lucía como sacerdotisa de un culto. Vestía una bata negra larga y parecía estar en un escritorio donde leía las cartas y el futuro.

"No sabemos cómo empezó eso; era una muchachita estudiosa que un buen día nos dijo que ella podía adivinar el futuro, que la ouija se comunicaba con ella y no sé qué tantas cosas más. Efectivamente, después nos enteramos que leía las cartas a las amiguitas de la secundaria. También comenzó a tener fascinación por lo macabro, el diablo, los muertos, en fin, por cosas que nosotros como padres, de tontos e ignorantes que somos, no sabíamos que existían. Un día la acompañé a una tienda en donde, me dijo, iba a comprar no sé qué muñequitos; me imaginé que era un lugar donde vendían cosas para Halloween porque así lucía, pero se me hizo extraño ver que entre la mercancía había cosas satánicas que pasan desapercibidas a simple vista. Estos negocios existen por todas partes y pude ver a padres con niños de seis y siete años sin que les importara que aquello les afecte."

La mujer se refería a los negocios que, aunque venden esas cosas, están registrados con otro giro comercial y exhiben todo tipo de juegos de video, en su mayoría de contenido violento, también juguetes de colección y que, por ende, son frecuentados por niños y jóvenes.

"Venden todo tipo de figuras coleccionables. Hay figuras diabólicas, algunas de ellas increíbles por los personajes que representan. Por ejemplo, una que es muy popular es la versión de Alicia en el país de las maravillas donde se le ve como muerta con un gato al lado, pero es un gato diabólico."

Para que comprobara lo que me estaba diciendo, la mujer sacó de una bolsa de plástico la muñeca en cuestión. Me quedé helada al ver que efectivamente era Alicia la del país de las maravillas, pero que esta traía en su mano ¡un puñal con sangre! Espantada casi tiro eso al piso. Me sentí morir de la impresión de ver que un personaje que si tiene algo es vida, viniera en una caja en forma de ataúd.

"Éstos productos tienen gran demanda porque si vas a esas tiendas, hoy las ves, y si en una semana regresas, ya no hay porque se agotaron. Y hay un dato más. Como son figuras coleccionables, son extremadamente caras, la mayoría están hechas en Japón. En esos sitios también tienen libros de ocultismo, de cosas sexuales que tienen que ver con muertos y violencia, total, es una revoltura, y ahí se van a meter nuestros hijos."

180

De acuerdo con esta madre texana, la extraña conducta de la muchacha fue en aumento hasta que descubrió que se había convertido en ferviente seguidora de la corriente llamada "góticos" o "ghotics". Pero le expliqué que eso no significaba que fuera satánica ni diabólica, ni que ser gótica fuera necesariamente porque perteneciera a un culto.

LOS CULTOS Y LOS JÓVENES

Los padres me aseguraron que, sabiendo que andaba sólo con muchachos que vestían de una forma extraña, se explicaban la extraña vestimenta de su hija, exclusivamente en colores rojo sangre o negros.

"Al volverse gótica, dejó el pop y nada más escuchaba rock pesado o heavy metal de Marilyn Manson, Iron Maiden y otros músicos de la misma corriente. Puso un altar en su recámara con cosas extrañas que sacó de internet, donde hay infinidad de lugares y salones de plática para adolescentes interesados en contactar gente con los mismos gustos satánicos. Involucrada en todas estas locuras dejó de decir a cada rato su frase favorita: "I´m bored" –estoy aburrida–. Cuando escuchábamos eso, inmediatamente la mandábamos a leer o estudiar o íbamos a divertirnos fuera, pero nada le agradaba, y seguía con aquello de estoy aburrida. Su padre y yo hemos llegado a pensar que hace esas cosas como parte de la rebeldía de los adolescentes para sacarnos de nuestras casillas."

Los psicólogos aseguran que, efectivamente, la rebeldía de algunos jóvenes les lleva a los cultos satánicos, y que experimentan todo tipo de cosas para ser diferentes, como es el caso de los góticos. En otras ocasiones lo pueden hacer, me comenta un policía, como forma de inspirar miedo a los demás y que les tengan respeto. Generalmente estos muchachos que se involucran en cultos tienen en común una autoestima baja.

UNA GÓTICA "SUAVE"

Cada fin de semana, el avance del libro era la pregunta más frecuente en la redacción del Noticiero. Un domingo que les explicaba precisamente este capítulo, una voz en el fondo de la sala salió en defensa de los góticos. Es una reportera que me pidió no mencionar su nombre porque, ahora casada, podría tener problemas en casa. Acepté la condición porque fue el otro extremo de esa corriente. Una gótica suave, se califica ella misma, y como aquí se trata de dar algunas respuestas y no sembrar pánico, su experiencia es importante.

"Yo era gótica de la onda liviana. Pero cuando a los góticos les gusta la muerte es porque ya se fueron al otro extremo. Si empiezan a gustar cosas raras es señal de que ya les están enseñando cosas que no son normales. Lo nuestro, hace diez años, era escuchar canciones hasta tontas, con letras simples que no te hablaban para nada de muertos. Eso ya suena a satanismo. La gente tiene el error de pensar que si vistes de negro u oscuro, o escuchas tal música, eres drogadicto o satánico. La droga llega con la gente mala que se acerca a ofrecerla. Entre los góticos, los que la consumen no es porque sean góticos, sino porque no están preparados para decir no. Esos problemas vienen por falta de atención de los padres, y porque tienen dinero de sobra para gastar en lo que sea. Yo no tenía, pero les pedía a mis papas ropa o discos compactos o cassettes y ellos me compraban lo que creían conveniente. Mi mamá me compraba vestidos, el lipstick, pero ella también veía con quién salía, con quién nos juntábamos, y se tranquilizaba al ver que para nosotros era una moda que hacíamos elegante, velvet negro o con vino. Yo era góticamente suavecita."

La reportera en cuestión se involucró en la corriente porque le gustaba la música, y en ese momento la onda era precisamente esa.

"Entonces, si quieres ir a un club a escuchar la música que te gusta, tienes que vestir de acuerdo con esa corriente. Estaban de moda Depeche Mode, The Cure y las letras, sobre todo, no eran violentas. Aunque también había góticos que se iban al rock heavy. A mí personalmente el fuerte me daba miedo. Además, yo no tenía ningún problema en funcionar normalmente con obligaciones. De día, como estudiante, como hija de familia, es decir, como persona común y corriente, y de noche... pues ser gótica. Pero no todos los días de la semana, quizá dos o tres únicamente. Los que tienen complicaciones son los que no pueden separar el gusto de hacer una cosa y la personalidad que representan y la adoptan para vivir así toda su vida."

Signos de preocupación

Los terapistas han notado que especialmente durante el high school o bachillerato los estudiantes son más susceptibles de entrar en cultos y corrientes raras porque es precisamente la etapa en la que los adolescentes buscan su identidad.

"Aunque algunos lo hacen por llamar la atención o por pertenecer a un grupo. El asunto es ver por qué los hijos entran en esas situaciones. A veces son góticos porque no tienen amigos o no hay quienes los quieran como amigos, y entonces se juntan con quienes los quieran, que generalmente es la filosofía de muchas corrientes, aceptar a los rechazados."

Mi colega recomienda, basándose en su experiencia personal, seguir estas reglas para descubrir ciertas conductas.

1.-Observe a su hijo en el momento que deje de ser él mismo para tomar otra personalidad distinta y opuesta a lo que era.

2.-Si lleva la moda a casa es signo de peligro. No es igual andar todos de negro para ir a un club, que vestirse de noche para la vida diaria. La frecuencia con que lo hacen también habla de problemas porque muestra que han adoptado esa conducta para operar diariamente y hacerlo permanente.

3.-Otra señal de alerta es cuando no entienden esto como diversión. Como en todo, hay gente que busca otra cosa y, como los niños a los que atraen con un dulce, hay gente mala, depredadores sexuales, gente adicta a la droga que comienza a ofrecer música gratis o conciertos para atraerlos a corrientes satánicas. El color rojo o vino fuerte es símbolo de la sangre y, normalmente, quienes se dedican a reclutar adeptos tratan de involucrar a los más chiquitos que son mentalmente indefensos. Los que reclutan también se fijan en los asistentes a conciertos de este tipo de música y saben a quién dirigirse porque conocen cuando tú eres nuevo. Éste es el verdadero peligro.

La madre texana con la hija involucrada en ciencias ocultas y lo gótico llevó a la hija a terapia y, luego de un tiempo y muchos pleitos, la muchacha volvió al carril, y abandonó todo aquello relacionado con las ciencias ocultas.

VIDEOJUEGOS VIOLENTOS

Doris García, ya le expliqué que además de ser durante muchos años mi manicurista es, en cada sesión, mi sicóloga de lo urbano, es nicaragüense llegada a Estados Unidos hace muchos años. Es una mujer fuerte que ha sobrevivido la batalla por la vida en una forma en que pocos pueden hacerlo. Es optimista, no le envidia nada a nadie, está a gusto con lo que tiene y trabaja para darle a sus hijos la mejor educación. Está casada con un cubano y forman un matrimonio que cuida de sus hijos. Gracias a eso descubrió a tiempo otro monstruo que atacan a los preadolescentes, a los adolescentes y hasta a adultos jóvenes.

"Me preocupa todo lo que se refiere a los niños y los juegos de video. El último que está de moda entre ellos en el play station2 tiene un juego que se llama 'Evil', es decir, 'Diablo', y yo considero que es un juego satánico. Aparece la figura de una mujer joven con un puñal ensangrentado en la mano. Ella mata a las personas con el puñal. La trama del video es que los muchachos guíen a la mujer para que mate a más. Es un pasatiempo por computadora que cuesta cincuenta dólares el cassette."

Doris no sabía de la existencia de dicho video hasta el día que lo estaban jugando en su propia casa.

"Yo me di cuenta porque un amiguito de mi hijo mayor lo trajo para ponerlo en casa a escondidas. Yo estaba haciendo limpieza y los dejé jugar con el Nintendo. De pronto, escucho a mi niño más pequeño, de seis años, llorar. Corriendo fui a ver qué pasaba y me doy cuenta que estaban comenzando a jugar ese video del 'Evil'. Eso fue lo que provocó que el chiquito llorara, porque le dio miedo ver a la mujer aquella con aspecto diabólico y matando. Inmediatamente les dije que lo quitaran, que ese juego no se permitía en la casa. El amigo de mi hijo me dijo'¿por qué? ¡Si mi mama me lo deja jugar!' Mi hijo se metió a defender la causa aquella con un 'Mami, please, esto no es nada. Es solamente un juego'. Entonces le respondí que ése era el problema. 'Ustedes lo ven como juego, pero en la realidad no lo es, es algo terrible, y algún día, como les muestra ese video, podrían querer ver si matar y robar se puede hacer realidad para ganar en la vida. Y desgraciadamente, matar y robar son cosas factibles de hacer'."

Doris dice que a partir de entonces supo que debería redoblar el cuidado, que, me consta, es minucioso sobre sus tres hijos.

"Hay otro juego que nos pidieron los niños en navidad. Mi niño me había hecho la lista de regalos y fui y los compré pero no sabía de lo que se trataba. Me he llevado una terrible sorpresa cuando mi niña mayor, espantada, vino a informarme que ese juego era de un delincuente que va por las calles de Nueva York dándole palizas a las personas que encuentra a su paso por la calle. El delincuente roba carros, ¿y quiénes lo guían para que cometa las fechorías? Pues los niños que están jugando en la computadora. El delincuente escapa de la policía y, en la huida, a todas las personas que agarra en la calle ¡las trata de matar! Gana el que mata a más. Ésos son los juegos que están jugando nuestros hijos. Cuando me enteré de lo que trataba, de inmediato fui a la tienda a devolverlo. Por supuesto que lo prohibimos en casa. Pero hay que explicarle a los niños y adolescentes que esos juegos lo que traen es violencia y delincuencia y que se las pone en el cerebro en forma disfrazada."

JUEGOS BUENOS Y JUEGOS MALOS

El problema se hace mayor con los hijos que se quedan solos en casa mientras los padres trabajan. En ausencia de supervisión, la computadora debe tener un control para no ser utilizada. Si no encuentra uno adecuado, utilice el más elemental. Guarde bajo llave y en lugar secreto los cables que lo conectan a la corriente. Hay

184

juegos buenos que les enseñan, y si no enseñan, por lo menos son sanos y los divierten sin violencia, ni imágenes sexuales.

"El problema está atacando a niños de ocho años en adelante –dice preocupada Doris García–. Aunque si tienen hermanos menores, éstos van a querer imitar al mayor viendo los mismos videos. Yo, como madre de familia, aconsejo revisar qué juego estamos comprando a nuestros hijos. Desde el momento en que descubrí que estaban jugando Evil, vigilo cada cosa que les compro y ellos no pueden comprar absolutamente nada sin mi autorización. También hay que leer bien la caja. Muchas veces no sabemos inglés y no entendemos lo que estamos comprando. Entonces, indaguen con la persona de la tienda o vayan con un familiar que sepa inglés, y averigüen sobre lo que están comprando. Ellos van a jugar lo que nosotros compremos."

APATÍA DE LOS PADRES

Para Doris quedó claro que aquel video entró a su casa de manos de un niño menor de diez años y que no sabía que aquello era malo, especialmente porque se lo compraron sus papás. Recuerda que el muchachito enojado se fue de su casa porque no entendía que ella pensara que la mujer que mataba podría ser real y no una imagen en una computadora.

"Por actitudes semejantes de los padres nuestros hijos están a expensas de toda la porquería que inventan y para la que no hay control. Es la apatía de los padres para no meterse en problemas y dejar a los hijos hacer lo que quieran. La excusa más común que tienen es decir 'les estamos dejando que desarrollen su personalidad'. Eso no va del todo conmigo. Los hijos pueden querer vestirse de una forma, pero en los padres está que se les deje andar con adefesios y se les compre la ropa para hacerlo. Porque el dinero siempre será de los padres."

CANCIONES, CONCIERTO Y DESCONCIERTO

Aunque muchos culpen a los padres que trabajan y no supervisan a los hijos, a la baja autoestima como una de las causas para que los adolescentes se inmiscuyan en brujería, satanismo y cultos, es cierto también que muchas corrientes tienen un invaluable aliado: la música y las canciones.

Esa misma música con las letras que llevan implicaciones sexualmente fuertes o con indicaciones para violación, robo, o muerte. Recuerdo la lucha de Tipper Gore, en el tiempo en que Al Gore, su esposo, era vicepresidente de

Estados Unidos y peleó a brazo partido por un control en lo que decían las canciones que estaban influyendo tan negativamente en los jóvenes. Tipper Gore estaba preocupada por la obscenidad y la violencia del lenguaje que utilizaban. ¿Qué sucedió? Bueno, que se enfrascó en una lucha que perdió irremediablemente porque los ataques que le lanzaron fueron encaminados sobre la famosa libertad de expresión que cubre todas las manifestaciones orales, así sean pornográficas; pero es parte del derecho que exige la constitución de Estados Unidos. Y el asunto quedó sepultado en el panteón de los recuerdos, dejando a cantantes y compositores de este género sueltos y sin vacuna, es decir, aumentando literalmente el tono de su música. El resultado, dice la psicóloga Rebeca Fernández, es la música rap tan popular entre los muchachos, con canciones de fuerte contenido sexual y violento.

"Tuve el caso de un niño de doce años que sorpresivamente y de un día para otro comenzó a desarrollar conducta violenta. Su forma de hablar y de vestirse cambiaron. Cuando comencé a investigar el cambio, descubrí que aquel niño tenía una fascinación por esa música, y a esa edad ¡iba a conciertos! Por supuesto que quedó impresionado con algo que quiere imitar. Los muchachos hablan con la gente que está en eso y se involucran poco a poco. Luego, cuando ya la situación está en crisis, los padres vienen a la consulta espantados porque 'no saben' de dónde salieron las conductas y los hobbies fuera de lo común. Y yo les pregunto a todos los que fingen ignorarlo ¿no saben que estos muchachos buscan ídolos para imitar?, ¿saben cuál cantante admiran sus hijos?, ¿la música que escuchan?, ¿Quién pagó los boletos del concierto o los conciertos, y los discos compactos con las canciones de violencia y sexo? ¿Quién cierra los ojos ante conductas aberrantes que los hacen vestirse de negro para llamar la atención? ¿Quién permite que las niñas se agujeren la lengua y el ombligo. Los padres. Así de claro. Y que no se nos olvide."

PERREAR O NO PERREAR

Para cerrar el tema, una muestra de que no todo esta perdido en la lucha por proteger a los muchachos de las agresiones en canciones y videos: lo que sucedió en la primavera de 2003 en Puerto Rico. Ahí inventaron la versión más sensual y sexual de un baile que es mezcla de reggae y merengue y que llaman reggeaton; al bailarlo con los movimientos que imitan la forma como los perros copulan, pues le bautizaron como "perreo". El "Perreo" se convirtió en el baile de moda no sólo entre adolescentes, sino entre niños a partir de los siete años. Ver aquellos cuerpecitos bailando en forma grotesca, y en videos, más la letra de las canciones que abiertamente hablan de todo tipo de sexo, especialmente el anal, escandalizó a padres de familia y a la vicepresidenta del senado puertorriqueño, Velda González.

"Supe que teníamos que hacer algo, construir leyes que por lo menos corrigieran el libertinaje que se estaba viviendo, porque aquí el "perreo" llegó a romper todos los límites de la decencia. Los videos pasaban por la televisión las 24 horas del día. Eran obscenos y terribles. Para hacerlos, contrataban a muchachitas que andaban por los centros comerciales, les daban una "tanguita" y las llevaban a filmar sin el consentimiento de los padres. También las discotecas comenzaron a hacer concursos a las horas de escuela, convocando a los muchachos con el atractivo de un descuento. ¡Debían llegar vestidos con uniforme y a la hora de clases! Pero la cosa no se detuvo ahí. La letra de las canciones habla de droga y de violencia doméstica, y eso, en un país como el nuestro, con tan alto índice de mujeres golpeadas por sus hombres, no se podía tolerar más."

La senadora Velda González, a quien los "perreadores" le dedicaron una groserísima canción, logro que se aprobara una ley para que, en Puerto Rico, las transmisiones de videos explícitos de contenido sensual y sexual, unido a letras de droga y violencia, sólo se transmita de doce de la noche a seis de la mañana. También una serie más de controles a la venta y distribución de discos compactos.

"Recibí amenazas de muerte, me acusaron de violar el derecho de la libre expresión. Yo simplemente les digo: la libertad de cualquiera termina cuando afecta a la de otro."

Más claro, puso un alto a los "perreadores" para que bajaran el tono de su música o se fueran con ella a otra parte. Y ha funcionado.

Pero dale a la cantaleta. Para que eso y otros controles funcionen se necesita principalmente una cosa: que los padres pongan un alto y que verdaderamente, cuando música, ropa y conductas extrañas que los están afectando, digan no, y que éste sea rotundo ¡No! O después no chille ni se pregunte ¿por qué me pasa esto? ¿En qué fallé?

Recomendaciones

No señale a nadie por su apariencia. No estereotipe. Evite pensar que si un muchacho viste de negro es porque anda en algo malo.

Es común confundirlos con drogadictos o satánicos. Observe con mucho

187

cuidado, porque aunque no signifique nada malo, tampoco es totalmente normal, a menos que sea únicamente por llamar la atención.

Cuide que los gustos góticos de su adolescente no brinquen a lo rave.

Defina si está usando cierta conducta en periodos de su vida diaria, o para funcionar diariamente.

No confunda lo satánico con lo gótico. Una cosa no es la otra, ni necesariamente lo gótico se torna satánico.

Ponga atención a los juegos de video que usan los niños.

Imponga horarios para jugar, y sólo cuando haya vigilancia de un adulto.

Si el juego de internet es un vicio, desconécteles la computadora. Guarde los cables por separado de manera que no puedan reconectarse fácilmente.

Con las canciones de contenido violento y los conciertos, recuerde que usted y sólo usted da el dinero para que asistan y para comprar esa música.

Dime con quién andas...

Una de las peores asignaciones que recibí en el verano de 2002 fue cubrir el reportaje de lo que a primera vista parecía el asesinato de Mireya Rosario, una muchacha hispana que en forma misteriosa había aparecido muerta en el sótano de su casa, en Reeding, Pensilvania. La familia no podía explicarse cómo, luego de unos meses de haberla reportado como desaparecida, su cuerpo había "reaparecido" como por arte de magia en el sótano. En medio de la angustia por no saber de ella, un buen día la madre sintió un fuerte olor proveniente de la parte baja de la casa y fue a investigar... para encontrarse con el cadáver en descomposición de su hija envuelto en plástico.

"Nadie podía explicarse qué había sucedido porque una y mil veces revisamos el sótano antes de dar parte a la policía sobre su desaparición."

Jacqueline López Pérez, la atribulada madre, habló conmigo en varias ocasiones, pero finalmente decidió no hacer el reportaje pidiéndonos comprensión por el dolor que estaban sufriendo con la muerte de una de sus cinco hijas y por los detalles de la pesadilla que vivieron durante meses interminables de rebeldía causada por el monstruo de la adolescencia.

Aquella madre, rota por el dolor, no supo que en ese momento, probablemente, no existía en Estados Unidos una sola periodista de televisión que le entendiera mejor que yo. Difícilmente catalogo las asignaciones como terribles porque siempre, sin importar cuál, las quiero como si fueran mis hijas para darles lo mejor de lo mejor de mí.

Pero en aquella ocasión, mi alma de madre no podía cargar más pena y dolor con la rebeldía de mi hija menor —que en aquel instante estaba en su apogeo— y en realidad tampoco sé cómo pude, con aquel dolor a bordo, que éste dejara a mi parte periodística seguir funcionando. El caso es que, cuando Jacqueline me pidió no hacer el reportaje, a diferencia de miles de veces en veintinueve años, en que insistía e insistía hasta, generalmente, lograr que me las concedieran, esta vez, sin decir palabra, acepté, porque en carne propia sabía lo que estaban pasando.

"Escriba en el libro mi historia, ponga todo lo que le he dicho. Pero en televisión, el dolor mío y el de mis cuatro hijas no nos deja aparecer en cámara. Hoy nos entregaron las cenizas de Mireya y queremos comenzar a tener paz."

Casi un año después, en Aquí y Ahora, decidieron reiniciar el reportaje, y, por supuesto, querían que yo lo hiciera. Nuevamente hablé con Jacqueline, quien todavía no supera la pérdida de Mireya, ni lo que sucedió alrededor y que ella no pudo evitar.

"Mientras muchos no se imaginan qué pudo haberle pasado, yo, en el fondo, sé perfectamente qué sucedió. No me lo ha confirmado nadie, pero por muchas fuentes me he enterado de que así fue. Mi hija era una muchacha buena, con buenas calificaciones, pero al entrar en la adolescencia y con las malas amistades de las que se rodeó, llevó su vida a la tragedia y al fin."

Salía a relucir otro monstruo que mata a nuestros hijos. Las malas amistades. Hoy por hoy, la más inofensiva y a la vez más mortífera de las causas que les rodean y que hacen tan cierto el refrán "dime con quién andas y te diré quién eres". En esencia, las amistades jugaron un mortal papel en el caso de Mireya Rosario.

"Todas aquellas muchachitas y muchachitos del grupo con el que comenzó a convivir fueron transformando su personalidad. Había crecido inteligente, buena estudiante, una niña que le decía no a las drogas; había sido muy pegada a mí, era miembro del National Honor Society —la organización donde todos los jóvenes que estudian bachillerato o high school en Estados Unidos y que tienen buenas calificaciones se encuentran registrados—. Así era Mireya, pero también era una muchacha influenciable. Inexplicablemente cambió. Empezó a hacer cosas malas, a tomar drogas, a enredarse con muchachos, a bajar calificaciones, a portarse rebelde. A mis otras hijas mayores, cuando comenzaron los problemas y me di cuenta que se debía a las malas amigas, pues contra viento y marea terminé alejándolas de ella. Pero en el caso de Mireya fue distinto porque se me iba de la casa, desaparecía."

La muchacha nunca pensó que aquella actitud iba a llevarla tan lejos como a tener problemas en la escuela y, finalmente, también con la ley. La madre pidió ayuda y Mireya fue enviada a centros especiales, pero nada funcionó. Siguió en problemas cada día mayores, hasta que terminó con un sensor permanente amarrado a su tobillo y que vigila a los muchachos con libertad restringida.

"El día que desapareció de la casa, pensábamos que se había ido con amigas como otras veces, y sé que así fue, porque cuando la castigaba de no salir, por las noches se me escapaba por el sótano. También se metía a escondidas ahí con las amistades, así que se tuvo que haber ido con ellos de esa forma, luego, estar un tiempo con todos ellos quién sabe por dónde. Probablemente haya sido una droga que le dieron y que provocó su muerte. Lo que sabemos, por amistades, es que cuando los muchachos que estaban con ella la vieron muerta, decidieron meterla en la casa por el sitio que ellos conocían para entrar y salir sin que nadie les viera. Pero no tengo pruebas que la corte acepte para acusarlos a todos. Después, por el periódico me vine a enterar de los detalles de su muerte y de que tenía rastros de alcohol en la sangre. Las amigas que siempre andaban con ella, se fueron, no dieron la cara, rehuyeron cualquier responsabilidad. ¿Y cuál es el dato más importante en esta tragedia? Que todas esas muchachas están vivas, están bien y viven en sus casas donde nadie les mete freno... y mi hija está muerta."

Jacqueline no entendía cómo, a pesar de la experiencia con sus otras adolescentes, lidiar con ésta fue totalmente distinto.

"Con los años las cosas cambian. Ahora sé que de las amigas de Mireya, una que estaba en Nueva York que desapareció del vecindario, se encuentra metida fuertemente en la delincuencia. Las otras, en el primer aniversario de la muerte, vinieron a la puerta de la casa a prender velas. ¡Qué hipocresía! ¿De qué sirven las velas y el llanto si todas ellas saben en lo que andaban y en lo que metieron a mi hija? Y, peor aún, saben que está muerta y que gran parte de la culpa está con ellas. Al verlas, les pedí que se fueran. Es un insulto que vengan por aquí fingiendo pena.

"¿Qué es? –pregunta angustiada Jacqueline– ¿Es el país? Las cosas están así de graves con la mayoría de los adolescentes y no entendemos que los muchachos se matan y, entre otras cosas es, porque quienes ahora tienen las armas y las cargan con ellos para todas partes no son los adultos, no. Los que tienen las armas son ellos: muchachos de trece, catorce, quince años, que fácilmente acaban con la vida de quien se les enfrente. Eso es lo que vemos a diario. Muchachos que no tienen control. A los muchachos con los que mi hija se juntaba les gustaba tomar cerveza. Fumar, tomar, hacer lo que veían en los videos esos tan violentos de músicas que siguen al pie de la letra... y ¿qué le queda a uno? Entender y descubrir lo que están haciendo con las amistades. El problema es que uno no se da cuenta hasta que el mal está hecho y ya no hay remedio."

Jacqueline López-Pérez es de las madres valientes que, haciendo su dolor a un lado, habla para prevenir a otros.

"Yo les digo a los padres que vigilen y quiten de sus hijos las malas amistades, que pongan atención al lenguaje de los videos, a las actividades en las que los muchachos se involucran, aunque a veces, hacerlo sea una solución a medias. Pero por lo menos estar seguros de que un amigo, para ellos, es más importante que la propia familia y que si el amigo en cuestión es malo o anda en cosas malas… así mismo van a terminar sus hijos."

Éste es uno de los casos más gráficos y dolorosos del síndrome de los malos amigos y lo que logran en muchachos débiles que les siguen por lealtad a esa amistad. Pero Adriana Forero estuvo en un punto opuesto de la situación, de la que salió con razonamiento y sentido común. Adriana es periodista colombiana, productora de investigación en el programa El Escándalo TV, de la cadena Telefutura. En esta ocasión, muy seria vino a verme, cuando usualmente se la vive con bromas y risa sin que nada le afecte:

"¿Has evaluado el otro daño al que los padres se han enfrentado por años, pero que últimamente es también una pesadilla? Me refiero a la influencia real de las amistades en los jóvenes. Yo pude haber tenido otra vida si me hubiera dejado llevar por una amiga que no era buena, que significaba la tentación de hacer lo que los padres nos prohibían en aquellos años de la adolescencia, cuando todo es rebeldía al escuchar una negativa de los padres.

"Yo era aplicada, estudiosa pero no me sabía arreglar y, bueno, uno quiere estar linda siempre y no sabe cómo. Pero en mi salón estaba la chica popular; se llamaba Sandra. Ella era grande de edad para estar con nosotros, pero por alguna razón que después supimos la dejaron en nuestra clase. Siempre nos tenía con la boca abierta. Éramos unas muchachitas y ella salía con niños, se daba besos con ellos y luego nos venía a contar y nos tenía intrigadas. No muchas le hacían caso, pero de pronto comenzó a ser amiga mía y me encantaba oír sus historias. En poco tiempo me alejé de mis amigas de la misma edad, porque Sandra me estaba enseñando cosas nuevas que las otras no entendían. Me invitaba a fiestas a las que usualmente no podía ir por mi edad, pero con ella entraba fácilmente. Hacía parrandas y en una fiesta me enseñó a tomar y a fumar. Hacía todas esas cosas cuando sus papas estaban de viaje y se aprovechaba. Mi primera borrachera me la puse en su casa. Asustadísima le decía que no quería tomar nada, pero me convenció: 'No seas boba, si eso lo hace todo el mundo, qué te preocupa', y que me da el licor."

Adriana vivía con su abuelita en Colombia, mientras su madre desempeñaba un puesto oficial en Estados Unidos.

"Mi abuela, que siempre me vigilaba, llamaba a la casa de Sandra, pero ella tenía a la sirvienta entrenada para decir lo que le ordenara y a mi abuela le informaba que estábamos estudiando y que no nos podía interrumpir. Nos divertíamos de lo lindo y esa amistad me hizo bajar de calificaciones. Mi abuela comenzó a pedir referencias sobre la muchacha, hasta que le contaron la verdad, que por supuesto yo negué.

"'A mí me han dicho que esa muchachita es mala compañía.' '¡Nooo! ¿Quién dice? Ella es mi amiga, me quiere y ustedes no me entienden.' Pero donde las cosas se me complicaron para seguir mintiendo sobre lo que estaba haciendo de mi vida, fue cuando en el colegio me anunciaron que estaba tan mal de calificaciones que quizá no aprobaría el año. Me aterré porque sabía que los demás tenían razón al atacar a la popular compañera de clases, porque después de ser un talento escolar, música de la orquesta del colegio que viajaba a Europa y que nunca tuvo problemas de aprovechamiento, inexplicablemente estaba perdiendo cuatro materias: física, matemáticas, español, y algo relacionado con humanidades. Además, ¡tenía cero en conducta!"

Al no entender la inexplicable actitud de su nieta, la abuela de Adriana Forero llamó a la madre a Estados Unidos, y ésta de inmediato y sin previo aviso, se presentó en el colegio en Colombia.

"Fue tal la impresión que me llevé aquel día al verla llegar a la escuela sorpresivamente que hasta hoy recuerdo cómo iba vestida. Mi madre se veía elegantísima con blazer y pantalón; pero al enterarse del desastre de calificaciones que tenía, cuando siempre fui una estudiante modelo, se soltó llorando. 'Yo que te he dado todo para que seas lo mejor y estás a punto de reprobar el año escolar. Nunca esperé que me pagaras así.' Eso me sacudió. Sus palabras me hicieron un nudo en el corazón."

Afortunadamente para la madre de Adriana, ésta siempre ha estado dotada de un gran sentido común. Es una productora con tenacidad increíble para encontrar historias y para que no se le escape nadie. Y en su adolescencia, el control a tiempo puso a funcionar los mecanismos que la volvieron al carril, no sin dejar de contar con otros a su alrededor, aquellos que veían a la popular amiga rumbera como al pecado.

"Gracias a buenos amigos como Juan Carlos Gómez, hoy corredor de la Bolsa de Valores de Bogotá, y Mónica Martínez, geóloga de la British Petroleoum, me enfrenté rápidamente a la realidad. Ellos me confrontaron: '¿qué te pasa? Desde que te metiste al grupo de Sandra nos dejaste a un lado. ¿Es porque ella es mejor persona que nosotros? ¿Lo es porque siempre anda con un grupo que fiestea y no estudia?' Aquello me hizo reaccionar. Me dejaron claro que nada de lo que ella me empujaba a hacer me llevaba por buen camino. Casi de inmediato lo hice. Por supuesto que la famosa Sandra se dio cuenta de que la comencé a rehuir como si viera al mismo diablo, y finalmente me enfrentó. Convencida de que nada de lo que estaba aprendiendo junto a ella y su grupo servía de algo bueno, le expliqué que en realidad yo no quería perder el año ni andar en tanta fiesta."

Adriana, una de las mejores estudiantes de su generación escolar, efectivamente recuperó el tiempo perdido, y no sólo no perdió el año, sino que aprobó las asignaturas con problemas. Pero no fue el caso de su pareja de rumba.

"Sandra y su grupo de seguidores perdieron el año. No tuvo oportunidad de seguir en el colegio porque por malas calificaciones ya había perdido con anterioridad otro año —esa era la razón por la que, siendo mayor que nosotros, estaba en nuestra clase—. Sé que tuvo que ir a otro colegio y perdimos contacto. Después de diez años me encontré con algunas de las seguidoras de la famosa amiga. y me dijeron que se había casado por lo menos tres veces, que no hizo ninguna carrera universitaria. Fue azafata de una aerolínea y después desapareció totalmente, dejándonos como canción de Juan Gabriel: 'con un triste recuerdo de Acapulco'. Ahora recuerdo los regaños en casa por mentir, por hacer lo que no se debe, como fumar y tomar alcohol cuando no hay edad. Pero la moraleja de mi experiencia es que si 'andas con lobos a aullar te enseñas'. Y las malas amistades, que generalmente son divertidas y le dan a uno por su lado, no te enseñan nada bueno y tampoco son amigas en realidad, porque un verdadero amigo jamás hará nada que pueda dañarte o no es tu amigo."

Es lo mismo que yo pienso. Cuando en el verano de 2003 por primera vez Antonieta y yo nos reencontramos físicamente luego de más de un año de separación, durante unos reportajes que hice en Nueva York, a los que le pedí que me acompañara, tuvimos tiempo de platicar y reflexionar sobre el impacto de las malas amistades.

"Es que no toda la gente tiene tu suerte de tener amigas que lo son toda la vida. En mi caso son contadas. Me duelen unas que ahora sé que me hicieron daño porque yo les creía todo lo que me decían. Quiero a sus papás, que son excelentes personas, y siempre han sido cariñosos conmigo. Pero a ellas las tengo, dijéramos, suspendidas temporalmente como se suspende un teléfono; y lo hago porque hasta comprendo el rencor y envidia con que piensan en cosas de la vida y no estoy para eso. Quizá un día, cuando seamos más grandes, nos podamos reencontrar, pero sin hacernos daño. Tú has tenido la bendición de que amigas como mi tía Chata o Berta Cortés lo sean al cien por ciento contigo, como tú eres con ellas, y que se cuiden y se protejan, pero no es el caso de las amistades que más nos atraen como jóvenes, porque esas amistades son las que nos enseñan a divertirnos retando a los padres."

Me intrigaba que sabiendo todo esto las hubiera seguido al pie de la letra.

"Es porque no razonamos mucho y en la adolescencia las amigas juegan un gran papel. Eso de que 'dime con quién andas y te diré quién eres' es cierto, porque las amistades te influyen muchísimo, tanto o más que cualquier relación que tengamos con el mejor de los miembros de la familia. Ustedes los padres tienen que entender que las amigas, una o varias, son con quienes hemos crecido. Además, creemos en ellas como el ser humano que ha atestiguado junto a ti durante muchos años un montón de experiencias que guarda uno muy en secreto y que no le cuenta a nadie en casa, pero que, sin embargo, ellos conocen. Es ser socio de otra persona... un socio emocional.

”Y de pronto, ¿qué pasa? Que un buen día, cuando menos lo piensas, descubres que no son lo que tú creías y que, por el contrario, son envidiosas. Que durante años y mientras te fingían cariño y las seguías en lo que querían hacer, en el fondo tenían rencor porque te envidaban algo y sólo esperaban la oportunidad de que te fuera mal para hacer de ese fracaso una burla. Así me sucedió con una amiga que al saber que, luego del mal tiempo, finalmente en el college me habían aceptado en el equipo de soccer, en lugar de alegrarse, como yo lo hubiera hecho con ella, se ha dedicado a hablar mal de mí, diciendo 'bueno, la pobre, después de que el novio la golpeaba... Imagínate cómo deben estar en el equipo de su escuela, que ni siquiera está en la primera división'. ¿Qué amigas son ésas?”

Desgraciadamente nadie aprende en cabeza ajena y, a pesar de que muchas veces yo le advertí de lo agresivo de aquella niña, ella me ignoró.

Pero a la par de las malas, mi hija también ha tenido muy buenas amigas que siguen y seguirán siendo, y que en su momento han sacado la cara por ella, como es el caso de Yalexa León y Janidth, su madre, o Johnny y Olga Morales, a quienes Antonieta quiere mucho y con quienes estaré eternamente agradecida por su apoyo.

En fin, que este capítulo lo terminé de escribir una noche luego de estar sentada en un restaurante del malecón del Puerto de Veracruz, en México, y algo me hizo recordar la plática con mi hija menor mientras Lucy Samperio de Huerta y Ana María Patrón –amigas mías desde el kindergarten– tomaban un café conmigo. Cuando a grandes rasgos les conté de este libro, vi sus ojos llenarse de lágrimas sintiendo la impotencia por la que yo había pasado. "Amigas por siempre" nos habíamos jurado cuando tendríamos quizá seis años. Cuarenta y cinco años después, fue increíble comprobar que eso seguía siendo más que una frase. Lucy, dueña de una high school o escuela preparatoria en Veracruz, crió a tres hijos que ya pasaron la adolescencia y que estudiaron carreras universitarias. ¿Cómo desactivó el peligro de los malos amigos?

Ella y su esposo, el profesor J. Guadalupe Huerta, son conocedores del impacto de los malos consejeros.

"Como padres, la única seguridad que podemos tener en la adolescencia de los muchachos es todo aquello que les enseñaste desde niños. Después, observar lo que hay a su alrededor y en el momento en que detectamos algo malo, luchar para quitarlo. Cuanto más pronto se haga, más fácil resulta, y menos daño dejamos que cause."

Malos amigos hay muchos, pero escoger los buenos tiene una importantísima razón, como dice mi hermana del alma, la Chata Tubilla de Coatzacoalcos, México.

"La familia le nace a uno sin que haya oportunidad de escogerla. Pero los amigos no. Ellos son los que nosotros decidimos que sean parte de nuestra vida, y es una de las grandes decisiones que tomamos."

RECOMENDACIONES

1.-Si nota cambios de actitud en su adolescente, el primer paso es observar a quienes le rodean. Quiénes son los amigos, cómo lucen, qué hacen, qué piensan de su familia.

2.-Seguir y comprobar cualquier sospecha que tenga sobre las mentiras que pueden inventar para desobedecer su rutina.

3.-Hablar con los hijos y explicarles el temor que tiene sobre tal o cual amistad que parece dañina.

4.-Al comprobar sus temores, recuerde el consejo de la profesora Lucy Samperio de Huerta: luche para quitar lo malo de la vida de su hijo. Cuanto más pronto lo haga, más fácil resulta hacerlo y menos daño puede causar.

5.-Si retirar esa amistad es problemático, luche sin descanso. Jacqueline, la madre de la muchacha muerta en Reeding, Pensilvania, cree que las malas amigas son mortales, y que, en su caso, contribuyeron indirectamente a que su hija adolescente muriera en circunstancias extrañas.

6.-Explíqueles que un amigo que les quiera jamás les hará daño con sus consejos y su actitud. Si lo hace, eso muestra que nunca fue amigo.

7.-Repítales que "uno nace con la familia y en ésa no hay otra opción… pero a los amigos, se les escoge". Y que escojan bien.

8.-Y ni por un solo instante menosprecie la influencia y el poder de los amigos. Recuerde que, le guste o no, un amigo llega a ser para la mayoría de los jóvenes más importante que la propia familia. Téngalo siempre en cuenta.

Aquí no se habla de eso

Fui una de millones de madres que en Estados Unidos quedamos con la boca abierta un día de mayo de 2002, cuando Oprah Winfrey, en uno de sus programas de televisión, presentó el tema que muchos padres no estábamos preparados para enfrentar: sexo oral, el nuevo sexo entre los jóvenes. Los testimonios que escuché, uno a uno me fueron dejando con la boca abierta y con escalofríos. Jóvenes a partir de los doce años de edad aceptan ese tipo de relación sexual y la consideran algo parecido a un beso de buenas noches entre amigos.

¿O sea que hay algo más de qué preocuparse aparte de los embarazos, de que tengan relaciones sexuales antes del matrimonio, de que se puedan contagiar de sida? La respuesta fue obvia. Sí.

La culpa la tiene el ex presidente Bill Clinton, decían algunos. Comparto la opinión. Sin él, esa actividad sexual no habría tenido nunca tan amplia difusión. Recuerdo mi especial preocupación aquel 17 de enero de 2001, Cuando Clinton, faltando tres días para su informe anual a la nación, salió a dar la famosa declaración con la que pensó que calmaría el escándalo que se aproximaba no sólo con el país, sino con su mujer e hija, por las acusaciones de haber cometido adulterio con una joven becaria en la Casa Blanca. "Yo no he tenido sexo con esa mujer", dijo refiriéndose a Monica Lewinsky.

Al escucharlo, por el bien de la nación quise creerle. Después, igual que todos, me enteré que el famoso vestido azul marino que Lewinsky guardó tal cual se lo quitó luego de uno de los presidenciales encuentros, fue la evidencia contundente de que habían tenido sexo. "Sí", reconoció Clinton en una declaración jurada, "pero eso no fue sexo".

Cuando en innumerables ocasiones me cuestioné la aversión hacia él, invariablemente mis respuestas fueron dos: haber conquistado a una muchacha estúpida, al margen de que fuera liviana, pero muchacha al fin, a merced del poder y la seducción que significa ser cortejada por el presidente de Estados Unidos. Y la otra fue la de millones de padres: al aceptar el sexo oral "porque no era sexo", el presidente estaba dando autorización a los adolescentes de enfrascarse en una actividad sexual con muchos atractivos y pocas desventajas en comparación con el sexo tradicional.

¿Que eso no es qué?, nos preguntamos un grupo de madres alarmadas por la publicidad de los comentarios presidenciales. Sexo es sexo y punto. Temblamos entonces pensando en las consecuencias a futuro. El problema creció de acuerdo con cada cual. Por ejemplo, las niñas del colegio católico donde Antonieta estudiaba, jovencitas de trece años entonces, comentaban entre risas morbosas: "si el presidente Clinton dice que eso no es sexo, pues no lo es". Bill Clinton había hecho un daño colateral a los padres de adolescentes. En el programa de Oprah Winfrey eso quedó de manifiesto, dejando atónita con los ejemplos a la presentadora: el sexo oral ha dado en el blanco a partir de las llamadas middle schools, las escuelas secundarias, y crece en popularidad entre muchachos de doce años, edad promedio entre quienes se inician en estas actividades. Pero nuestra realidad como padres va más allá de culpar a Clinton, a la prensa, a las canciones, las revistas, y a sabe Dios qué más.

Está bien, todo eso existe, pero debemos tener una idea de lo que nuestros hijos están haciendo: que el sexo oral se ha convertido en la nueva realidad por razones de peso para ellos: es más fácil, no es un big deal, es seguro contra el embarazo... y algo más por lo que ha ganado adeptas: "No es sexo completamente y, al no haber contacto interno, preserva la virginidad". Entre los muchachos el nombre es Blow job. Ponga el oído a trabajar por si escucha la palabrita.

¿Tenía usted idea de esto? Yo no. Como tampoco tenía idea de los números que arrojaron encuestas de revistas como Seventeen, dedicada a los adolescentes, y que habla de que cincuenta y cinco por ciento de los jóvenes lo practican en fiestas, en la escuela, en los autobuses escolares. Habla de oral sex parties, es decir, fiestas de sexo oral. De manera que nuestras hijas salen a divertirse, les damos la bendición, les decimos que lleguen temprano, y no sabemos a qué peligros se enfrentan.

¿POR QUÉ LO HACEN?

Sencillo. Porque no siempre está en ellas la decisión, aunque la tradición marca que en una mujer está siempre la última palabra. Ellas están a merced de lo que piensa el muchacho del que están enamoradas, o peor aún, del que les gusta, del que les cuenta el cuento mejor. Y si antes, cuando usted o yo éramos adolescentes, el peligro que nos rondaba –de acuerdo con nuestros preocupados padres–

era sucumbir ante la temida petición de novela cursi –"¿Me quieres? Entonces dame una prueba y entrégate a mí"–, hoy las cosas son mucho peores. Nuestras hijas tratan de salir con los muchachos más populares de sus grupos, en muchos casos sin darse cuenta de que lo único que buscan es competir con los amigos por su hombría, y son más que aceptados cuando reconocen tener sexo oral con cuanta chica pueden. No hacerlo es "estar fuera de onda".

¿Se puede hablar de epidemia? No lo sabemos, pero no hay otra forma de catalogar que la revolución sexual vive una apertura mayor sin medir las consecuencias. Aunque en las escuelas los consejeros hacen su labor y hay más aceptación entre los jóvenes sobre el uso de condones, la mayoría opta por el sexo oral porque ante sus ojos presenta menos riesgos, y hacen invisibles las consecuencias de otras cosas que son peores que un embarazo.

¿QUÉ PODEMOS HACER?

Guardar los complejos y los tabúes para otro día y hablar con nuestros hijos e hijas bien claro, a pesar de que nos digan: "Mamá, please" o "¡Ay, mamá!, ¿cómo piensas eso?"

1.-Dejar bien explicado que "relación sexual" sin más significa tener cualquier actividad física con otra persona donde entran en contacto sus partes íntimas. Sexo es sexo y no va a dejar de serlo porque alguien les diga que hacerlo de tal o cual forma no lo es. Así de sencillo.

2.-Hablarles de los valores de cada familia y no sólo dejar la trillada opción de "deben actuar con la cabeza y no con las hormonas". En la práctica eso no sirve. En primer lugar porque por ley de la vida "en el momento" de la decisión, los padres no vamos a estar ahí y a nuestros hijos sólo les puede ayudar el pensar que lo mejor del juego, si no están seguros de las reglas, es no jugarlo.

3.-Estar alerta a las pláticas que tienen entre su círculo de amigos. Es de especial cuidado cuando hablan de "fulanita o perenganita" teniendo sexo oral con el novio o el amigo. De acuerdo con los sicólogos, eso significa que nuestras hijas y sus amigas están en esa actividad o se encuentran en proceso de comenzar.

4.-No provoque la curiosidad de los adolescentes de su hogar diciéndoles que sexo oral es malo porque sí. Generalmente se rebelan a lo que usted califique de incorrecto sin darles argumentos para pensar. Déjeles saber que aun cuando usted no está de acuerdo en que tengan esa conducta, entiende lo que ha pasado, pero que eso les roba una etapa de su crecimiento. Que cuando tengan madurez, más años y una pareja con la que responsablemente decidan tener relaciones sexuales, el sexo oral será parte de su experiencia. Pero sólo entonces.

5.-Advierta de los otros peligros reales del sexo oral de los que los jóvenes no hablan: la transmisión de enfermedades venéreas. El Centro de Control de Enfermedades de Estados Unidos, con sede en Atlanta, lanzó la alerta en 2002: las enfermedades de transmisión sexual van en aumento entre los jóvenes que no se han dado cuenta de que el sexo oral no es una alternativa y que pueden enfermarse de algo que les dañe para toda la vida. Cada día hay mas muchachas con casos de papiloma, herpes simple, hepatitis B, gonorrea, sífilis, clamidia transmitidos por la boca. El problema es que a pesar de descubrir alguna infección, continúan teniendo relaciones y se rehúsan a buscar tratamiento médico.

6.-Advertirles que el riesgo de contagio no sólo es para ellas. La boca es el lugar del cuerpo humano donde viven y se desarrollan más bacterias. La boca también es el sitio donde hay más heridas que sangran constantemente por cosas tan sencillas como cepillarse los dientes.

7.-Traer a la plática algo importante y desconocido: el sexo oral es, en la gran mayoría, un hecho unilateral. Es decir, las muchachas lo practican a los muchachos, que se limitan a recibir. Esto es un tipo de explotación sexual que sobreviene cuando las muchachas sienten presión por retener a un novio y realizan la actividad, situación que aumenta cuando el alcohol está involucrado al momento del sexo.

8.-Como madre o padre, no se duerma en sus laureles y no haga oídos sordos. Nada de que "a mí fulanita me cuenta todo lo que sucede cuando sale a una cita con un muchacho". ¿Los cree tontos? Me he cansado de escuchar a amigas mías decirlo de sus hijas y no imagina la lástima que he sentido por la forma como creen y, más aún, se ufanan de tener un control total de la situación porque "sus hijas les tienen confianza y les dicen toda la verdad". ¡Por Dios! La más buena de las jóvenes y el mejor de los muchachos nos van a decir lo que queremos escuchar, y no necesariamente porque sean malos, no. Por vergüenza, por pena o porque así les conviene. No olvide esto, o las sorpresas serán mayúsculas, tanto como lo fueron para el hijo de una amiga, un muchacho de quince años de edad.

Alumno de una secundaria de Miami, estaba enamorado de una compañera de clases. Una chica bonita de la misma edad. Al parecer ella le correspondía y pronto le iba a pedir que fuera su novia. Todo eso cambió sorpresivamente porque a la chica la expulsaron de la escuela por haber tenido sexo oral en las instalaciones.

De inmediato pensé en el hijo de nuestra conocida. ¿Con él? Y la respuesta fue peor: '¡No! ¡Con otro!' ¿Y cómo se supo todo? Resulta que los muchachos en cuestión desafiaron a las autoridades escolares que habían advertido a los estudiantes que, debido a una serie de problemas que se estaban viviendo en las escuelas públicas –y que no tenían que ver únicamente con el sexo–, instalarían cámaras de video en el edificio, y que éstas servirían de testimonio en cualquier circunstancia.

Hicieron oídos sordos y, sin mucha vergüenza, la enamorada muchacha, tuvo relaciones con otro muchacho y todo eso quedó grabado. De más está decir que el director citó a los padres de los juveniles amantes, y, sin dar detalles, les pusieron el video dejando a las imágenes hablar por sí mismas. Poco después les notificaron que les habían expulsado del plantel.

"El procedimiento explica una situación que enfrentamos los maestros –me dice Inés Marina Fajardo, mi cuñada, maestra con veinte años de experiencia en el campo educativo–. Ante una situación semejante, los maestros no podemos dar detalles de más, no podemos tampoco opinar sobre las causas que lo provocaron porque legalmente no somos sicólogos o siquiatras, únicamente debemos limitarnos a presentar los hechos como sucedieron. En este caso el video fue descriptivo y los padres seguramente quedaron conmocionados." Sobra decir que el hijo de nuestra amiga, al saber las actividades desconocidas de la muchacha de la que estaba enamorado, no volvió a verla, y quedó con el corazón partido –como canción de Alejandro Sanz–, algo que a sus quince años de edad se olvidó rápidamente.

Así que si usted no es de los padres a los que estos hechos, o los presentados por el programa de televisión de Oprah Winfrey no le han abierto los ojos sobre la popularidad del sexo oral y los jóvenes, y cree que es algo que no pasa en su entorno familiar, piense un momento. Analice los peligros. Por lo menos esté alerta, consciente de que, nos guste o no, es una realidad que más tarde o más temprano, la mayoría de nuestras hijos tendrán que enfrentar. Y una realidad que, ajena a ellos, puede traerles severas consecuencias. Y no hay nada más que decir.

I'm pregnant... Estoy embarazada

Para muchos padres a quienes he entrevistado, su peor pesadilla es que llegue el momento de escuchar una confesión de labios de sus hijas casi niñas: "Papá, mamá... Estoy embarazada... I´m pregnant". Para ellos el problema con las drogas o la violencia no son tan graves como pensar en ese momento clave. A lo largo de veintinueve anos de periodista de televisión he entrevistado a decenas de ellos y a muchachas que han sido madres a los catorce o a los quince años con resultados desastrosos para su futuro.

Y comencé a buscar a alguien que con su experiencia, pudiera luz en ese camino a otros padres angustiados. No imaginé que quien lo haría sería un matrimonio en el que joven padre, que abría su testimonio, era el mismo un muchacho de humor y sensibilidad a prueba de todo a quien conozco de muchos años. Hombre trabajador, dedicado a su familia, casado con la mujer que adora y que le adora. Un matrimonio de envidiable relación, padres de dos hijos con quienes habían desarrollado una relación de comunicación extraordinaria. Ambos, gente culta, estudiosa de la sicología de los niños y jóvenes, no imaginaron vivir el momento en que su hija de quince años les revelaba su próxima maternidad, cambiando su vida y volcando por un momento su mundo.

"Para todos fue un cambio. Para mí, ni se diga. De pronto yo, un padre de 41 años, me volví abuelo. ¡Me cayeron como diez años arriba! Me senté en un sillón en la sala. Me pregunté constantemente en qué fallamos. Analicé toda la vida de mi hija desde el principio, cuando iba a nacer, hasta el instante que estábamos viviendo... y realmente no encuentro la falla. Mi esposa y yo siempre procuramos, aunque pagáramos rentas muy caras, aunque hiciéramos cualquier sacrificio, tener el mejor vecindario para que nuestros hijos no vivieran en barriadas donde pudieran ocurrir cosas malas. Nuestra hija era la niña linda de la casa, pero eso no significaba que no tuviera disciplina. Por el contrario, mi esposa y yo exigíamos a ella y al niño cumplir con sus obligaciones."

La madre, una mujer moderna que vivía investigando la sicología de acuerdo con la etapa que vivían sus hijos para ponerla en práctica, vio cómo su hija, sin que ellos pudieran hacer nada para detenerla, a los trece años se relacionó sentimentalmente con un muchacho de diecisiete años.

"Hablé con ella porque mi esposo y yo los hemos acostumbrado a hablar, a comunicarnos los problemas en familia. Cuando llegó el momento de que el sexo nos preocupara, yo misma, que la había llevado al medico para que le recetara pastillas anticonceptivas por algunos trastornos de su periodo, me sentía más tranquila; aunque el resultado no fue como lo planeamos. Ella me engañó. Nunca lo sospeché, pero soy madre y me di cuenta al segundo mes porque yo chequeaba constantemente."

LA CRUDA REALIDAD

"Como en todas las cosas que uno no quisiera que le pasen, uno entra en una etapa de negación. Realmente es como si te echaran un balde de agua. Finalmente la realidad nos azotó crudamente uno de los días en que le pregunté abiertamente si le había llegado la menstruación. Ése es un momento difícil de la vida. Es el temor de todos los padres. El temor de que tomen drogas o de que salgan embarazadas. Y me dijo la verdad."

Una verdad que les sorprendió cuando pensaban haber hecho todo para prevenirlo.

"Y comienza el shock porque uno nunca acepta, sobre todo cuando ha hecho todo para que las cosas fueran distintas, que salgan así. Es un shock. Además, la pena de ver un cuerpecito de niña cambiando... Bueno, nos quedamos helados. Lloramos todos. Pero no fue preguntarnos en qué fallamos, sino cómo le iba a afectar a ella en la vida.

"Era el miedo a su futuro. Era la mirada al pasado. Había comenzado el noviazgo con el muchacho aquel de diecisiete años cuando tenía trece. Entonces pudimos acusarlo legalmente, pero no quisimos dañarle la vida al novio porque ella estaba enamoradísima. En su momento hablamos con la madre del chico, pero ella siempre tenía la misma respuesta: "voy a hablar con mi hijo". Pronto supimos que estábamos solos, e hicimos lo más que pudimos, siempre respetando la vida de ella. No era nuestra vida. Si por nosotros hubiera sido habríamos tomado una acción jurídica, pero no era nuestra vida y lo tuvimos que comprender. Nosotros le podíamos decir y sugerir, pero nada más."

Para el padre la situación era emocionalmente cuesta arriba.

"Es la peor pesadilla que puede sucederle a un papá. Es lo último que un papá quiere que le pase a sus hijas. Es una situación muy difícil de aceptar, pero soy de la gente que no me lamento mucho de lo que pasa, cuando tengo un problema trato de buscarle solución. Fueron días de pensar en los mayores temores: soportar la crítica de los amigos, de la familia. Yo no quería ver a la familia. No quería que me vieran como el que falló. Todos tenían hijos perfectos y yo no. Me preocupaba qué pensarían porque uno no podía controlar su hogar, y eso me trajo problemas en el trabajo. No podía concentrarme, tenía ansiedad. Son los temores de enfrentar un cambio de imagen. Tenemos amigos que admiran como lleva uno su familia y lo ven como perfecto. ¿Y qué pasa? que de la noche a la mañana eso se cae y es difícil. Todavía me cuesta trabajo entenderlo, especialmente porque yo pensaba que mi hija se iba a ir a una universidad, iba a tener su profesión, y nada. Pero si aquí hay algo, es que mi esposa es una campeona. Esa madre tomó el asunto como algo natural, como que no es el fin del mundo, como un error que ocurrió, pero que hay cosas peores."

Una madre que estoicamente enfrentaba también su cuestionamiento interno.

"Es una confusión muy grande. Uno se lo coge para uno. Un millón de veces me pregunté en qué fallé. Si fracasé, ¿qué fue lo que hice mal? Especialmente nosotros que hicimos un esfuerzo tan grande para criarlos. Ese esfuerzo comenzó desde que supimos que estaba embarazada de ella. Yo fumé hasta el día que supe que esperaba un hijo. Nunca más, me dije, es por el bien del bebé. Durante el embarazo seguí al pie de la letra todo lo bueno, cuando estaban chiquitos, los dormíamos con música clásica, con casetes, desde que nacieron leímos un libro todos los días y de pronto nos sucede esto, que era inesperado."

CÓMO ENFRENTAR AL MUNDO

Ambos decidieron enfrentar todo aquello que se presentara. Se prepararon en todos los frentes, aunque uno en particular les lastimaba.

"A mí me daba vergüenza con la familia. Me daba tanta vergüenza, que no se lo quería contar a nadie. No quería que me miraran como la fracasada, como que los hijos míos eran los que hacían las cosas malas y que lo otros no. Es inevitable la crítica, pero con el tiempo, lo de los míos quedó pequeño en comparación con lo que han hecho otros. Resultado, que con los hijos uno tiene que pasar lo que no está escrito. Mi consejo es no tomar en cuenta a la gente ni para bien ni para mal. Al final es el problema de una familia y de nadie más, porque uno solo brega con él. Afortunadamente nunca prestamos oídos a nadie que gozara con nuestros problemas. La gente es cruel a la hora de juzgar."

SENTIMIENTO VS. SEXO

La madre, que había trabajado como consejera de adolescentes, nunca pensó que ayudando a otros recibiría una gran enseñanza para su propia vida.

"La verdad es que yo no sé por qué hizo eso; lo paradójico es que, habiendo trabajado en la asesoría para adolescentes, apliqué con ella todas las teorías conocidas y traté por todos los medios, Dios lo sabe, de proteger su futuro. Pienso y pienso cuál de todos los factores influyeron más; quizá, y aunque muchos lo duden, el principal es el choque de las culturas. La mayoría son severos al juzgar a estas muchachas que, sin embargo, forman parte de un factor que nadie ha estudiado mucho: las que son víctimas de una parte de la cultura que pesa sobre ellas.

"Así como para muchas chicas anglosajonas el sexo comienza a ser parte de una de las funciones del cuerpo, para las muchachas hispanas es lo opuesto, y me explico mejor: en ellas, la relación va de lo emotivo a lo carnal. No es nada más sexo, aunque se acuesten con el novio. Ésta es una de las razones poderosas por las que hay no sólo un mayor número de jóvenes hispanas embarazadas, también jóvenes hispanas maltratadas que piensan en el viejo patrón que les inculcan en casa: casarse y tener hijos. El problema viene cuando tienen que integrarse a la cultura en la que viven y a la que quieren imitar."

LA INFLUENCIA EXTERNA

Aquella familia que había luchado contra todo, de acuerdo con la madre, nunca pensó en lo vulnerable de un flanco invisible.

"La influencia de las amigas que habían salido embarazadas, y que eran varias. En las pláticas que tenían, las amigas le hablaban de sus bebés; que si son bonitos, que si son tiernos, en fin, ése era el tema entre ellas, y creemos que nuestra hija, como los adolescentes en este país, tenía que encontrarse en ese mundo, encajar en él y por supuesto tener algo importante de que hablar. Pero ella es brillante y sabe que lo más importante es pararse aunque sea duro caer. Dios sabe, y lo vuelvo a repetir, que nosotros hicimos lo imposible para que ella no pasara nada malo, pero que hay algo que es como una profecía: tú puedes salvar a un niño de todo, menos de sí mismo."

EL FUTURO

Los padres, armados de valor, dejaron de pensar en pasado para hacerlo en presente y futuro y con el destino de su hija en medio. Una de sus preocupaciones, luego de recuperar la calma por el impacto emocional, fue pensar en el bebé que llegaría. Dejaron de utilizar la palabra "error" para que cuando creciera no pensara en sí mismo como una equivocación.

"Lo importante para los padres es que pensemos que no es el fin del mundo. Lo verdaderamente esencial es saber que por una u otra razón todos pasamos por crisis con los hijos, pero que muy pocos tenemos el valor de reconocerlo. Hoy estamos orgullosos de la actitud tan valiente de nuestra hija. Ella nos sorprende día a día. Desde el principio demostró que no se arrepentía y, por el contrario, asumió como nunca imaginamos su responsabilidad. Terminó el high school, entró a la universidad y sabemos que terminará su carrera."

QUE NO FALTEN LAS FUERZAS

"Lo importante también es que los papás sepan que la actitud de ellos es fundamental para ayudar a los hijos a salir adelante. Hay momentos en que uno ya ha luchado tanto que se cansa y quisiera, como cuando perdiste la carrera, abandonarlo todo. Pero en la realidad es muy importante armarse de valor y seguir adelante, porque ése es el momento en el que las cosas pueden resolverse. Si uno aguanta un poquito más, los puede ayudar."

RECOMENDACIONES DE UN PADRE

1.- Ni remotamente piense en dar un golpe a su hija cuando reciba la noticia.

2.- Es difícil, pero ay que pensar en que ese bebé va a crecer y es su nieto.

3.- Acepte al novio de su hija. Lo quiera usted o no, es parte ya de su familia. Esos lazos no los puede romper.

4.- Un padre debe hablar con el muchacho y aconsejarle cómo tratar a la hija y al bebé. Yo personalmente le pedí y le señalé que por ninguna circunstancia podría utilizar el maltrato.

7.-Mantenga comunicación con su hija todo el tiempo.

8.-Piense como nosotros: aunque ella se haya ido de la casa, sigue siendo nuestra hija y seguiremos velando por ella.

9.-Mi esposa y yo no es hemos reencontrado como padres jóvenes, ahora abuelos, y estamos disfrutando a la nieta como si fuera una hija.

QUE LA VIDA SIGA

Los padres y la muchacha decidieron que la prioridad después del bebé seguiría siendo estudiar y la madre encontró los caminos.

"Yo tenia información para otros pero nunca pensé que la iba a utilizar para mí. Así que encontramos la escuela indicada para que ella continuara el año En cada distrito escolar de Estados Unidos existen programas similares al de la Florida, se llama COPE. Es una escuela donde están embarazadas o con sus niños recién nacidos. Yo no quería que en la escuela regular la señalaran. Y como siempre he pensado 'si tienes limones, haz limonada', es decir, encuentra soluciones, pues manos a la obra.

"Encontramos estos colegios para muchachas embarazadas, donde no sólo pueden ir ellas, sino las que tienen pareja, pues van juntos. Son escuelas con disciplina rígida, donde no se utiliza de ningún modo el embarazo como una excusa para fallar. Las escuelas están programadas para enseñarles eso y también a que desde que saben que están esperando un hijo, su deber es convertirse en las protectoras de sus niños. Ahí les dan clases de parenting. Tienen guardería infantil, y la regla es que, a los veinte días de dar a luz, ambos, madre e hijo, regresan a clases.

"En el caso de mi hija, ella se graduó de high school y de asistente de enfermera con calificaciones increíbles. Es un ambiente extraordinario de ayuda donde les excusan de ausencia sólo durante las visitas al médico; y como están en un grupo de muchachas con la misma situación, pues una a otra se ayudan. Lo más importante es que cuando nace el bebé, varias veces al día van a la guardería infantil para ver a su hijo, desarrollar la unión materna y eso les ayuda a tener conciencia de que el niño no es un juguete sino su responsabilidad."

La historia de estos padres ha tenido un final feliz que ellos anticiparon así: su hija les hizo abuelos de una niña a la que adoran. La muchacha es una madre adolescente de dieciséis años totalmente responsable de su bebita. Vive con el padre de la niña y piensa graduarse de una carrera universitaria en un tiempo menor que el que hubiera utilizado si no hubiese vivido la maternidad temprana. Los abuelos más que nunca están satisfechos de no haber estigmatizado a su hija, lo que hubiera dañado a su nieta. ¿Cómo tener tanta comprensión con los problemas de los adolescentes sean cuales fueren? Esa madre me dio su receta.

"Hay que pensar, como me dice una prima, que estos años de la adolescencia son como si llegaran los extraterrestres, les quitaran temporalmente el cerebro a nuestros hijos, para reponérselos otra vez en un par de años. Lo importante es que uno no piense que la vida termina ahí"

CONSEJOS DE UNA MADRE

1.-Busquen una escuela donde su hija no tenga que ser señalada por otras.

2.-Así como uno tiene miedo, entienda que ellas también tienen miedo.

3.-Hay que recordar que al adolescente le pasan las cosas porque por más que les dice uno que van a pasar ellos no lo creen hasta que sucede.

4.-No las haga sentir mal emocionalmente, porque eso afecta físicamente al futuro bebé.

5.-Trate de que cambien hábitos como el cigarrillo y los que sabemos que ellas tenían antes de embarazarse.

6.-La actitud es decisiva. La crisis pasa y todo sale bien.

7.-Lo más importante, que padres e hijos aprendan que el bebé cambiará sus vidas, pero ¡que no termina con la vida!

Los jóvenes gay, lesbianas, bisexuales y transgénero

Desde el primer momento en que a través de Univision.com llegaron a mis manos las sugerencias para capítulos, quedé sorprendida de que las peticiones más desesperadas venían de jóvenes gay y lesbianas, quienes en su mayoría me pedían que escribiera algo que aportara ayuda para el día en que finalmente revelaran lo que han callado por años: "Soy gay".

Mercedes Juan, una de las líderes de mi foro, recopiló cuidadosamente los testimonios, como el del cibernauta Kabah1fan.

"Cuando me di cuenta de mis sentimientos hacia otro hombre sé que tenía ocho años. Me daba mucho miedo porque muchos niños y adultos hablaban mal de los homosexuales y por eso tuve que estar escondiendo mis sentimientos y no quería aceptar mi realidad. A los diecisiete años tuve pareja y comencé a ser feliz, aunque me gustaría que mis padres estuvieran de acuerdo y me apoyaran. Quisiera compartir con ellos mis sentimientos, pero ellos no quieren hablar del tema y eso me duele demasiado. Espero que algún día me entiendan para poder ser feliz."

Las confesiones cibernáuticas se sucedían sobre el mismo tema aunque con diversos temores, pero encaminadas al mismo punto: la incomprensión de los padres, cerrados ante la orientación sexual de sus hijos, como cuenta Rivendo001.

"Tengo diecisiete años y desde muy joven me di cuenta de mi atracción hacia los chicos. Mi familia lo ignora, excepto mi madre, con quien tuve que hablar luego de que me sorprendiera en una situación comprometida. Ella se declara incapaz de lidiar con el drama que esto provocaría entre las amistades. Su actitud me ha traído incomprensión y soledad y casi siempre mi compañero ha sido el silencio. Hoy soy feliz, me acepto a pesar de que mi madre ha luchado mucho para que yo cambie sexualmente. Espero que la vida le vaya ayudando a aceptarme y a entender que no puedo cambiar."

Entre líneas y sin ser experta, el punto álgido llegaba con un cuestionamiento angustioso: el gran número de jóvenes gay, lesbianas, bisexuales y transgénero que antes de descubrir su identidad sexual, por miedo a la familia, al rechazo, prefieren suicidarse. ¿Quiere saber cuántos son? Treinta y tres por ciento de los adolescentes que en Estados Unidos, de propia mano, cada año terminan con su vida porque no saben qué hacer, ni a quién recurrir.

Como siempre que estoy en aprietos en diferentes temas, tengo mis "hadas madrinas". Gabriela Tristán, experta en investigaciones de temas relacionados con jóvenes, escuelas y problemas familiares, y un ejército de amigas a cual más preparadas en todos los temas. Una de ellas, Elizabeth Cotte, productora del Noticiero Univisión y eterna colaboradora de mis investigaciones literarias. Cuando acudí en busca de una experta en este tema san sensible, rauda y veloz, Elizabeth tuvo la respuesta: me puso en contacto con Eva Leivas-Andino, una extraordinaria madre de la que aprendí cómo el amor a los hijos debe ser incondicional, sin que el género medie para eso.

Nos encontramos en un restaurante de South Beach, en Miami, y al oírla hablar, transpirando seguridad y paz, me era difícil imaginar que fuera la madre que vivió un tiempo atroz agobiada por el problema que más se calla en los hogares, principalmente hispanos, un hijo homosexual.

"El momento más difícil de toda mi vida fue cuando mi hijo Paolo me confesó que era gay. No sólo no lo ayudé, ¡sino que no se lo dije a nadie en ocho años! Ni siquiera con el padre hablé de eso. Aquella confesión me había dejado con la sensación de que había cometido el pecado del universo porque me sentía profundamente avergonzada. Años después entendí que eso que estaba viviendo entonces era miedo. Miedo a lo que no conocemos."

Hasta ese instante, la vida de Eva Leivas-Andino había transcurrido normalmente, dedicada por completo al cuidado de sus hijos.

ETAPA DE REBELDÍA

"Mi miedo fue mayor que mi amor por él mucho tiempo. Una llora por la pérdida de la ilusión y lo manifiesta de muchas formas. Cuando mi hijo me dijo que era gay yo entré primero en un periodo de negación y rebeldía. Era cuestionarme a cada momento: ¿si yo soy buena madre, si siempre he cumplido, si los he cuidado de niños, si fui buena ama de casa y madre, por qué me pasa esto? Esto no debe pasarle a gente buena como yo. No, no, le puede pasar a gente como yo.

"Soy caribeña. Hija de español y cubana. Catorce generaciones de la familia de mi madre habían vivido en Cuba. Mi padre, nacido en Galicia, llegó a la isla de 15 años. Yo estaba segura que mi hijo era el primer homosexual en la familia en 400 años, así que ciertamente tuve que callar y por tanto no tuve con quién desahogarme o hablar lo que en ese momento era la fatídica noticia de la homosexualidad de mi hijo."

Esa etapa duraría casi una década.

UN ELEFANTE BLANCO EN EL ESTACIONAMIENTO

Eva hoy puede entender muchas cosas que comienzan con el rechazo, porque lo vivió en carne propia… pero entonces no.

"Decidí callar con vergüenza, porque en ese momento, haciendo un análisis de mi familia, las cosas se me hacían mas incomprensibles. Regresando el tiempo, llegué hasta cuatrocientos años de mi familia sin encontrar un solo miembro que hubiera sido homosexual. Hija de cubano y español, casada con cubano, aquello de lo que me había enterado bien podría ser el fin del mundo. No existe un patrón, pero los padres generalmente entramos en una etapa de rechazo a la idea, y en mi caso duró ocho años.

"Mi temor era lo que iban a pensar los demás de mí como madre. Yo que había hecho planes para que los cuatro estuvieran casados, en esos planes nunca se me ocurrió pensar que uno de mis hijos sería homosexual. Durante esos ocho años de mi silencio, yo creía que era la única mamá cubana en Miami que tenía un hijo gay. El mejor ejemplo para describir la negación en la orientación sexual y cómo seguir ignorando aquello que nos duele tanto, es equivalente a tener un elefante blanco estacionado. Hay quien lo ve y sabe que está y que es un elefante, y hay otros que fingen no verlo, y pretenden ni siquiera saber de que se trata.. Pero la verdad es que todos lo saben."

Por la misma negación del hecho, Eva Leivas-Andino ignoró los detalles de la infancia y de cómo su hijo vivió años atormentado, recibiendo agresiones de su entorno, comenzando con el familiar. Eso terminó muchos años después, cuando, ya divorciada, decidió visitar al muchacho que, recién graduado de la universidad en la que había estudiado, se fue a vivir a Nueva York.

"En ese viaje, a la salida de un teatro a donde habíamos ido a ver una obra sobre la vida de Oscar Wilde, Paolo me hizo las confesiones que guardó tanto tiempo. Así fue que me enteré de cuánto sufrió por miedo, por el terror a su alrededor. De cómo le aterraba que los compañeros de clases por cualquier cosa en la que querían herir a alguien utilizaban expresiones como: "ese mariquita" "esa marimacho", y por eso decidió ocultar lo que vivía. Si eso hace mella en quien no lo es y por tanto no sufre estigmas, el daño que hacen en una persona que lo está viviendo, es terrible."

PUEDE SUCEDER EN CUALQUIER FAMILIA

"Ésa es la verdad, pero yo no lo sabía entonces. Yo muy adentro de mí siempre supe que mi hijo no era igual a sus hermanos en el aspecto sexual, aunque él mismo cubriera a tal grado su situación que traía novias a la casa. Aunque había algo que en ocasiones me daba una señal que no podía entender y que nunca supe a ciencia cierta qué era. Quizá era una nube negra detrás de mi cabeza. Lo observaba y me convencía que mi hijo no era amanerado, aunque a diferencia de los otros muchachos no le gustaba practicar deportes, pero él era excelente en sus estudios.

"Así me pasaron los años, sepultando algo que nunca jamás comenté ni con el padre, para quien la situación al igual que para mí simplemente no existía. Nunca, ni para mis adentros, mencioné la palabra gay. Pensarlo, manifestarlo era admitirlo, y simplemente no. Yo soy perfecta —me repetía—, y mi hijo también es perfecto."

EL DÍA QUE TODO CAMBIÓ

Después de la plática en Nueva York, Eva regresó a Miami con la certeza de que estaba destinada a una misión que realiza hace años. Un vecino que trabajaba en la organización "Proyecto YES" la llevó a involucrarse de lleno.

"Aquellos primeros días después de la plática fueron de análisis sobre lo que había hecho, hasta que me dije: 'espérate un momento. Por esa actitud de rechazo mi hijo estuvo varias veces a punto de suicidarse, ¿y yo qué he hecho para ayudarlo?' Ahí comenzó el cambio. Poco después, un amigo llamado Bob, que trabajaba en Project YES, me explicó que la misión de esa organización era prevenir el suicidio y asegurar el crecimiento saludable de jóvenes homosexuales gay, lesbianas, bisexuales y transgénero. Yo supe que aquello me lo ponía Dios, que por ahí iría mi caminar y acepté."

A partir de aquí, le cedo las páginas de este capítulo a Eva Leivas-Andino porque nadie mejor que ella, que con su lucha incansable recibió el premio nacional de la Fundación Colin-Higgins al mérito y valor, para que le

214

dé los consejos que probablemente abran la la puerta cerrada en su vida. Que así sea.

"Al llegar a Project YES, Bob me entregó un papel con unos números escritos que me hicieron temblar del miedo: Los jóvenes gay y lesbianas comprenden el 25 por ciento de los desamparados. La familia los lanza fuera del hogar. Otros más escapan, y un 28 por ciento abandonan la secundaria antes de graduarse. ¿Y todo por que? Por miedo a que los descubran, a que los rechacen en casa. Al leer aquello me comprometí a trabajar duro para proteger a niños y jóvenes como mi hijo, que no tienen a dónde o a quién acudir."

PADRES E HIJOS, UN FRENTE COMÚN

"Al comenzar mi trabajo en Project YES me fui dando cuenta que el trabajo no había que hacerlo entre los jóvenes, sino más bien dentro de las estructuras donde se desenvuelven y donde son perseguidos, abusados y atormentados y que en muchas ocasiones comienza en la propia casa. Entonces hay que hablar y ayudar a los padres, y a quienes les rodean. Hoy en día vivo dedicada a instruir y educar, a iniciar conversaciones sobre temas que son muy difíciles de afrontar para la mayoría de las personas y por tanto a abrir espacios, dentro del mundo real, para que nuestros jóvenes gay, lesbianas, bisexuales y transgénero puedan sentirse seguros, libres del suicidio y del abuso."

PASO A PASO PARA LOS PADRES

"Todo esto es un caminar paso a paso. Lo primero es aceptar lo que nuestros hijos nos están comunicando. Después, pedirles que nos tengan paciencia mientras nuestro cerebro y actitudes nos dan las armas para luchar con nuestros sentimientos de rechazo y, muy importante, tiempo para asimilar la noticia. Poco a poco, mostrarle a los hijos que, antes que todo y después de todo, nosotros los queremos porque son nuestros. Hay que reafirmarles constantemente que nos pueden decir cualquier cosa porque los aceptamos como son."

VERDADES TAN GRANDES COMO UNA CATEDRAL

"La identidad sexual no la cambia nadie, pero los padres y los familiares de muchachos gay estamos tan poco informados por el mismo miedo a hablar, que no entendemos bien que una cosa es la orientación sexual y la otra es la conducta. En Operación YES aprendemos, a través de los datos, que lo que muchos hemos creído por años es falso. Un ejemplo: escuchar en una plática que "fulanito o fulanita son gay" de pronto. Esto es lo falso. La verdad es que esa persona era así desde que en su cuerpo se definió su sexualidad. Caso muy diferente de la persona que, a sabiendas de que tiene la orientación hacia tal o cual sexo, haya luchado contra eso para no serlo y después de intentarlo ya no pudo más. Esto es totalmente diferente de lo primero."

Orientación sexual

"Los estudios indican que el sexo no sólo se decide por los genitales sino por elementos en el cerebro que son los que deciden si se es hombre o mujer, pero como el cerebro es la ultima frontera del estudio del ser humano, es algo que a diario está teniendo descubrimientos. Sin embargo, hay cosas que son inamovibles como eso de que el sexo se decide en el cerebro."

Rechazo de padres a hijos

"A lo largo de estos años tratando con padres de hijos homosexuales comenzando por mi caso encontré un ejemplo de lo que es el rechazo. Muchos me dicen 'si fulanito o fulanita no hicieran gala de lo que son, si no se vistieran de tal o cual manera, si guardaran en silencio su inclinación, yo creo que podría aceptar mejor la idea'. Esto es un claro ejemplo del rechazo sin fundamento alguno. La teoría es sencilla y siempre lo hablo con los padres y familiares.

"Al decir algo semejante, estamos mostrando que no rechazamos a un hijo por su orientación sexual, sino porque no va de acuerdo con lo que dictan las reglas de una sociedad, es decir, porque rompen lo establecido. La mayoría, luego de analizar esto, comienza a tener conciencia de que ahí puede estar la solución para que su pensamiento cambie.

"En muchos casos, que el o la muchacha homosexual se rebele a la situación que vive de rechazo en el hogar se traduce en una forma de llamar la atención a toda costa. ¿Cómo lo hacen? En su vestuario, en su comportamiento, pero en la medida que esa persona se siente amada y comprendida en muchas ocasiones viene un cambio basado en el razonamiento, que no le obliga a tener que probarle nada a nadie. ¿Cómo se logra esto? Con mucha paciencia.

"Yo misma comencé a encontrarla paso a paso. Los padres tienen que hablar con su hijo o hija y por lo pronto repetirle que uno los quiere pero que aceptar las cosas no es nada fácil, especialmente porque no sólo se trata de entender algo tan difícil y complejo, sino también porque hay que tratar de que la situación no afecte. Por eso hay que decirles algo parecido: 'Fulanito, Fulanita, estoy comenzando a entender tu situación, no me es fácil, pero yo te pido que me tengas paciencia, aunque lo que quiero que sepas por encima de todo, es que yo te quiero'. Es el mejor ejercicio para comenzar. De ahí para adelante está la vida porque yo sé que lo que mata en esto es el miedo, pero educación e información lo curan todo."

El proyecto YES

"Yo sé que lo que mata es el miedo, pero educación e información lo cura todo. A lo largo de Estados Unidos existe ayuda para jóvenes gay, lesbianas, bisexuales y transgénero. En la comunidad gay de cada ciudad puede hallarse la ayuda. Pero día a día la fama de Proyecto YES ha traspasado las fronteras de Florida por la calidad de ayuda. Aquí Ofrecemos seminarios que instruyen a los consejeros de las escuelas a todos los niveles. Orientamos a maestros en los problemas referentes a la orientación sexual con los que tienen que lidiar en la vida diaria escolar.

"También Project Yes da ayuda a los estudiantes en forma individual y en grupo, y por supuesto a los padres de familia."

Hay que detener el abuso

"Hay lágrimas de sangre en las trincheras donde personas comunes y corrientes luchan contra la discriminación en la vida diaria, y es una discriminación por una orientación sexual. Hay que detener el abuso y éste comienza evitando usar términos derogatorios contra nadie. La receta de cómo hacerlo es sencilla. Hay que repetirse 'si mi hijo escucha cosas humillantes contra otra persona.. mi hijo pierde'.

"Hoy sé que los padres por amor a nuestros hijos podemos vivir un período muy grande de reconciliación y perdón. Que no hay que llorar más la pérdida de una ilusión. Que nuestros hijos son nuestros y sobre todo, que hay que amarlos incondicionalmente. Sé que aceptando eso se vive la verdadera sanación."

Consejos a padres de homosexuales

1.-Que su primera respuesta al enterarse de la verdad no sea '¡Ay, hijo! ¿Qué hice mal?

2.-Ser homosexual no es culpa de nadie. Ni es un robo o un asesinato, por lo tanto nadie tiene culpa de nada, mucho menos los padres.

3.-Que el miedo a enfrentar la homosexualidad de su hijo no sea mayor que su amor por él.

4.-Si no sabe del tema, pierda la vergüenza de preguntar, busque ayuda que la hay.

5.-Educación e información lo cura todo. Lo que mata es el miedo.

6.- Project YES: teléfono 305-663-71-95; correo electrónico email@proyectyes.org

Hablando se entiende la gente

Las páginas del libro se agotan al igual que los capítulos. Estamos casi en el final y al "monstruo" que ha cambiado a nuestros hijos lo tenemos localizado. Por lo menos lo conocemos mejor. Por lo menos también sabemos cómo opera. Por eso dejé para lo último dos capítulos que desde el principio supe que eran inamovibles. Éste es uno de ellos. ¿Qué hacer para romper la barrera de hielo que los adolescentes ponen frente a nosotros para separarnos de ellos? ¿Lo que sirve para un hijo, sirve para otro? Andaba en busca de esas respuestas cuando una tarde, platicando con mi amiga y compañera María Elena Salinas, filosofábamos sobre la clave para entendernos con los hijos adolescentes, los propios y los que vienen cuando los cónyuges llegan con los suyos. Ella, madre de Julia y Gabriela, y madrastra de Bianca y Erica, hijas del matrimonio anterior de su esposo, el también periodista y presentador de televisión Elliot Rodríguez había dado en el blanco de varias respuestas.

"Hablar, Collins, hablar. Comunicarse y tener paciencia que la etapa crítica pasa. En mi caso, con dos hijastras, antes de casarme con Elliot y después de leer un libro llamado "Step by Step parentig" sobre como guiarnos con los hijastros, tuve bien claro que mi papel no tendría que ser el de una madre, ni de una madrastra y que lo mejor que podía hacer era intentar nunca ser mamá. Sólo estar ahí por si me necesitaban, y si no me necesitaban, pues no. ¿Qué pasa? viven parte del tiempo en mi casa y creo que es mi responsabilidad dar mi opinión, pero no regañarlas, sino darles consejos. Yo creo que lo tomaron bien porque nunca me dijeron que no tenía derecho a decirles nada."

María Elena había tomado una decisión que desde ningún punto de vista era fácil. Parecía sencilla, pero no lo era. Yo misma como madrastra de Antón Fajardo sé que no lo es. Que en la etapa de la adolescencia, que el padre o la madre se casen, significa reto para ellos y prueba para la resistencia del padrastro o madrastra.

"El mismo libro "Step by Step Parenting" me había prevenido de muchísimas situaciones que finalmente me llevaron a entender que Erica y Bianca podrían tener momentos difíciles con mi esposo y conmigo, pero que no era porque existiera algo en contra mía, sino porque en su inconsciente, cualquiera que se casara con su padre representaba a quien, sin tener culpa, les alejaría la posibilidad de tener juntos a sus padres. Y déjame explicarte esto. Es un razonamiento de todos los hijos de padres divorciados, tienen. No es el caso de ellas en particular, porque su mamá también volvió a casarse y ellas tienen una excelente relación con su padrastro. Así es como funciona la psicología luego de una separación tengas que ver en ella o no. Entendí entonces que cualquier conducta en ese sentido no era porque tuvieran algo en mi contra, sino que simplemente el cerebro de los muchachos funciona así ante la ruptura de un matrimonio.

"A eso, había que añadir que cuando yo me casé con Elliot, la mayor tenía nueve años y la menor cuatro. Erica adora al padre, tiene una gran relación con él y es muy probable que cuando nos casamos, ella y su hermana tuvieran el temor y la incertidumbre de que su papá hubiera escogido mal. A eso hay que agregar que paulatinamente fueron entrando en la adolescencia, Erica en una adolescencia precoz cuando con los problemas normales de un adolescente ninguno quiere hablar con los padres y mucho menos con los padrastros, en fin, las cosas normales que hacen difícil una relación. Sin embargo, aunque yo no tenía hijos, si tuve la valiosísima experiencia de haber vivido la adolescencia de mis sobrinos Charlie y Cici, a quienes prácticamente yo crié y eso me sirvió muchísimo para mis propias hijastras."

María Elena actuó como madrastra con la experiencia que yo no tuve con Antón mi hijastro, quien, al casarme con Fabio, llegó a mi vida cuando yo no sabía lo que eran tres cosas importantísimas que juegan un gran papel en un matrimonio: la adolescencia, el que sean hombres o mujeres y aunque no me lo crea, la nacionalidad. Me explico mejor: Primero, Antón es cubano por parte de padre y ruso por parte de madre. Nació en Rusia, se crió en Cuba con su familia y su padre cubanos. El resultado es una mezcla maravillosa… después de los diecinueve años. Pero antes, con las costumbres de dos países, una verdadera bomba atómica. En segundo lugar que sean hombres y mujeres, en mi caso yo sólo tenía experiencia como madre de dos niñas (que hasta los diecisiete años fueron por lo bien portadas, todos unos arcángeles del señor) lo que me hizo incomprensible aquello que en un adolescente varón, cubano y de dieciséis años era completamente normal. Y de pilón, que mi educación mexicana tradicionalmente era cerrada en cuanto a lo que se permite o no hacer a los hijos, así que al toparme con el temperamento ruso-caribeño de Antón y mi inexperiencia de madrastra, verdaderamente ahora veo aquello como un cóctel molotov, que no se cómo no estalló. Eso, aunado a lo que María Elena señaló, "no importa quién tenga la culpa, los hijos van a ver a quien llegue a su vida como padrastro y madrastra, como un intruso que les está separando de sus padres", realmente me hace ver que algo muy fuerte nos une a Fabio y a mí, que pudimos sobrevivir aquellas hecatombes.

Pero María Elena Salinas siguió narrando su experiencia: "Una vez pasados los problemas normales de un adolescente, Erica, la mayor ha vivido una transformación increíble. Poco a poco comenzó a cambiar la situación de rebeldía y yo creo que al final está agradecida de que su papá y yo estemos juntos y tengamos el matrimonio establecido dentro del respeto que vivimos. Ella y yo tenemos cada día una mejor relación porque la clave ha sido hablar, comunicarnos. También se dio cuenta que tenemos cosas en común. Íbamos juntas de compras, no que yo le comprara su amor, sino que se relacionaba mas conmigo por los gustos de la ropa, porque podía hablarme de cosas que a ella le interesaban y divertían, no cosas que la sermonearan y la intentaran educar a cada momento. Así empezó a respetar mi opinión y poco a poco se fue abriendo"

¿Qué es lo que juega en la mente de los hijastros para cambiar su forma de pensar con respecto a madrastras y padrastros? El tiempo y solo eso dice María Elena, y yo estoy de acuerdo. Con el tiempo, Antón y yo hemos tenido una mucho mejor relación, en gran parte porque, después de la adolescencia de mis hijas, verdaderamente la de el fue un paraíso. Un muchacho que, al margen de la rebeldía y sus consecuencias, en realidad no dio mas problemas, y sobre todo porque en su momento entendió que con los tres factores que menciono de la raza y las costumbres yo actuaba así por desconocimiento, y no por ser la malvada madrastra del cuento, como en muchas ocasiones me vio.

Tiempo y comunicación vuelve a aconsejar María Elena Salinas y pensar que cada hijo es diferente como los dedos de la mano.

"Finalmente hubo dos factores muy importantes. Cuando uno ve las cosas malas que hacen otras muchachas y muchachos en la misma adolescencia, uno se da cuenta que las de uno, ni remotamente fueron niñas fuera de lo normal. Lo normal si puede hablarse en esos términos, fue cómo ellas actuaron porque básicamente son niñas buenas. En mis hijastras lo que contó y cuenta es que ambas quieren mucho al padre. Erica lo adora y sabe que él y yo estamos haciendo lo mejor por ellas. También ayudó que al margen de lo que es una relación madrastra-hijastra pude verlas crecer y palpar cómo han sido adolescencias totalmente diferentes: Erica no tenía buenas calificaciones pero luchó por remontar, al grado de que es buena estudiante e incluso hoy quiere seguir nuestra carrera de periodismo, y estoy segura de que lo va a lograr porque tiene con qué hacerlo; y la evolución de Bianca, quien de niña era gruñona y rebelde, y de jovencita es alegre, risueña, de buenísima conducta, atleta, que siempre está al pendiente de sus hermanas menores, muy estudiosa, con mucha participación en su colegio. Ambas repito son buenas niñas que incluso, ni siquiera andan de novieras como otras a su misma edad. ¿Pero qué me ha dejado todo esto? La gran lección es lo que tengo que hacer este momento para evitar una mala adolescencia con Julia y Gabriela, mis hijas. Siempre he tratado de justificar el hecho de que trabajo mucho y que como no estoy todo el tiempo, también tengo miedo de perder el control sobre ellas, de que no me hagan caso y que finalmente que me lleguen a ignorar. Pero este es un miedo normal de todo padre. Ellas saben que estoy trabajando para poder ahorrar y estar con ellas cuando sean adolescentes, y por lo pronto, les doy mucho amor. Las abrazo, les cuento historias.. les digo cuanto las quiero y les hablo.. y nos hablamos. Hablando es finalmente como la gente llega a entenderse."

RECOMENDACIONES DE MARÍA ELENA, SI TIENE HIJASTROS

1.-No intente ser mamá. Son contadas las ocasiones en que eso funciona

    2.-Mucho cariño para hacerles sentir seguros porque la inseguridad les lleva a los grandes problemas.

    3.-Hay que descubrir el talento y acrecentar lo bueno de cada personalidad.

    4.-No imponer ninguna cosa sobre ellos. Dejarlos decidir. Puede exponer las cosas, pero no obligar.

    5.-Tener paciencia. Que nada de lo que hagan o digan le haga mella. La adolescencia pasa y después vienen convertidos en las personas que uno luchó para fueran.

LA COMUNICACIÓN ES NUESTRO NEGOCIO

Las reflexiones de María Elena llevaban a una evidente conclusión: la buena relación con hijos e hijastros comienza hablando, comunicándose. ¿Pero en realidad eso es posible? Alejandro Alvarado Bremer, analista político y redactor del Noticiero Univisión, uno de mis compañeros en las ediciones del Fin de Semana me dio la pauta. Es otro de los simpaticones miembros del equipo que más bien formamos sonora cofradía: la del "diente pelado" porque para nuestra fortuna no sólo reímos a carcajadas, sino que conocemos el poder de sentirnos bien con la risa. Así es Alex. Por eso el cambio en su semblante me llamó la atención aquel día a finales del verano del 2003, y al fin reportera me puse a investigar.

"Es que se va mi hija a Los Angeles a estudiar actuación, Mac, y eso me produce una profunda tristeza"

Era más que tristeza. Sus ojos se humedecieron mientras me contaba. Son pocos los padres y pocos los hijos con tal compenetración.

"El gran temor que me acompaña a diario, es que con la distancia pierda la extraordinaria comunicación que he tenido con mis dos hijas"

¿Comunicación con dos adolescentes?, pregunté azorada.

"Sí. Desde que nacieron, desde entonces y desde antes. Desde que mi esposa estaba embarazada ella les platicaba y yo les tocaba guitarra. Paulatinamente, sabiendo que eran un préstamo divino que debíamos cuidar con el mayor esmero, buscamos establecer una buena comunicación donde nos han dado sus temores, sus ilusiones, sus frustraciones, sin pena sabiendo que sus secretos no salen de casa."

Comprendí la fortuna de Alex como padre, aunque modestamente él lo niegue.

"No, no creo ser el papá ideal. Como todos, tengo momentos buenos y malos, frustraciones y días de depresión, que luego todo lo complican, y me hacen incurrir en errores lamentables, pero mi mujer es mucho mejor que yo como madre por esa percepción especial de las mujeres. En realidad, ambos hemos luchado por basar la relación con las hijas en la comunicación y más aun porque pensamos que la verdadera forma de entender a los hijos empieza en la comunicación entre los padres. Creo que Paty mi esposa y yo, hasta ahora, hemos construido los puentes correctos, porque nuestras hijas vienen primero con nosotros cuando están en dificultades que con nadie más. Y también, nosotros acudimos a ellas cuando tenemos problemas. ¡Las sorpresas que me he llevado al escuchar sus consejos! Finalmente somos amigos, hermanos, e hijos de un solo padre."

Lo escuchaba hablando en un tono reconfortante, el mismo que millones de padres quisiéramos tener, en ocasiones por lo menos un solo día, con nuestros adolescentes. Que ellos dejaran de pensar que somos "dinosaurios", gente que no entendemos lo que es ser "cool".

"La nuestra es una historia de comunicación en todos los aspectos con nuestras hijas y me di cuenta el otro día mientras veía una entrevista de Teresa Rodríguez a Carlos Santana en "Aquí y Ahora": Me ha pasado lo mismo que a Santana con sus hijos. La música juvenil de hoy, basada en los grandes clásicos del rock y las baladas los 60, 70 y 80, permite una gran identificación, además de que con mis hijas compartimos gustos musicales. Nos encanta, a ellas y a nosotros, la música de Maná, Shakira, Los Beatles o Juan Gabriel. Y éste es un fenómeno que no se había dado antes, cuando claramente había una división entre los gustos de los padres y el de los hijos. El resultado es algo increíble que, al menos en mi casa, evita los gritos de ¡apaguen esa música!, y por el contrario, la compartimos incluso cuando vamos juntos en el auto."

Suena fácil, pero en la práctica, ¿qué hacer para lograr lo que él y su esposa con esas adolescentes? Pero por favor, consejos aceptables, no las utopías con las que se topa uno en muchos libros de asesoría psicológica que no están enfocados para muchachos de familias hispanas.

MÁS VALE PREVENIR

"Uno sabe cuando las cosas no andan bien. Lo revela una simple mirada. Ése es el momento de hablar. Comienza con esa inquietud y puede prevenir problemas mayores. Atajarlos antes de que crezcan. Nuestros hijos están expuestos, muchas veces, a un medio ambiente no deseado, con adolescentes que empiezan a tener relaciones sexuales a los 10 años, o a fumar marihuana, o tener terribles relaciones con sus padres. Todo eso les afecta, y uno debe estar pendiente, ventilando esos temas en los momentos de encuentro familiar, que hay que propiciar. Nosotros los hispanos no debemos perder la siempre buena costumbre de compartir los alimentos con nuestros hijos, al menos una vez al día, por la mañana o en la noche. La sobremesa es, a veces, el mejor ambiente para dialogar."

No pude dejar de rebatirle que no hay sobremesa y buenas intenciones que no se estrellen cuando los hijos adolescentes lo que menos quieren es hablar. Entonces.. ¿Como hacerle?

"Yo sé que no siempre es fácil establecer ese intercambio de ideas y llegar a conclusiones positivas. Hay veces en que los cambios hormonales superan la racionalidad, y eso nos incluye a nosotros, los padres, que tampoco dejamos de crecer y de cambiar. Creo que el secreto de una buena comunicación es el nivel en que se realiza. Si la establecemos de padre a hijo, el rechazo va a ser natural, y con seguridad terminaremos a gritos. Hay veces que eso funciona, en el caso de tomar una decisión tajante en relación con un permiso. Pero la mayoría de las veces, no. No importa si el niño está en el amanecer de su inocencia o al final de la misma, el desafío es llevar a cabo una relación de adulto a adulto, en donde impere la razón."

224

SIN MENTIRAS

"Esa comunicación sólo se establece hablando con la verdad, porque las mentiras, de uno o de otro lado, siempre salen a relucir tarde o temprano y terminan destruyendo la confianza. Difícilmente se podrá restablecer el diálogo con base en una mentira. En esa comunicación, el padre debe tener la madurez y la vergüenza a pedir perdón, cuando se equivoca, porque solo así los hijos aprenden actos de humildad semejantes."

UNA SOBREDOSIS DE PACIENCIA

Humildad y paciencia es lo que miles de padres hemos rogado al cielo en innumerables ocasiones, sin escuchar respuesta, lo que en el caso de Alex nunca fue un obstáculo insalvable. No pude evitar decirle que es difícil hallar fuerzas cuando como padre estás atrapado en la desesperación de ver que te dicen mentiras, que estas escuchando un mundo irreal porque las evidencias te muestran todo lo contrario. Que están haciendo cosas malas y sabes que es inútil intentar entenderte con ellos.

"Tenemos que armarnos de paciencia, y buscar la comunicación por todos los medios. Muchas veces obtenemos como respuesta: "no quiero hablar sobre el tema!" o una ofensa directa, o la puerta que se cierra en nuestras narices. No debemos cejar en nuestro esfuerzo.

"Una prórroga para que regrese la calma siempre ayuda. Hay veces que ese dialogo se hace imposible, porque las posiciones sobre un problema, como puede ser el novio o una amiga, o una reunión a la que no quiere faltar, se vuelven irreconciliables. Hay una energía negativa que no se soporta. El aire lo cortamos con tijera y hasta tenemos miedo de iniciar la plática por que prevemos el resultado. Y normalmente es así: desastroso.

"Cuando son niñas uno también debe llevar su calendario, porque en aquellos días las cosas se complican más. A la mejor debemos posponer la conversación un par de días y luego retomarla, para llegar a conclusiones constructivas, pero no dejar de hacerlo. Un problema sin resolver, inevitablemente volverá a surgir, y con más fuerza."

Evidentemente, en un mundo de padres mayormente atormentados por sus hijos adolescentes, Alejandro Alvarado y su esposa son el oasis de paz. Quizá en buena parte también, porque han llegado a utilizar un recurso olvidado de acuerdo a las teorías de la psicóloga Rebeca Fernández y que podría ser la solución a muchos problemas de adolescencia: La religión y el freno moral que esta da.

LA ORACIÓN

"La ayuda de Dios, en esos momentos, se vuelve invaluable. Para los que practican alguna religión, no importa cual, saben de la paz que inspira la iglesia y la oración comunitaria. El que siempre nos acompañen nuestras hijas a   la iglesia nos ha ayudado mucho porque es un momento de reflexión, y, sobre todo en el cristianismo, el momento en el que se revela la fuerza del perdón. La madre Teresa solía decir "la familia que reza unida, permanece unida". Y las familias de hoy ya no rezan juntas.. Leer sabiduría llámese Biblia o el Corán, estimula la reflexión, y con la reflexión viene, natural, la humildad."

EL PODER DE LA PARÁBOLA

"Con la religión aprendimos también en forma natural a evitar dar consejos a partir de las comparaciones que siempre provocan reacciones negativas en los jóvenes. El 'yo hacía esto o a tu edad, o yo no hacía lo otro' no es recomendable. Jesús nos enseñaba con parábolas, es decir, con ejemplos y siempre la enseñanza con anécdotas será la mejor forma de entender. Es cuestión de leer y encontrar los ejemplos para explicar."

Mientras Alex explicaba el poder de la parábola, me di cuenta ¡que yo misma lo había hecho y finalmente había funcionado! Si no con parábolas, por lo menos con anécdotas. Lo supe, cuando a principios del 2003 recibí la carta de Antonieta en que me pedía que la perdonara.

"Sé que has sido como el "Árbol que daba mucho" el libro de Shell Silvertein, que me leías de niña: tú me diste todo y te quedaste sin nada más para darme, pero ahora, en esta ocasión no te estoy pidiendo nada, sólo que me perdones. Por lo menos piénsalo hasta el 2005 que es el año en que me gradúo."

Con un nudo en la garganta supe que había funcionado. Desde entonces hablamos. Y si algo tiene usted que hacer es hablar sin perder la paciencia. A fin de cuentas, ¡hablando se entiende la gente! Y créalo bien.

RECOMENDACIONES
de Alejandro y Paty Alvarado

1.-Hablar con los hijos de adulto a adulto aunque sean niños. Nunca de padre a hijo. "Dime, cuéntame, que yo te entiendo"

2.-Darles la seguridad de que sus confidencias no saldrán de casa.

3.-Asistir regularmente a servicios religiosos de la denominación de fe que usted como padre siga. Esto siempre será un freno moral a su favor, y por supuesto de ellos.

4.-No ponerse como ejemplo para corregir a los hijos. Utilice las parábolas o ejemplos sacados de algún libro.

5.-Si tiene hijas, no olvide los días previos y durante la menstruación. Recuerde que las hormonas hacen estragos y esos días son más cerrados para una discusión. Posponga cualquier aclaración, pero no la olvide. Un problema que no se habla, crece.

6.-Evite las mentiras. En ambos bandos, éstas siempre rompen la comunicación.

7.-Sea humilde y pida perdón a sus hijos si ha cometido un error. Con esto les está dando la mayor lección de humildad que aprenderán de nadie más.

Necesitan padres no amigos

Durante el año y medio que recopilé el material para este libro, me sucedió lo mismo que cuando estoy haciendo un reportaje para la televisión. Al encontrar a los personajes clave, en muchas ocasiones los hemos reunido para que uno a uno, den su testimonio. Así he querido imaginarlos en estas páginas: en una reunión de gente valiente y valiosa que ha hecho que un papel en blanco cobre vida con los fragmentos de su lucha incansable por hacerse entender.

Cada uno de ellos logró con sus propios descubrimientos, dominar cada uno de los "monstruos" que atacaron el cerebro de sus hijos en la adolescencia. Cada uno a su manera hizo la diferencia compartiendo lo vivido apiadándose de los demás y en base a la misma piedad que otros tuvieron por ellos mismos. En fin, que aquí quedan para darle a su manera, el exorcismo de sus demonios.

¿QUIÉN TIENE LA CULPA?
Beatriz Cortes de Green

"Uno puede pensar muchas veces que las cosas nos han pasado con nuestros hijos por culpa nuestra. Porque nos divorciamos, porque tenemos un nuevo marido, porque estamos medio ajadas, porque no les dimos cariño o porque les dimos cariño, y resulta que la lista no terminaría nunca. La única verdad es que crecer es un proceso muy doloroso que a todos nos ha tocado, y que de acuerdo a las circunstancias de cada uno, se presenta diferente y hay que lidiar con él.

"La adolescencia es una etapa en la cual no sabemos ni quiénes somos, ni qué sentimos, ni qué queremos. Por un lado estamos deseosos de experimentar y sentir las emociones del sexo. Por el otro lado queremos DEMOSTRARNOS, así con mayúscula, a nosotros mismos que somos alguien, que podemos resolver nuestras broncas, que nada malo nos pasa y que no nos equivocamos. ¿Les suena familiar?"

¿ES MALO SENTIR QUE NO TODOS LOS DÍAS LOS QUEREMOS IGUAL?
Psicóloga Rebeca Fernández

"Vivimos en el error de vivir de pensar que la relación padre e hijo debe ser perfecta todo el tiempo. ¿Quién dijo eso? ¿Por qué tiene que ser así? Las relaciones en familia son exactamente igual a cualquier otra que tenemos fuera de casa, en el trabajo o con los amigos. Tienen altibajos, unas veces van muy bien, otras mal, pero siempre con el entendimiento y el cariño que las reparan.

"¿Cuántas veces nos sentimos culpables de no querer a nuestros hijos todo el tiempo como nos han enseñado? ¿Cuántas veces queremos olvidarnos de ellos para que no duela el alma? ¿Cuántas veces esto nos ha hecho creer que estamos rayando quizá en lo anormal? ¡Y resulta que es todo lo contrario! Ejercer el derecho de no quererlos con idolatría los trescientos sesenta y cinco días de año, y que ellos ejerzan el suyo de no querernos de la misma forma, no significa que ninguna de las dos partes sean malas, sino simplemente que se trata de seres humanos de carne y hueso."

¿SOY LA ÚNICA MADRE A LA QUE LE PASA ESTO?
Doris García

"Esa sensación es la que más lesiona a padres y madres que están viviendo el conflicto con los hijos: lo que nos dicen los demás, que han vivido lo mismo o peor pero que lo esconden y fingen que no pasa nada. Esto nos deja desprotegidos y sin ver objetivamente que, ni es uno la única madre en esas circunstancias, y mejor aún, que en la gran mayoría de los casos, en comparación a otros, lo que han hecho nuestros hijos no es nada que no se pueda remediar."

¿PADRES O AMIGOS?
María Brown

"Eso de que los hijos son amigos de sus padres durante la adolescencia es difícil de creer. En la mayoría de los casos son excusas de los padres para cerrar los ojos ante una verdad: en todas las épocas los hijos le han dicho a los padres lo que estos quieren escuchar, y difícilmente van a hacerles las confidencias que harían con un amigo de su edad. Por supuesto que hay excepciones, no tengo la menor duda, pero no es el caso de la gran mayoría de los padres que prefieren encubrir sus deficiencias de corregir a los hijos con excusas como esas, y resulta que ese es el gran problema con que nos enfrentamos: los muchachos crecen en la gran confusión que produce la frase, y nosotros no entendemos que nos necesitan como padres y no como amigos, porque estos los escogen fuera de casa."

SIN CRUZAR LOS LÍMITES
Janet Casal-Miranda

"Mis padres criaron a sus cuatro hijos y tuvieron una muy buena relación con cada uno de nosotros, podíamos hablar con ellos las cosas que nos preocupaban, si cometíamos un error o hacíamos algo malo lo decíamos, y podían entenderlo, pero nunca cubrirlo. Porque siempre tuvimos en cuenta, como decía mami, 'que una cosa es tener una relación abierta con los hijos, pero que estos deben tener claro que quienes ponen las reglas son los padres'. A ellos les funcionó tanto como mi esposo y yo esperamos que nos funcione en su momento con nuestro hijo, que aún es un bebé. En casa, mi papá era el que no regañaba, y mi mamá era la que castigaba, revisaba tareas, en fin, la que metía la mano dura.

"Yo, por ejemplo, siempre he tenido una buenísima relación con mi mamá, pero no era mi mejor amiga. No. Yo sabía que era mi mamá. Y yo le decía todo a ella. Si por ejemplo había un día en la escuela donde todos no iban a clases, se lo contaba y hasta me acompañaba, si por el contrario hacíamos algo malo, por supuesto que nos castigaba y siempre tuvimos en claro que nunca podríamos perder la perspectiva de quién era el jefe.

"Un padre es un padre y pueden ser todo lo buenos del mundo. Se puede hablar con ellos todo lo que se quiera, pero eso no debe significar una relación de amistad como tal, porque siempre se estará en el riesgo de cruzar la línea del respeto y la confianza, tal y como sucede con los amigos en un momento dado, que se cruza esa línea y hay problemas. De los cuatro hijos que tuvieron mis padres, los varones fueron los que les dieron algún problema, pero la "mano dura" de mi madre siempre funcionó. Ellos como teoría han practicado que un hijo necesita de la presencia y autoridad de un adulto para que las cosas marchen bien, y como siempre mi mamá fue más fuerte que mi papá con respecto a nosotros, ella no aflojó nunca y las cosas le resultaron muy bien."

¿Aprendemos con el ejemplo?
Tania Ordaz-Rues

"Aunque aún no soy madre, he sido una buena hija, y siempre busqué la respuesta a las circunstancias que entran en juego para que un hijo resulte bueno o algo malo y si esto depende del ejemplos que reciben en su casa como tradicionalmente nos han enseñado que sucede. Probablemente eso funcionaba en otro tiempo. Pero todo ha cambiado en forma drástica. Eso ya no es necesariamente del todo cierto. Influye, pero no es definitivo. Hay otros factores fuera de la casa, que pueden jugar un papel positivo o negativo.

"¿De qué otra forma puedes explicarte que de padres buenísimos y que han hecho grandes sacrificios por sus hijos, salgan hijos malos, y por el contrario, de padres que son un desastre como tal, que son irresponsables como no hay otros, sin embargo, surgen hijos que son muy buenos? Es una ruleta donde la genética y la psicología parecen decidir el destino en un juego donde muchos ganan... pero otros pierden."

Una propuesta decorosa
Raymundo Collins

"Como policía, analizando una a una las historias y las recomendaciones en este libro, es obvio que en muchas ocasiones las cosas han sucedido también, por falta de información de los padres. Por muchas razones padres e hijos no pueden o no saben encontrar una solución y sería interesante que por ejemplo, así como existen organizaciones de ayuda a victimas de violencia doméstica, o a la dependencia al alcohol o la droga, que también hubiera una para padres con hijos adolescentes."

Quieres decir, ¿Qué los padres hagan sus propios grupos de apoyo? Pregunté interesada a mi hermano.

"¿Y por qué no? Ahí mismo en una sesión, y con testimonios de viva voz de otros padres, intercambiarían ideas, y recibirían consejos para atajar a tiempo los peligros. Por ejemplo, la ayuda no solo tiene que ser psicológica, también legal. Que algún policía o abogado o experto en el tema explique que hacer o no hacer en casos de violencia doméstica, de abuso, de droga, en fin de tantas cosas. Que alguien haga entender a los padres, que consejo y ayuda necesitan todos. De esta forma la ayuda sería indiscutiblemente rápida y directa sobre que hay que hacer y sobre todo, lo que no se debe hacer. Por supuesto, siempre guiados por un profesional de la psicología"

Raymundo me dejó pensando en la misma idea: grupos de ayuda a padres anónimos y que me surgió un día, cuando Elizabeth Valdés amiga y compañera del Noticiero Univisión, viéndome tan atribulada en la época de la crisis, pidió a su esposo Rey que me aconsejara sobre el caso, y sin titubear el lo hizo. Rey Valdés un veterano policía no solo me ayudó con sus observaciones en innumerables ocasiones, sino que sus enseñanzas me mostraron que muchas cosas suceden por falta de información. Después de esa plática, mi perspectiva cambió porque tenia la seguridad de saber que lo único que vence los temores siempre será tener información.

¿SE VALEN LOS TRUCOS?

¡Todo se vale! Pero, ¿cómo exorcizar diariamente al "monstruo" para que se vaya? Con maña y truco, exactamente igual que cuando decidí el cambio físico de mi vida y perdí cuarenta y seis libras para convertirme en otra persona. Entonces me inventé mi propio juego de papelitos con frases positivas que colocaba por todas partes para reforzar mi meta. Hice lo mismo vencer al monstruo de la adolescencia, y por lo menos, en decenas de momentos me hizo sentir bien.

De entonces a la fecha me quedó la costumbre, y de acuerdo a lo que esté pasando en mi vida, escribo frases y propósitos de enmienda en esos papelitos desprendibles, cuadrados, de colores brillantes. Así, cuando me asaltan dudas o malos pensamientos que me puedan regresar a mi estado anterior, corro, las busco las leo, las mentalizo, respiro profundo, y ya. Inténtelo con sus propias frases y váyalas cambiando de acuerdo a la ocasión.

Éstas fueron las que me ayudaron a sostenerme en la promesa de cambiar: "Eso no lo quiero ni para mi ni para nadie", "Yo soy madre, si, pero no la madre Teresa de Calcuta. Yo nací en Veracruz, así que... ¡no más sacrificios!", "Mis hijas y yo somos independientes, no somos la misma persona", "Los problemas de mis hijas son de ellas, no míos, por tanto no soy responsable de lo que hagan", "No tengo control sobre ninguna de mis hijas, ellas ya son adultas", "Yo no soy sólo madre, también son una persona normal, común y corriente", "Si no puedo cambiar a mis hijas, entonces la que tiene que cambiar soy yo para que nada me lastime", "No permitiré que mis hijos me tomen como un costal de boxeador para darme todo tipo de golpes", "Como madre puedo tener la culpa... pero sólo a la mitad. El resto es asunto de mis hijas", "He pasado cosas peores. Y he sobrevivido".

¿HICE LO CORRECTO?
Beatriz Cortes de Green

"¿Quién puede saberlo? Al final, de un compadre recibí la definición exacta de cómo nos encontramos frente a nuestros hijos: "Los adolescentes son como jabones mojados en la regadera. Si los aprietas mucho se te escapan. Si no los aprietas lo suficiente, se te escapan." En pocas palabras: la vida se convierte en el dilema de apretarlos lo suficientemente fuerte para que no brinquen y a la vez, es no apretarlos mucho porque se brincan." Nada más es cuestión de saber cuándo y dónde brincar.

¿EN QUÉ FALLÉ?
Una madre anónima

"En nada. Eso sólo podemos saberlo cuando el examen de conciencia como padres nos da una buena calificación por haber dado todo por nuestros hijos. Después de eso, lo que ellos hagan en la adolescencia y como adultos ya no es asunto de los padres. A un hijo puede librársele de muchas cosas.. pero menos de sí mismo."

¿QUÉ SOLUCÓN PUEDO DAR?
Psicólogo Carlos Amador

"Ninguna. Es asunto de gramática. Los padres podemos poner todos los medios a nuestro alcance para que las cosas se resuelvan de una forma u otra, pero la solución siempre estará en manos de nuestros hijos. Ellos son los que tienen que decidir, si con lo que les hemos dado, dan el cambio a su vida o no. La decisión siempre será de ellos."

¿ALGO MÁS QUE SE HAYA OLVIDADO?
Psicólogo Carlos Amador

"Sí. Que la vida es un negocio difícil y los padres aun con todo el amor del mundo no podemos evitar que nuestros hijos hagan un mal negocio."

De vuelta al reino encantado

En julio de 2003 me encontraba en San Juan, Puerto Rico, en una asignación especial sobre el perdón de una victima a su violador sexual, cuando entrevistando al sicólogo Carlos Amador, le conté a grandes rasgos que estaba escribiendo este libro y el final satisfactorio que habíamos tenido luego de una historia prácticamente de terror que la había motivado. Me escuchó fascinado porque su especialidad son los adolescentes. También, me dio la gran idea de que no fuera yo, sino Antonieta mi hija, la que escribiera el ultimo capítulo contando de su puño y letra la versión de cómo sucedieron los hechos.

"A fin de cuentas no solo es su vida, sino que hasta este momento –dijo Carlos Amador- la gente puede pensar que lo único que hiciste es una "cura geográfica" y no lo que en realidad ustedes lograron como familia. Tu resolviste el problema.. Pero no fuiste la solución. La verdadera solución fue de tu hija. Esa siempre estuvo en sus manos. Fue ella y solo ella quien decidió vivir diferente. Que no se te olvide. Así que quienes lean el libro, sea cual fuere lo que ella escriba, tienen derecho a conocer su propio punto de vista y la forma en la que ella califica la relación y el cambio que hoy vive."

Le di la razón de inmediato. Esa noche vía correo electrónico le hice la petición. Cuatro días después, Antonieta me envió su parte de la historia. Al leerla lloré conocer los detalles. De inmediato compartí las líneas con varias personas: Yuyita mi cuñada, Josefina Melo, Patsy Loris y Gaby Tristan. Las mismas que habían conocido a la protagonista desde niña, que había vivido esta tragedia no solo en sus dimensiones reales, sino paso a paso, y que merecían ser las primeras en atestiguar el cambio.

Por tanto, aquí les dejo con Antonieta González Collins, la hija por quien luché con lo que pude, rehusándome a convertirme en una estadística mas de la tragedia.

"Desde pequeña afortunadamente puedo decir que lo tuve todo, en todos los aspectos, en el material y en el emocional. He tenido una madre que siempre nos dio el ejemplo de que echándole ganas a lo que uno hace en la vida, esa es la manera de triunfar, y que la clave para el éxito es soñar. Mi recuerdo de ella ha sido, o escribiendo una pieza para un reportaje, o arreglándose para el noticiero, o viajando a cubrir cada catástrofe que pasa en el mundo, como lo del 11 de Septiembre del 2001, o lo mas tierno : tener siempre lleno el maletero de su auto con comida para perros y gatos para poder darles a todos los callejeros que se cruzan por su camino y no tienen a nadie que les de de comer. Aunque nunca se lo he dicho, (y siempre le hice burla, crecí admirando siempre eso en ella.) Esas fueron enseñanzas que muestran el gran corazón que tiene por los que ella llama los más desvalidos porque no tienen voz. Por estas y muchas otras razones, todo lo que mi mama ha hecho impactó mi vida de una forma u otra, en lo bueno y en lo malo.

"Desde pequeña gracias a ella he salido adelante. Crecí sabiendo que mi mama y yo éramos "Mac" y "Mac junior" (como me decían en Univision). Crecí también teniendo como casa a Univision, y viendo a ese lugar como un sitio donde hay familia, que son los compañeros de trabajo de mi mamá que me vieron hacerme grande.. ¿Cómo no? si cada fin de semana yo iba con ella, y ahí hacía tareas, o le preparaba sus maquillajes para el noticiero, después cuando fui mayor, buscaba siempre ayudar. Conocí a Gaby Tristán que hoy es productora del Noticiero, cuando ella era una productora asociada y yo era una niña de seis o siete años y me acostumbre a verla tanto como a Patsy Loris, o a Jorge Ramos o a María Elena Salinas. María Lopez-Alvarez productora del "Gordo y la Flaca" "Primer Impacto" y todos los programas de noticias de espectáculos fue como mi mamá sustituta porque cuando llegamos a vivir a Miami yo era pequeña y en su casa pasaba gran parte del tiempo libre junto a Carlos Alberto su hijo. Así era mi mundo, un mundo que me encantaba y que era a la vez tan diferente del resto de los niños de mi edad. Desde que nací supe lo que era estar cerca de una cámara de televisión. Primero porque mi mamá era corresponsal muchos años antes de que yo llegara al mundo, y después porque recién nacida, me llevaba a las asignaciones cuando vivíamos en San Diego, California. Uno de mis recuerdos fijos es haber estado detrás de las cámaras admirándola y viendo como se convertía en mas y mas profesional, y además también soñando que algún día... yo le iba a reemplazar en ese lugar. Así transcurrió buena parte de mi infancia. Una infancia feliz.

"Todo siguió igual en los primeros años de adolescencia, cuando entré a la preparatoria llegó el momento mas bonito: encontré a quien fue mi primer amor.. el fútbol. En la escuela primaria jugué softball y llegué a ser buena, y aunque mi mama creía que yo sería beisbolista en la universidad, sin embargo, la pasión por el bate y la pelota, no fue nada comparada a la pasión y amor que me dio el fútbol. En esto, también mi mama es y ha sido la definición exacta, perfecta y mucho mas, de lo que es una "soccer mom". Siempre llenando los coolers de agua, de gatorade, de hielo, echando porras, comprando donas para todo el equipo, gritando a todo pulmón animando hasta el último minuto del juego y, peleando (e insultando a los del equipo contrario que hacían trampa). Ahora me río de recordarla llegando a los partidos con una corneta haciendo ruido (lo que a veces me hacía sentir una vergüenza que no sabía donde meterme).. y ahora me río de aquello sin olvidarla nunca con la cámara fotográfica, que parece que trae pegada al cuerpo para tomar y tomar fotos. En el equipo la conocían como la fotógrafa Collins. (A veces, ay Dios mío, hacia unas cosas..)

"¿Qué más podía yo pedirle a la vida? Tenía muy buenas calificaciones. Amigas y amigos a montón, y más aun, amigas y amigos que siempre querían estar cerca de mí. Siempre estaba sonriendo y contenta. Conocía a celebridades (que es unas de las ventajas de tener una mama en el medio artístico) y algo mas... tuve una nueva familia gracias a que mi mama se casó con Fabio Fajardo, aunque esto nunca lo quise admitir, por celos de hija, porque en un principio para mi Fabio simplemente era un intruso en la perfecta relación que por años fue solo entre mi hermana, mi mama y yo. Debo reconocer que me equivoqué. Fabio es buena persona, y también es cubano de una familia grande. Así, que de pronto, no solo tuve un hermano en Antón su hijo, sino que nos creció la familia porque casi cada mes nos llegaba un nuevo pariente huyendo de Cuba. Tuve abuelo, abuela, tía, tíos, primos, sobrinos, en fin, un familión.

"¿Cómo era mi relación con mi mamá? Normal y súper buenísima. Mi mama me tenia toda la confianza del mundo, confiábamos una en otra. Nunca necesite de un truco para obtener algo. Si quería yo cosas, bastaba con pedírselas que como me las merecía, si podía ella me las daba. Fabio nos decía en broma que éramos "Famosa y Famosita Collins" haciendo referencia a un boxeador mexicano y su hijo llamados "Famoso Gómez y Famosito." Vivíamos la vida de una familia normal sin problemas, al fin y al cabo, Antón mi hermano nunca los dio, y conmigo, como madre, ella había batallado durante toda mi vida para que nada malo ocurriera. Por eso es que el viaje al infierno, y digo bien, INFIERNO en que los involucré tomó a todos desprevenidos.. A finales de mi penúltimo año en la preparatoria conocí al muchacho del que pensé iba a traerme muchos momentos de risa y de pasarla bien con todo lo que involucra a un high school senior. Pensaba con ilusión en mi graduación, en el famoso "prom", los bailes y las actividades.. pero nunca imaginé que esta seria mi peor pesadilla.

"Una amiga me lo presentó y en ese momento no me impactó. No pensé nada de el porque era como cualquier otro muchacho. Mi amiga le dio mi teléfono y el me empezó a llamar y invitarme a salir y todo el rollo de lo que es "dating". Honestamente todo esto era nuevo para mí. Hasta este momento yo era un "Nerd" es decir, una de las consideradas, tontas, feas, aburridas. A los 17 años y nunca había tenido un novio y tampoco me interesaban en ese momento. Me acuerdo el tremendo rollo de mis amigas que estaban contentas porque "Antonietta iba a tener su primer novio". El muchacho y yo empezamos a salir, pero era obvio que el estaba mas interesado en mi que yo en el. Sin embargo, poco a poco empecé a dejar a mis amigas de toda la vida porque cada día, mi novio quería verme y estar solo conmigo. Se me aparecía por todas partes y no tenía tiempo para más en medio de la escuela y los entrenamientos del fútbol. "Que estemos juntos todo el día, -me decía- es normal. Es algo que yo se porque he tenido muchas novias". Aunque yo era muy diferente al respecto, callé y acepté su regla. Pero a mí me encantaba conocer gente y tener muchos amigos y claro pasarme tiempo involucrada en actividades de las escuela y los fines de semanas en casa con Fabio y la familia (algo que tengo que admitir era súper divertido) El trabajaba en la casa y entonces nos cuidaba a todos los que estábamos. Nos compraba comida "chatarra" de la que nos encantaba como la pizza o mc donalds y me la pasaba a gusto. Los fines de semana por esa razón eran fiesta. O en casa o con mi mama en el trabajo...eso siempre fue lo más típico.

"Pero a mi ex novio esa vida tan divertida primero le molestaba, y después le enfurecía. A el le gustaban otras cosas como tomar y andar de parranda tal y como lo hacen los adolescentes. El solo convivía con sus muy escasos amigos. Parte de su personalidad era lo difícil que le resultaba ser amigable, y además abrirse a conocer nuevas personas. Con pleitos por lo que ahora entiendo era el control que estaba tendiendo sobre mi vida. Pasaron como cinco meses en los que me preocupaba su concepto de lo que es hablar y decir lo que cada uno siente. Eso era algo que no estaba en su mentalidad donde solo lo que el decía importaba. Poco a poco las cosas fueron empeorando. Peleábamos todo el tiempo. Yo tenia prohibido salir con mis amigas de toda la vida.. Ni siquiera podían venir a mi casa. Mis amigas por su parte comenzaron a cansarse de lo mismo: hacían planes conmigo y yo las plantaba a cada rato. Cuando comenzaron a hacerme ver que eso no era una relación normal de novios y que me debía alejar de el, mientras estaba con ellas les prometía "bueno, la próxima semana esto se acaba.

Tenemos que romper porque ya no lo aguanto más. En medio de las discusiones yo se lo explicaba, pero cuando el se veía perdido, lloraba y cambiaba. Entonces me decía que me necesitaba y que no podía vivir sin mí. Si eso no le hacía efecto, me halagaba y me hacia sentir bien con algún regalito y cambiando su actitud a una forma totalmente cariñosa.

"Esto me hacia sentir tan culpable, y en lugar de dejarlo, por el contrario en mi mente me proponía a tratar de arreglar las cosas, a no pelear aunque el no tuviera la razón, a tenerle mucha paciencia.. y comencé a ver esto normal. Al fin y al cabo eso es lo que el me repetía a cada momento. "Entre novios eso pasa siempre y la gente que es madura y se quiere, así resuelve todo. Además si tu me dejas, yo me quito la vida y tu tendrás la culpa para siempre". Me daba mucho miedo que por mi culpa pasara algo que me dejaría además el remordimiento toda mi vida. Sin darme cuenta había tomado control de mi vida como ahora sé que lo hace un abusador. Había días en que era muy lindo conmigo, pero cada vez que teníamos un día bueno… Había cien que eran un infierno total.

"Hasta que llegó el momento que nunca, NUNCA, pensé vivir. Era el ultimo día de mis exámenes finales en mi Junior year, es decir el año anterior a la graduación. Acabando mi ultimo examen final le hable por teléfono desde la escuela para decirle lo contenta que estaba.. y que por fin yo ya era una "senior". Al tiempo en que hablábamos, unos de mis mejores amigos, pasó y me dijo: " Bye toni! I love you have a great summer!". Mi novio escuchó eso por el teléfono y me dijo que pasaba por mi en la tarde por que íbamos a salir en la noche al cine. Me acuerdo haber entrado a su auto y con solo verlo, en ese momento algo en su expresión me miedo. Lo próximo que sentí fue un golpe en el rostro.. ¡Mi novio me había dado una bofetada diciéndome además que yo lo merecía! Llorando le reclamé porqué me había pegado ..¡Y lo hizo otra vez, y otra y me gritaba que no pararía hasta que fuera honesta con él, porque yo andaba coqueteando con muchachos! Yo no tenía idea de lo que estaba hablando!! Dejó de golpearme para gritarme que había escuchado a mi amigo cuando hablábamos por el celular.. "¡Eres un asco" —me gritaba—.

"Yo no podía decir nada.. Estaba en shock, llorando, y sin saber que hacer. Salí corriendo del coche, desesperada. No sabía tampoco a quien llamar.. Caminé u caminé en el Centro comercial a donde pude llegar a pie. Después de una hora de estar caminando sin rumbo, el me encontró y me pidió perdón. Me compró flores, y en el carro empezó a llorar. 'No sé qué me pasó. Perdóname. Eres mi mundo, todo lo que tengo. Te amo más que a nadie. Sin ti no sé qué hacer. Por favor perdóname que nunca mas vuelve a pasar'.

"Claro yo le creí y para esto yo ya estaba enamorada y lo perdoné. Ahora me doy cuenta que ese fue mi primer gran error. Un error que nadie debe cometer. He aprendido que como persona y mujer me tengo que dar mi lugar por que yo valgo mucho. He aprendido a que en todo momento que la vida, no importa cuando y con quien, quererme a mi misma es lo mas importante y la llave de todo..Pero en ese momento no entendía nada de esto.

"Pasaron mas meses y lo mismo ocurría a cada rato. Me pegaba por cualquier cosa insignificante, si algo no le parecía o si yo decía algo que no le gustaba, si no pagaba por los boletos del cine o las cenas. Todo lo tenía que pagar yo. 'Por tu culpa soy infeliz. No puedo dejarte porque te quiero, así que lo menos que puedes hacer es pagarme la gasolina y la comida. Y si no tienes dinero, tu mama gana bien. Sácalo de donde lo tiene porque si no, vas a ver qué te sucede'

"Ustedes se deben preguntar ¿por qée no le dio una patada y lo mandó en ese momento para la calle y ya? Acabar con una gente así no era tan fácil, por el contrario, por el lado que yo quisiera verlo era tremendamente difícil. Creí que como siempre, para el "peer pressure" siempre fui una "nerd" que no sabía nada de muchachos, pues tenía que aguantar el precio de tener un novio. Y este era, escuchar amenazas y regaños y la mayoría de las veces, ver como esas amenazas se convertían en realidad. Esos momentos de terror no se los deseo ni a mi peor enemigo. Si no hacia lo que el me amenazaba que iba a tirar un ladrillo por la ventana de la casa, por la ventana del coche de Fabio, rayar el auto de mi mama o de Fabio (algo que en varias ocasiones terminó haciendo) o llamando a casa en la madrugada para que mis papás se enojaran, lo que hizo a menudo, cuando, cansada del maltrato me rebelé y no obedecí lo que me ordenaba, y lo que me dejaba en claro que no amenazaba en vano.

"Usó todas las armas en mi contra sin medir consecuencias, tratando de acabar con lo que mas me doliera. Un día recuerdo aterrada lo que hizo y que ahora sé que puede costarle cárcel: abusar de un animal.

"Entró por la parte trasera de la casa, brincando la barda como siempre hacía, y me llamó a la piscina, y "Tropi" mi perrito de entonces diez años, como siempre, salió siguiéndome a todas partes. Mi ex novio, en un ataque de rabia de los que tenía echándome la culpa de algo, comenzó a insultarme. Cuando "Tropi" salió en mi defensa, lo agarró a patadas y yo me le fui encima para quitárselo porque lo hubiera matado. No había nadie en la casa para defenderme y las cosas se pusieron feísimas.. Vi cómo a Tropi le salió sangre y excremento con el golpe, y cuando yo me le fui encima para quitárselo, me empujó a la piscina. Jalé a Tropi al agua conmigo. En ese momento Dios me

240

ayudó porque mi tía Yuyita llegó y el cobarde, al ver que alguien llegaba, huyó por donde había venido.

"Fue una noche aterradora como no quiero volver a vivir nunca y que el debe entender que le puede costar cárcel porque eso es un delito.

"Todo esto tuvo un cambio horrible en mi personalidad. Me separé de toda la gente al rededor mío. Me encerraba en mi cuarto, no salía, lloraba todo el tiempo, no comía muy bien, me peleaba con mi mama! ¡Con-mi-mama! Con quien nunca en mi vida discutí de otra forma que no fuera la normal entre madre e hija sin mayores problemas. Pero mi madre es mas viva que nada. Mi hermana y yo decimos que no hay nada que intentemos ocultarle que no sé cómo (o quizá si sabemos.. Es la mejor reportera del Noticiero Univision, y utiliza sus habilidades para encontrar la verdad de los reportajes, y lo mismo hace aplicando eso con nosotras).

"Así que ella, que durante meses, puedo decir que exactamente desde el primer día, adivinó la maldad del que era mi novio, se volvió más recelosa. Eso era peor. Yo la veía como policía, pero en el fondo ella tenía toda la razón. Así que cuando yo llegaba a la casa con moretones, y le decía que eran del fútbol, ella no me creía y me preguntaba que pasaba y yo negaba todo. Además mi novio me entrenaba para que dijera o hiciera las cosas a su manera. Así, la desesperación me fue transformando. Llegaba a casa llorando y no quería hablar con nadie. Di un cambio del día a la noche… Hasta que algo hizo que la familia se diera cuenta de que ¡el me pegaba!

"Mi mamá estaba de viaje y pedí a la tía Yuyita permiso para ir a tomar un café. Como ella sabía que ese era un pretexto para ver al novio, me dió permiso con la condición de que llevara a mi sobrina Laurita que en aquel tiempo momento tenía seis añitos. Cuando el me vio llegar con la niña, se enojó tanto, que me empezó a dar puñetazos en la cara y me dejó rasguños en el cuello porque me quería ahorcar.. ¡Ahí mismo, enfrente de la niña y de todos! ¿Qué hice yo?.. Nada.. Ese sentimiento de estar tan vulnerable y no reaccionar tampoco se lo deseo a nadie.

"En ese momento me dio pavor de que le hiciera algo a mi sobrina que lloraba y daba gritos por la escena aterradora. Cuando Tía Yuyita que es la abuela de la niña se enteró por esta de lo que había pasado, habló conmigo seriamente, me pidió que dejara al novio y le prometí que así sería pero que no le contara nada a mi mama que estaba de viaje de trabajo en el Perú. Claro que la tía Yuyita me creyó y claro que días después, como era costrumbre, yo rompí mi promesa porque estaba supuestamente enamorada de el y porque además, a mi que muchos me decían que era como "La madre Teresa de Saint Brendan High School" porque ayudaba a quien podía, por supuesto que tendría que ayudar al cambio de aquel muchacho, que me había metido en la cabeza que yo tenía que hacer lo posible por ayudarlo a salir de la ira incontrolable que tenia contra el mundo. 'Tú y sólo tú me puedes hacer cambiar. Sin ti, me mato, recuérdalo.' Y yo de idiota creyendo que efectivamente yo podría hacer su diferencia.

"Por lo pronto la realidad en casa era fuerte. Entre todas las cosas, tenía prohibido ver a quien supuestamente ante la familia era mi ex novio, pero que nunca dejó de serlo. No sabia que hacer. Irónicamente, esta persona que me lastimaba tanto era con quien yo más quería estar. ¿Por que? Bueno, el había hecho muy bien su trabajo. Tomando en cuenta que ya para entonces era un año en que me había cambiado la forma de pensar en un perfecto lavado de cerebro y me había convencido de que yo tenía que estar contra mi familia y todo lo que estuviera alrededor que lo atacara a el porque eso ... era atacarme a mi. "Tienes que mandar al carajo a tus padres, abuelos y todos los que te digan que me dejes, y que soy mala influencia para ti. ¿Sabes porque hacen eso? Porque-no- te-quieren. Esa familia de tu padrastro no es tuya y tienes que decírselos cla-ra-mente y quiero que lo hagas a toda hora: "Ustedes no están relacionados a conmigo." Es más, tienes que decirles lo único que son: una partida de interesados en lo que tu mamá es, porque trabaja en la televisión.

"Lo peor de todo es que en muchas ocasiones le obedecí repitiendo semejante infamia. Insulté a todos, no se me escapó ninguno con el discurso dictado por él. Pero en otras veces, -aunque muy pocas- cuando me opuse a hacerlo, los insultos dolieron tanto que, hasta que ahora que se que estoy curada, no pude hablar de ellos, pero hoy lo hago.

"El me decía: '¿Qué puedo esperar de una novia como tú que vale menos de 25 centavos?.. ¡Suerte la que tuvo tu padre de morirse cuando tenías dos años porque ahora seria triste que viera el asco en el que te has convertido!.. ¿Por qué no te matas y nos haces el favor a todos desapareciendo del mundo porque sólo sabes dar problemas?'

"¡Dios mío! Ahora escribo esto y me da escalofríos. ¿A donde estaba mi cabeza? Eso era una obsesión mortal. ¿Y quizá se pregunte qué hacía él después de semejantes insultos?.. Algo peor que las mismas ofensas: Me pedía perdón por todas esas palabras horribles diciéndome que me las decía para que me volviera más fuerte de carácter y no dejara que ¡la gente pasara sobre mi persona!

"Ahora se que esa fue la prueba de que tengo un ángel (o varios) en el cielo cuidándome, porque hoy confieso que escuchar todo esto me daba rabia, una rabia tan grande que no puedo imaginarme totalmente a su voluntad, ni como en algún momento.. ¡Consideré la idea de suicidarme para que de una vez las cosas terminaran como él me sugería!

"Mi mamá recuerda seguramente el día que saqué la pistola que hay en casa guardada. Y al fin madre supo que yo la había tomado. Como me había visto tan rara, ella y Fabio pusieron la atención del mundo sobre aquel hecho y me advirtieron de lo que significaría hacer cualquier tontería en nombre de un novio.

"Pero la idea no había sido mia. Irónicamente había sido el ex novio quien comenzó a usar la palabra suicidio para terminar pasándomela a mí.. Aunque en medio de aquel desastre no fui tan tonta. Algo me decía que esa era la manera mas fácil y cobarde de deshacerme de un problema, es decir, matándome como el otro me había puesto en la cabeza. Y si una cosa atravesó en mi mente cada vez que lo pensé, eso fue algo que mi mamá me inculcó desde pequeña: ella siempre me enseñó que dando tu corazón y soñando yo iba a poder hacer todos mis sueños realidad, y al que me conoce siempre ha sabido que yo quiero ser locutora de deportes o noticias cuando crezca y que ese es unos de mis sueños mas grandes, y que si hacía alguna estupidez como el suicidio, ahí terminarían mis sueños y los de mi familia.

"Me acuerdo que después de cada pelea con mi mama porque en el fondo yo sabía que ella tenia la razón, le llamaba al novio para reclamarle que me obligara a estaba metida en problema tras problema, que eso no era ser feliz, que ¿Por qué lo hacia?. El me respondía lo mismo: 'Yo te quiero y tú tienes tener conciencia que tu madre es una mala madre que te lleva la contraria, no como mis padres que me dejan hacer lo que me haga feliz sin importar lo que sea. La única forma de que salgas adelante es mandándola al diablo con toda la mierda que te dice y únicamente crees en lo que yo te diga.. Yo soy el que veo por tu bien y no lo que ella hace'.

"Por supuesto que hubo periodos en que al que mandé al diablo fue a el. Entonces, cuando yo estaba bien con mi mama y mi familia, Ufff, yo era lo peor ante sus ojos, era de acuerdo a su palabra favorita para dirigirse a una mujer "un asco de gente". Para no serlo debía de provocarles más problemas a mis padres. Cuando me convencia de hacerlo y en casa me regañaban y me castigaban, entonces me apoyaba y me decía '¿ves? ellos no te comprenden ni te quieren como yo'. En más de un año con este martirio, el logró hacer de mí un ser con rabia y frustración contra todos, especialmente con la gente a la que mas quiero y a quienes más lastimé, y que era la gente que lidió directamente conmigo: mi mamá, Fabio, Yuyita, Adriana. Ahora que veo todo a la distancia, ellos fueron valientes y no dejaron un solo segundo de luchar por mi. ¡NO HUBO UN SOLO SEGUNDO! en que uno de ellos dejara de hacer algo. Pelearon con todo lo que pudieron para sacarme de este círculo vicioso y enfermizo en el que yo estaba sumida y del que no podía salir por mi misma, aunque yo de tonta les gritaba a todo momento que los odiaba, y procuraba hacerles infeliz la existencia mintiendo a toda hora del día, en fin, haciendo su vida que era feliz.. En una de cuadritos.

"Por fin, mi mamá tomó finalmente la más grave decisión de cuantas en su vida haya hecho, y que estuvo peleando por no hacer. Sacarme fuera de Miami. Ella, Adriana hermana y Brent decidieron que mi nuevo hogar estaría en Ohio. O-HI-O tan lejos de mi vida como el amazonas o el polo norte. Pero si de algo estoy segura en medio de esta tragedia que iba a ocurrir con mi vida.. QUE ESA FUE LA UNICA SOLUCION QUE EXISTIA PARA MI PROBLEMA.. No fue fácil. Yo no quería estar en Ohio.. ¿Qué tenia que hacer ahí, y si lo único que me importaba estar era cerca de mi novio? Mi plan de acuerdo a lo que el me había indicado seria seguir en Miami haciendo desastres con la familia para que, finalmente aburridos de mí, me pagaran un apartamento e independizarme.

"El había logrado la segunda etapa de su lavado de cerebro: 'Tienes dieciocho años. La edad de hacer lo que se te pegue la gana. Tienes que convertirte en persona de verdad sufriendo con la vida. Eso es lo único que convierte a una gente en alguien.. el sufrimiento y los malos tiempos como todos viven'. Era bueno lavando el cerebro, pero daba el consejo y se quedaba sin el. ¿Que fácil era hacer tal daño porque el no había perdido nada! El seguía dependiendo económicamente de quien mas le conviniera en su momento. El papá o la mamá de quienes siempre se vanagloriaba de tener en la palma de la mano, y ni dudar que era cierto, como aprendí después con la terapia de la doctora Rebeca Fernández.

"Finalmente con la ayuda de Dios, y la fuerza con la que mi mamá aplicó el "tough love" un día, meses después de estar en Ohio, me desperté viendo las cosas comos eran en realidad: NADIE QUE TE QUIERE TE LASTIMA Y TE HACE SUFRIR. ¡NADIE!. Yo creo que esa es la frase favorita de mi madre, porque me la repitió día a día en los casi dos años de este martirio.

"Y la vuelta al reino encantado inició. El 2003 será el año que recordaré por ser en el que como persona crecí y sufrí en forma indescriptible. Un tiempo como nunca mas voy a permitir que vuelva a suceder.¡Nunca mas! Un año después, mientras escribo estas líneas pienso en el infierno en que me puse y puse a toda mi familia, y nadie fuera de mí puede entender el remordimiento que tengo y lo mal que me siento por haber lastimado a los que mas quiero. Pero hoy también mas que nadie sé que para todo problema en esta vida hay una solución. No importa si el problema es grande o pequeño.

"He aprendido muchas cosas al margen. Padres solo hay unos y que no importa donde o cuando, pero siempre, ellos SIEMPRE van a estar a tu lado en las buenas y en las malas. Ahora tengo que trabajar en reparar los daños. Yo se que un déa mi familia me perdonara pero que difícilmente van a olvidar, y eso me duele mas a mí porque los quiero como nadie se lo imagina, y más a mi mamá que no puede entender el arrepentimiento y el pesar que siento por todo lo que la hice sufrir.

"Las penas, las mentiras, la gente hablando mal de mí, las palabras que nos gritamos, las peleas. Que el novio me prohibiera que ella fuera a la cancha a verme jugar y que por obedecerlo, mi mama no pudiera estar presente en mis últimos juegos de fútbol en la escuela y mucho mas cosas, son los peores errores que cometí en esa relación, pero no me quito culpa y acepto que todo eso tuvo que ver mucho conmigo. En como me veía y como me valoraba.

"Como mi querido Father Nickse, mi párroco de la iglesia de Saint Brendan, que en paz descanse, siempre me dijo: "Antonietta mija no lo hagas por tu mama, o porque yo te lo pido, ni por nadie. Deja a este muchacho por ti misma. Valórate, tu vales mucho y eres una persona extraordinaria que conozco desde pequeñita, tu vales todo el mundo y mas, hazlo por ti." Pero eso en su momento lo que Father Nickse me aconsejaba me entraba por un oído y me salía por el otro, aunque después, donde el se encuentre, el sabe que fue parte de la fuerza que me sostuvo, como también me sostuvo la ayuda del Brother Joseph, mi consejero en la preparatoria y quien siempre creyó en mi. Brother Joseph, a pesar de saber todos los detalles de cada barbaridad que me arriesgaba a hacer, me decía que yo era alguien especial y que si mi novio o alguien me decía lo contrario, era alguien que no valía la pena. "Que triste para ellos si no se dan cuenta que contigo tienen un ángel a su lado.

"Brother Joseph y Father Nickse hicieron una gran labor en mi alma. En mis peores momentos, y en la recuperación, recordar sus palabras prendieron una lucecita en medio de aquella oscuridad… aunque yo, de negativa y tonta no les creyera en su momento.

"¿Por qué sucedió todo? Uffff. Porque básicamente yo cedí ante el control que el ex novio tendió a mi vida y porque le permití que terminara con mi autoestima. Después, todo lo que me decía tuvo que ver mucho en que siguiera con el. Básicamente yo era una marioneta a quien podía mover a su antojo, tal y como lo hace con otros a su alrededor.

"Mi segundo gran error y el mas importante fue desatender las señales de peligro mortal y no correr donde mi mama por ayuda. Por cualquier razón, por

245

miedo o por no saber que hacer, lo que aprendí es que tu mamá o tú papá siempre te van a ayudar y serán tus mejores amigos. This is a fact I believe. Que mi mamá siempre va a querer lo mejor para mi, nunca va a estar celosa, por el contrario su amor es incondicional porque quiere verme triunfar y estar contenta. Ella ha dado mucho por mi hermana también con una adolescencia difícil, pero por encima de todo siempre tuvimos claro que nos ha querido ver felices sin tener que sufrir en la vida tan duro como ella la pasó. Este año aprendí con dolor que el amor de una madre es único. Madre solo hay una y la extraño como nadie se imagina.

"Mi hermana Adriana y Brent han sido los otros grandes héroes en esta lucha. No tengo con que pagarles lo que han hecho por mi, pero a pesar de su cariño, no hay día en que yo no diera todo lo que yo tengo por ir con "Tropi" a casa en Miami. Oler la comida que mi mamá me preparaba. Sentarme en el counter de la cocina platicando con Fabito y ella, con los perros y los gatos alrededor haciendo bulla. Poder hablar como antes con mi Tia Yuyita. No hay día en que no sueño que llegue el momento en pueda vivir eso. Extraño tanto a mi gente. Y "mi gente" es mi familia, y también mis mejores amigas Yalexa León y Paola González Monge.

"¿Qué más aprendí en este tiempo? Ahhhh.. lo im-por-tan-te. Aprendí a saber quienes son mis amigas y amigos de verdad y.. y quienes no lo son y a esos no los quiero ver mas. Lo triste es que quienes yo juraría que iban a estar junto a mi en mis momentos mas difíciles, fueron precisamente quienes no lo hicieron. Una de esas amistades al saber que yo estaba recuperándome, me sugirió algo que de haberle obedecido hubiera tenido un efecto desastroso: "Manda al diablo a Ohio y a tu mamá y ven corriendo a Miami. Allá no tienes nada que hacer. Aquí esta él, les guste en tu casa o nó" ¡Esos consejos venían de quien me vió sufrir por los golpes y el abuso, y resulta que me estaba aconsejando ¡hundirme mas!. Quizá hubiera logrado lo que se proponía porque siempre influyó en mí, pero la buena suerte de mi hermana, (que era la policía número dos luego de mi mamá,) descubrió el correo electrónico donde me escribía aquello.. Y mi madre se enteró de inmediato, poniendo el remedio: Ni es tu amiga, ni te quiere. ¿Ok?

"A Dios gracias se quienes son todos y cada uno de ellos y ellas. También sé que pienso totalmente diferente. Sé que soy feliz, súper feliz y no lo escribo para sonar a que estoy inventando un cuento. En verdad puedo decir que no me falta nada en la vida. Claro, admito que no tengo lo que tenia antes y que por el contrario ahora tengo mas responsabilidades, como pagar cuentas y trabajar y no tener carro de año...pero esas son cosas pequeñas de la vida que cambian a cada día...La forma en que veo todo es diferente, por ejemplo. Mi carrito es una carcacha del tiempo de mi abuela, pero que me lleva a la escuela, y en los road trips que tomo cada semana a ver a mis amigos o a mi novio que vive a dos horas, o a Canadá, Michigan, etc. nunca nos ha dejado. En Miami desafortunadamente yo era muy materialista y nunca, ni muerta, me hubiera visto dentro de un coche que no fuera nuevo. Pero bueno, ahora, mi meta es cuando me gradúe de la universidad pueda comprar mi primer coche nuevecito, con mi dinero y mi esfuerzo.

"Ahora también, valoro todo lo que tengo a mi alrededor: la salud mía y la de mi familia. He aprendido a convivir con gente que te aprecia por la persona que eres y no por quien es tu mama o tu papá, o por el auto que tienes o por el sitio donde vives. Todos mis amigos aquí en Ohio, son ángeles en la tierra. Saben lo que he pasado y son la ayuda mas grande, y que además sé que puedo contar con ellos en todo momento. Estudio en una universidad muy buena académicamente y la mejor en deportes. Tengo un chorro de amigos y amigas que son la mejor definición de lo que significa humildad, honestidad y respeto.. Bruce, mi novio, es la gente mas "buena onda" que he conocido. Conoce todos los detalles de lo que viví y me trata como una persona que le merece respeto. Bruce creció responsable de sus actos donde un caballero no maltrata a nadie, mucho menos a una mujer. La clave entre nosotros es el respeto..Un inmenso respeto, y además, tenemos las mismas prioridades: La familia, escuela, deportes, y después los extras. El es muy cercano a su familia, adora a su mamá, se lleva bien con todos a su alrededor y esa forma tan familiar que tiene es la misma en la que yo crecí, y que extraño muchísimo, como la relación que siempre existió con mi mamá.

"Si alguien me pidiera definir las enseñanzas, no podría dejar de mencionar otra de las mas importantes: el "tough love" me enseño a tener prioridades. Todo este desastre me hizo perder un semestre. De acuerdo al ex novio había que desafiar a todos en casa y ver que no pasaría nada porque solo me estaban amenazando.. ¡Que equivocado estuvo! Verdaderamente como el decía, mi madre no se parece a sus padres, de manera que no conoció la mano dura, y por hacerle caso y haber desafiado a todos, lo que mi madre me prometió, lejos de ser una simple amenaza me lo cumplió y me costó tiempo, escuela y dinero, porque no pude ir a la universidad sino hasta que por mi misma conseguí un préstamo para pagar lo que un scholarship no cubre.

"Por todo esto, en el 2002 pagué las consecuencias de mi error y durante seis meses no supe que iba a ser de mi, ni como saldría adelante, hasta que un día, cuando me enteré lo que dos de mis mejores amigas hablaban de mí por todas partes, sin que les preguntaran, me llegó "al tope" aún estando tan lejos de la Florida.

"Aunque, a ellas les debo haber tomado la decisión de recuperarme en ese preciso instante. Decidí que se quedarían con la boca abierta al ver, que no soy como dicen ellas "la tonta a la que el novio daba de golpes" y que si algo tengo, es ser una triunfadora y que, va a dejarles con la boca abierta y con lechones para aprender.

"Hoy puedo decir que estoy en ese rumbo. Estudio, tengo tremendos amigos que admiro, respeto y valoro. Tengo a mi novio que es genial y con quien he aprendido muchísimo de fútbol americano ya que el es parte del equipo de mi escuela que es casi cada año Campeón Nacional de Football. Je.Je. Convivo con su familia que es tan normal como la mía, con unos padres tan trabajadores como los míos, y que se han convertido en mi familia.

"Tengo salud mental. He vuelto a ser honesta ¿para que mentir? (eso solo trae mas problemas) me valoro y me quiero un chorro (suena un poquito vanidoso pero para poder estar contenta y querer a otros hay que quererse a si mismo, como dice mi santa madre). Se que puedo decir lo que siento y pienso sin temor de estar esperando que un golpe se estrelle en mi cuerpo. Ya no soy un ladrillo en la pared y tampoco alguien al que puedan usar o pasar sobre ella.

"Y dos cosas mas que son como alcanzar la estrella mas alta y lejana..Lo MAS GENIAL, es que tengo a mi primer amor de vuelta en la vida: el fútbol soccer. Tuve la oportunidad de representar el verde, blanco, y rojo de mi país de sangre, México, practicando como PRE-seleccionada nacional, lo que me hace sentir que estoy en el cielo. Como dice mi madre, ya tengo mi foto vestida con el uniforme de la Selección Nacional Mexicana, y con eso he cumplido una de las metas a corto plazo.

"Y por fin estoy hablando con mi mamá otra vez y se que seguiremos siendo el dúo de "Famosa y famosita Collins". No puedo explicar lo que siento cuando mi mamá me dice que me quiere, son las palabras que me hacen la más feliz del mundo. Yo la quiero con toda mi alma y la extraño un chorro. Cada vez que hablamos es como una oración que Diosito me contesta. (It sounds muy corny y exagerado pero así lo siento) Estoy feliz y esto no es lo único que viene de mí, sigo soñando y soñando en grande.

"Tengo mucho que lograr y mucho camino que recorrer todavía, pero se que estoy en la ruta correcta para tener éxito exactamente tal y como yo soy, como un ser humano que hoy esta libre de la pesadilla del infierno. Como una persona que, a diferencia de otras que no pudieron, con la ayuda de muchos se libró de una relación obsesiva y mortal. Se que soy alguien bendecido con la oportunidad de volver a recorrer el camino sin errores con mi mismo nombre de siempre, como la persona que orgullosamente soy ahora y que se llama Antonieta Collins."

Cantón, Ohio, 20 de Julio, 2003

Epílogo

Cuando la idea de este libro surgió, estuve segura de dos cosas: cómo empezaría y cómo iba a terminar. El principio sin duda era narrando mi propia experiencia dolorosamente sencilla, y el final, con una de las frases que mas repetí durante la adolescencia de mis dos hijas. "Cuando ellas eran chiquitas, las veía tan lindas que me las comía a besos. Después de los diecisiete años... ¡me arrepentí de no habérmelas comido enteras!"

Pero, como dice mi amiga la Chata Tubilla, mi vida, que parece telenovela con capítulos que se escriben diariamente, me tenía preparada una sorpresa para el final de este libro.

Por mi trabajo de periodista viajando por acá y por allá, la entrega del original se retrasó tanto, que vino a suceder al mismo tiempo de la boda de mi sobrina Daniella, hija de la Chata. Así de pronto, me encuentro aquí, en el sitio donde siempre hubiera querido escribir un libro y donde era menos factible que sucediera: Coatzacoalcos, Veracruz, en México, mi tierra, el origen de quien yo soy y que está a más de tres mil kilómetros de mi vida y mi hogar en Estados Unidos.

Sin lugar a dudas el destino dispuso que así sucediera para permitirme hacer un balance más objetivo sobre la diferencia entre la adolescencia de mis hijas tan diferente y tan lejana de lo que fue la mía, tan pobre y tan difícil. En realidad, que pasara esto no me extraña porque este libro, que comenzó con una experiencia dolorosa, se convirtió en una tesis que nunca hubiera imaginado hacer luego de un aprendizaje sobre los jóvenes, como en ninguna universidad habría podido obtener. En realidad, como dice doña Lilí Lettaif de Tubilla, la suegra de Chata: "Pasamos la vida como padres pensando lo mejor para nuestros hijos y la realidad es que nunca te vas a dar cuenta si fallaste, hasta que algo sucede". Doña Lilí, una mujer que nunca pierde el control de sus emociones, dueña de la fórmula para llevar con dignidad un dolor tan grande como la muerte de un hijo, tenía nuevamente razón: nada nos puede enseñar a ser padres más que nuestra propia experiencia.

Así, sentada frente al río Coatzacoalcos, he recordado algo en lo más profundo de mis recuerdos. Cuando me sentía agobiada por los problemas, venía a sentarme a este río a observar a la corriente que llevaba el cauce de las aguas hasta la desembocadura en el Golfo de México. En tiempos de lluvia el lirio acuático que se desprende sabrá Dios desde dónde, tierra adentro, invade el río produciendo mil y un problemas a todo el que tiene que cruzar de una orilla a otra. Sin embargo, en medio del desespero de muchos, un día aquí escuché por primera vez a un hombre decir con urbana filosofía: "sólo queda sentarse y esperar. Todo pasa y el lirio también se irá". Y así sucedía.

¿Tan sencillo como eso? Así mismo. El filósofo en cuestión era un humilde lanchero que había nacido ahí en las riberas del río Coatzacoalcos y que sabía mucho.

—Poco a poco verán que la misma corriente se lo llevará. Su único curso es el mar... no puede ir a otra parte. Así lo decidió la naturaleza y no podemos hacer nada más.

Otros se quejaban.

—¿Y qué con la tarea diaria de limpiar y limpiar las aguas si esto no acaba? Limpia uno y limpia, y llega más.

—¡Ah! Ésa es la lucha diaria por la vida. Hay que hacerlo porque de otra forma el lirio nos invadiría. Hay que limpiar lo mejor que se puede, lo que nunca hay que hacer es cruzarse de brazos. Después, cuando llega el cansancio, simplemente no hacer nada. Sentarse en esta orilla y esperar a que todo pase y nada más.

De la misma forma hoy sé que la anécdota del limpia lirios en Coatzacoalcos bien puede ser la fórmula para utilizar diariamente con los problemas de nuestros hijos adolescentes. Es cuestión de dar con ellos diariamente el todo por el todo para sacarlos adelante. Lo que no se vale es cruzar los brazos, rendirse, o simplemente no hacer nada. Y tal y como en la limpia de la plaga acuática, cuando llega el momento de la fatiga y el desespero, es nada más recordar al viejo del río para sentarse a esperar a que la vida siga inevitablemente su curso y aleje todo lo malo. Así lo planeó la naturaleza y nada podemos hacer para evitarlo.

Por cosas como estas, es que este libro ha sido algo más de lo que un principio imaginé. Es el perdón a quien tanto dolor causó en mi familia. Es el haber conocido a madres valientes que hicieron a un lado los viejos tabúes sobre las cosas de las que no se habla o si se habla, "todo queda en familia". He sido privilegiada en recibir las experiencias de madres que han compartido su dolor para que juntos entendamos la clave de porqué nuestros hijos nos pueden hacer daño como nosotros no lo hubiéramos hecho a nuestros padres, sin que esto signifique que sean malos o que nosotros fallamos..

Ahora entiendo lo que me era tan difícil de asimilar: para los jóvenes hispanos que crecen en los Estados Unidos y en muchos otros países, el dilema radica en que tienen que vivir en dos mundos sin el privilegio que tuvimos nosotros, sus padres, de crecer en países y en un momento donde no existían las presiones que ellos enfrentan.

También he entendido otras verdades tan grandes como una catedral...La sencilla realidad de no responsabilizarme por nada de lo que mis hijas hagan (esto, luego de luego del examen de conciencia que me dio la razón porque luché por ellas con todos los hierros).

Pero no sólo con lo que a mi respecta aprendí. Aquí las madres con otras vivencias me dieron mucho para compartir. De Eva Leivas-Andino aprendí a que el amor a un hijo es incondicional y sobre todo que "no hay hijos incómodos". Ella más que nadie enseña con su ejemplo, a que el amor a un hijo es incondicional, y que un hijo cuya preferencia es gay o lesbiana, no es un estigma, y sobre todo, porqué el amor de padres no conoce de ninguna frontera.

De las demás con su dolor y su experiencia me queda el convencimiento, como me dijera una de ellas, que la adolescencia de un hijo es una etapa similar a una donde hubiera llegado un extraterrestre y les cambiara temporalmente el cerebro y por ende su conducta, para devolvérselos tres o cuatro años después.

Sentada aquí frente al río, en el paisaje más placentero de mi memoria medito en todo esto y exactamente igual a como lo hiciera en varias etapas de mi vida donde he venido aquí mismo a hacerme metas y promesas, esta ocasión no es la excepción. El punto final es el compromiso de no comparar lo que yo fui con lo que mis hijas son. Sé que tengo, mejor dicho, -usted y yo que hemos recorrido esta odisea escrita- tenemos mas armas que antes para enfrentar al "monstruo" que se encuentra dormido dentro del cerebro de nuestros hijos.

Así, "Cuando el monstruo despierta..Confesiones de padres de adolescentes" que comenzó siendo mío y que terminó siendo de todos, nos ha dado el conocimiento de haber aceptado en principio, que hemos sido transformados por la más inesperada y traumática de las etapas del ser humano, esa adolescencia que finalmente nos enseña la gran lección: La vida es un negocio doloroso y difícil donde cada cual está jugando su propio destino, y donde ni todo el cariño de un padre o una madre puede evitar que nuestros hijos hagan un mal negocio."

Y eso, no es culpa de nadie.

Coatzacoalcos, Veracruz, México.
Septiembre de 2003

Nunca terminaré de agadecerles

Que nunca me cerraron la mano. Que no conocieron ni hora, ni día, ni les faltó paciencia para escucharme. Que estuvieron ahí para sostenernos cuando las fuerzas flaquearon. Nunca terminaré de agradecer que decidieran hacer junto a mi familia todo lo posible por salvar a Antonieta. Que junto a mi se rehusaran a vestir de luto y acompañarme en un funeral. Jamás terminare de agradecerles que hoy podemos festejar una lucha que fue de espíritu y no de poder. Aquí están todos. También los que generosamente compartieron historia, experiencia y consuelo.

Raúl Mateu, Erick Rovner, Courtney Dubin, Felix y Berta Cortes Camarillo, Josefina Melo, Vanessa Melo, Dra.Rebeca Fernández, Gabriela Tristán, Ana Cristina Tristán, Fernando Arau, Carlos Calderón, Patsy Loris, Mercedes Juan, Elizabeth y Rey Valdés, Natalia Crujeiras, Alejandro Alvarado-Bremer, Beatriz Cortes de Green, Blanca Tellería, Yalexa Leon, Paola González Monge, Marisa Venegas, Tania Ordaz-Rues, Jeannette Casal-Miranda, Doris García, Psicologo Carlos Amador, Dra. Emma Zapata, Father Jose P.Nickse (q.e.p.d.). Brother Joe, Brother Felix Elluardo, Perla Consuegra, Dr.Carmen Castello, El personal docente de St.Brendan High School en Miami, Alfonso Cárdenas, María Brown, Miguel "Migue" Fernández, Lotty Vargas, Estrella Garza, Estrella Resendez de Garza, "Diosa del Amor", Kabah1fan, Rivendo001, Lidia Padrón, Azucena Jiménez, Ulises Martínez, Paris Martínez, Trinidad Ferreiro.

Y todos aquellos anónimos que con una mirada, una sonrisa, una idea, un pensamiento, un apoyo, me ayudaron a entender al monstruo.

Cuando el monstruo despierta, María Antonieta Collins
se terminó de imprimir en noviembre de 2003 en
Litográfica Ingramex, S.A. de C.V.
Centeno 162-1, Col. Granjas Esmeralda
México, D.F.

Certificado No. 02-2082